王俊钟／著

漫漫
隐官道

东汉二百年政争与兵事　叁

华夏出版社

HUAXIA PUBLISHING HOUSE

图书在版编目（CIP）数据

汉阙漫漫隐官道：东汉二百年政争与兵事．三 / 王
俊钟著．-- 北京：华夏出版社有限公司，2024. 6
　　ISBN 978-7-5222-0605-9

　　Ⅰ．①汉… Ⅱ．①王… Ⅲ．①中国历史—东汉时代—
通俗读物 Ⅳ．①K234.209

　　中国国家版本馆CIP数据核字（2023）第252383号

目　录

东汉末期的军阀混战和傀儡政治

东汉末期的军阀混战和傀儡政治

皇帝年表

魏

文帝 曹丕（187年—226年在世），220年—226年在位，共有1个年号
黄初（7年），220年—226年。黄初七年五月，文帝死，子睿即位，是为明帝。

明帝 曹叡（205年—239年在世），226年—239在位，共有3个年号
太和（7年），227年—233年
青龙（5年），233年—237年
景初（3年），237年—239年。景初三年正月，明帝死，八岁的儿子齐王芳即位。

齐王 曹芳（232年—274年在世），239年—253年在位，共有2个年号
正始（10年），240年—249年
嘉平（6年），249年—254年。嘉平六年，司马师废帝，立十四岁的文帝孙高贵乡公髦
为帝。

高贵乡公 曹髦（241年—260年在世），254年—260年在位，共有2个年号
正元（3年），254年—256年
甘露（5年），256年—260年。甘露五年六月，十五岁的常道乡公曹璜（后改名奂）为
帝，是为元帝。

元帝 曹奂（246年—302年在世），260年—264年在位，共2个年号
景元（5年），260年—263年
咸熙（2年），264年—265年。咸熙二年十二月，司马炎逼魏主禅位，废为陈留王。
魏亡。

蜀

昭烈帝 刘备（161年—223年在世），221年—223年在位，共1个年号
章武（3年），221年—223年。章武三年四月，刘备死。五月，太子禅即位，是为后主。

后主 刘禅（207年—271年在世），223年—263年在位，共4个年号
建兴（15年），223年—237年
延熙（20年）238年—257年
景耀（6年），258年—262年
炎兴（1年），263年。后主降，蜀汉亡。

吴

大帝 孙权（182年—252年在世），222年—252年在位，共6个年号
黄武（8年），222年—228年
黄龙（3年），229年—231年
嘉禾（7年），232年—238年
赤乌（14年），238年—251年
太元（2年），251年—252年
神凤（1年），252年。神凤元年四月，孙权死，十岁的太子亮即位。

会稽王 孙亮（243年—260年在世），252年—258年在位，共3个年号
建兴（2年），252年—253年
五凤（3年），254年—256年
太平（3年），256年—258年。太平三年，孙綝废帝为会稽王，立琅玡王休为帝，是为
景帝。

景帝 孙休（235年—264年在世），258年—264年在位，共1个年号
永安（7年），258年—264年。永安七年，景帝死，立皓为帝。

乌程侯 孙皓（242年—283年在世），264年—280年在位，共8个年号
元兴（2年），264年—265年
甘露（2年），265年—266年
宝鼎（4年），266年—269年
建衡（3年），269年—271年
凤凰（3年），272年—274年
天册（2年），275年—276年
天玺（1年），276年—277年
天纪（1年），277年—280年。天纪元年三月，皓降晋，吴亡。皓被封为归命侯。

我国近代政治家、战略家、理学家，湘军的创立者和统帅曾国藩说：社会大乱之前必有三种征兆：其一，无论何事，均黑白不分。其二，善良的人越来越客气，无用的人越来越猖狂胡为。其三，问题到了严重程度之后，凡事皆被合理化，一切皆被默认，不痛不痒，莫名其妙地虚应一番。我国近现代政治家、教育家于右任1910年发表在《民立报》上题为《亡国三恶因》的文章说："民穷财尽，社会破产，国家破亡，国有金，客不与人为他人藏。此其一。善不能举，恶不能退，利不能兴，害不能除。化善而作贪，使学而为盗。此其二。宫中、府中、梦中，此哭中，彼笑中，外人窃待中、宵小拨弄中，金钱运动中，一举一动，一黜一陟，堕其术中。此其三。"在汉末刘协为帝时期，由于他先后被不同的军阀所控制，而军阀之间又互不服气，所以，这个时期我国社会除了具有曾国藩先生所提出的三征兆，以及于右任先生所阐述的"三恶因"之外，还有一个突出特点，那就是军阀混战，天下大乱，使国家和人民遭受了巨大的痛苦和损失，对经济、政治和文化造成了极大的破坏。

1

汉季失权柄：献帝先后被董卓、王允、李傕所控制

中平六年（公元 189 年），东汉王朝的第十一任皇帝、三十三岁的汉灵帝刘宏病逝。由于他事先没有册立太子，其接班人问题又成为政治麻烦。当初，灵帝先后夭折了几个儿子，因此何皇后（南阳宛县人，今河南南阳市人，汉灵帝刘宏第二任皇后，汉少帝刘辩生母，大将军何进和车骑将军何苗之妹）生下儿子刘辩之后，就将他送到宫外道士史子眇家抚养，期望史子眇可以凭借他的所谓"道术"避免刘辩早夭，健康成长，因此刘辩被称为"史侯"；王美人生下刘协之后，嫉妒心极强的何皇后下毒害死了她，汉灵帝的生母董太后（河间人，今河北沧州市献县一带人，解渎亭侯刘苌之妻）亲自抚养刘协，因此刘协被称为"董侯"。灵帝生前，大臣们请求封立太子，而灵帝"以辩轻佻无威仪，欲立协，犹豫未决"。灵帝病重以后，他就把刘协托付给宦官出身的上军校尉蹇硕。

蹇硕是灵帝所宠信的宦官之一。中平五年（公元 188 年），灵帝设置西园八校尉，以小黄门蹇硕为上军校尉、屯骑校尉鲍鸿为下军校尉、虎贲中郎将袁绍为中军校尉、议郎曹操为典军校尉、谏议大夫夏牟为左校尉、淳于琼为右校尉、赵融为助军左校尉、冯芳为

助军右校尉。黄巾军起义爆发后，灵帝开始"留心戎事"，而蹇硕"壮健，有武略，故亲任之"，灵帝放给蹇硕的权力很大，以他为元帅，"典护诸将"，不仅统一指挥包括自己担任的上军校尉等八校尉，而且还要监督司隶校尉以下诸官，甚至连外戚大将军何进也要听从蹇硕的指挥。

尽管蹇硕的权力很大，但他对灵帝的大舅哥何进心存畏忌，毕竟人家是大将军，且后台很硬。宦官诸常侍也因"何进借元舅之资，据辅政之权，内倚太后临朝之威，外迎群英乘风之势"，对何进心存嫉妒。于是他们联合起来，共同说服灵帝，派遣其大舅哥何进率军西进，去攻打西凉军阀韩遂、边章，其目的就是希望何进战死。灵帝没有多想，便同意了蹇硕等宦官的提议，并赐给何进兵车百乘，虎贲斧钺。然而，何进却洞察到宦官的阴谋诡计，他以青州和徐州黄巾军复起为由，奏请灵帝派遣中军校尉袁绍率军征伐，待袁绍兵还之后，自己再去西击韩遂等。何进上奏这一建议的目的是拖延行期，同样也被灵帝批准。蹇硕出了个招，却被何进给破了，双方都心知肚明，还未来得及再次过招，汉灵帝就一命呜呼了。

灵帝死后，蹇硕想，如果落实灵帝的旨意，不立何皇后所生的皇长子刘辩为帝，而立王美人所生的皇次子刘协为帝，废嫡立庶，舍长立幼，不仅会遭到何皇后和她的哥哥大将军何进的坚决抵制，而且还会引起朝廷文武百官的反对。所以，要实现灵帝的遗愿，首先必须把大将军何进干掉，清除这个最大的障碍之后，其他人就不在话下了，届时再立刘协为帝就相对比较顺畅了。于是蹇硕在灵帝驾崩后的第一时间，派他所信任的手下司马潘隐等去迎接何进，说是有重要事情与他商议，目的是待何进到达之后将他干掉。可是，蹇硕并不知道潘隐是何进的故交，潘隐便秘密地对何进说：帝已崩。今蹇硕与"十常侍"商议，秘不发丧，矫诏（意思是伪造皇帝诏书，或者篡改皇帝的诏书）宣何国舅入宫，欲绝后患，册立皇子刘协为帝。何进大惊，抄近路躲进自己控制的军营，之后率军进驻各封国驻京都洛阳的办事处，声称有病不再进宫。由于何进手握重兵，而且就在附近盯着蹇硕，这样，即使灵帝在去世之前将刘协之事托付给蹇硕，蹇硕也不敢硬办。因灵帝没有遗嘱明示，于是他不得不按照制度规定，将何皇后所生的皇子刘辩拥立为帝，是为汉少帝，当时刘辩十四岁。他是东汉历史上第十二任皇帝。按惯例，尊称何皇后为皇太后；封王美人所生的皇子、少帝的同父异母弟弟、年仅九岁刘协为渤海王，不久徙陈留王。同时，任命后将军袁隗（袁安的曾孙，袁绍、袁术的叔父）为太傅，与何太后的哥哥、大将军何进共同主持尚书事务。这就是说，灵帝死后，何太后临朝主持朝政，外戚大将军何进掌握朝政大权的政治体制基本建立。（据《资治通鉴》第五九卷，《后汉纪·孝灵皇帝纪·下卷第二十五》《后汉书·窦何列传》）

一、与外戚争斗中宦官蹇硕被杀，外戚互斗中董氏惨败

中平六年（公元189年），蹇硕为实现灵帝立其次子刘协为帝的遗愿，欲将灵帝嫡长子刘辩的舅父、大将军何进杀掉，以清除实现这一政治目标过程中的最大障碍。之前，由于司马潘隐泄漏军机，何进逃脱。何进躲过一劫之后对宦官蹇硕恨得要死。何进出身

于屠户之家，从小就会杀猪宰羊。他想，有朝一日一定要像杀猪一样，亲手把蹇硕宰了。此时，中军校尉袁绍与其顶头上司上军校尉蹇硕出现了异心。袁绍通过何进所信任的门客张津（何进的同郡老乡），劝说何进将包括蹇硕在内的所有宦官一网打尽，这样，以后就没有宦官祸乱朝政了。何进知道袁家几代都在朝廷担任高官，袁绍与同父异母的弟弟袁术又为英雄豪杰所佩服，所以，何进对袁绍、袁术"信而用之"。同时，何进还广泛征召"智谋之士"。一段时间内，何进先后征召了何颙、荀攸、郑泰等二十人进入朝廷工作。何进任命何颙为北军中侯，掌监北军五营，即屯骑、越骑、步兵、长水、射声五校尉，官秩为六百石；荀攸为黄门侍郎，掌侍从左右，给事中，关通中外，诸王朝见于殿上时，引王就座，官秩也是六百石；郑泰为尚书——东汉时政事悉归尚书台，尚书分掌各曹，官名只称尚书，不冠以某曹名义，官秩还是六百石。何进把自己引进的这批人安插在朝廷重要部门为官，目的就是拉拢和扩大自己的政治势力，以维护外戚何氏集团长期专权。大宦官蹇硕看到何进疯狂搞政治扩张，心里很不是滋味，他写信给同党、中常侍赵忠、宋典等人说：大将军何进勾结朋党，拉拢政治势力，现在他与天下的党人策划要诛杀先帝左右的亲信，打算消灭我们。目前他尚未动手，只是因为我统帅着禁军。在外戚磨刀霍霍的情况下，我们不能坐以待毙，应该一起动手，关闭宫门，赶快将何进等逮捕处死。但是，又一次令蹇硕没想到的是，赵忠、宋典将蹇硕的信拿给中常侍郭胜看，并商议是否按蹇硕的意见去办。郭胜是"十常侍"之一，与何进是同郡老乡。何太后、何进能够走到今天的位置，中常侍郭胜是帮了大忙的。《后汉书·窦何列传》记载，"太后及（何）进之贵幸，（郭）胜有力焉"。郭胜是何家的大恩人，并与何家来往频繁，关系密切。这回郭胜又在暗中帮了何家大忙。他不仅将赵忠、宋典等人商议后决定不按蹇硕意见办的决定告诉了何进，而且还把蹇硕写给赵忠、宋典等人的信，偷偷拿给何进看。何进非常惊恐，觉得自己如果再不出手就会被蹇硕杀掉。于是，他立即命令黄门令把蹇硕逮捕并处死，将蹇硕分管的禁军"八校尉"全部置于自己的统领和指挥之下。

蹇硕死了，新的政治斗争又掀起了高潮。以灵帝母亲董太后为首的董氏外戚与以少帝刘辩的母亲何太后为首的何氏外戚（婆媳）之间，又爆发了激烈的争权夺势的斗争。董太后主要依靠其娘家侄子董重，何太后主要依靠其娘家哥哥何进。

由于何太后临朝听政，大将军何进把持着朝廷军政大权，因此何家位高权重，一手遮天，于是董太后顿感失落，她说：何进之妹，原先我拉扯她。今日她孩儿当了皇帝，内外臣僚都成了她的心腹，威权太重，我将如何？董太后为减少自己的政治落差，缓解一下心理上的不平衡，于"次日设朝"，下发诏书，封皇子刘协为陈留王，任命其娘家侄子董重为大将军之下、位同"三公"的骠骑将军，与"十常侍"挑头人张让等宦官一起"共预朝政"。这下何太后不干了。何太后设宴劝谏董太后，董太后不仅不听，而且还咬牙切齿地对何太后说：你毒死王美人，设心处虑，杀人害命。而今你依仗儿子做了皇帝和你哥哥何进的势力，竟敢乱言！我要下令骠骑将军斩杀你哥哥易如反掌！何太后听了这话心里发毛，连夜召哥哥何进入宫，把董太后所说的话告诉了何进。出身于屠夫之家的何进立即召集"三公"共议，议论的主题是，以前桓帝驾崩后因无子嗣，灵帝作为藩国宗室子弟过继给桓帝为子，这样才得以继承帝位，因此，从法理上讲，汉灵帝与董太后不再是母子关系。董太后不是真正意义上的太后，她是解都亭侯刘苌的王妃，理应搬回河间封国。"三公"对此无异议。同时，他们还对董太后与一些宦官、地方官员勾勾搭搭、收受钱财、卖官鬻爵、干预朝政表达了不满。于是，何进与"三公"共同上奏说：董太后派遣"十常侍"之一的夏恽等与部分州郡官府勾结，搜刮民财，而那些搜刮的财物都藏在董太后所居住的永乐宫。按照过去的惯例，藩国的王后是不能留居京城的，更不能留居在皇宫，应该立即把她迁回原来的封国。何太后批准了这一奏章。何进一方面派出官吏逼迫董太后尽快搬回河间封国，另一方面还举兵包围了骠骑将军府，逮捕董重，并追索印绶，董重自刎于后堂。董太后搬到河间以后又忧又怕，时间不长突然死去（一说被人毒杀）。（据《资治通鉴》第五九卷，《后汉书·窦何列传》）

二、与宦官争斗中外戚何进被杀，与军阀争斗中宦官败亡

大将军何进与宦官、上军校尉蹇硕互斗以及董、何两代太后互掐，结果都是何进和何太后胜出，兄妹二人完全控制了朝政。面对人民饱受战乱之苦、国内重建和百废待兴的社会现实，朝廷应该静下心来好好抓一抓经济发展、吏治整顿和民生建设，使摇摇欲坠的东汉王朝峰回路转、柳暗花明。可是，新的政治矛盾又被八校尉之

一的中军校尉袁绍挑起。

袁绍，字本初，汝南汝阳（今河南周口市商水县）人。袁绍出身于东汉名门"汝南袁氏"之家。从他的高祖父袁安起，袁氏四世之中就有五人官至"三公"。其高祖父袁安先后担任过司空、司徒；曾祖父袁敞曾为司空；祖父袁汤先后担任过司空、司徒、太尉；袁绍的父亲袁逢官至司空；叔父袁隗曾先后担任太尉、太傅。其伯父袁成官至中郎将，但年纪不大就去世了。袁绍是庶出，他的母亲是个婢女，早年的袁绍在家庭中的地位很低。袁逢将袁绍过继给已故的袁成。袁逢还有一嫡子名叫袁术，在血缘上袁绍与袁术是同父异母的兄弟。从宗法继承权关系来看，袁绍与袁术也可视为堂兄弟。袁绍长得英俊威武，甚得袁逢、袁隗喜爱。凭借世资，袁绍少年时就成为"郎"，也即通常所说的郎官。二十岁的袁绍见习期满后，被朝廷安排到治所在今河南濮阳市西南八公里的东郡濮阳担任县长，任上有清廉能干的名声。后来袁绍因母亲病故服丧，接着又补服父丧，前后共六年时间。服丧期满后，袁绍拒绝朝廷征召，隐居在洛阳。当时，宦官专权越演越烈，打击迫害儒臣、士大夫和太学生，将其中一些人冠以"党人"罪名进行残酷打压。袁绍自称隐士，表面上不妄通宾客，而实际上在暗中与张邈、何颙、许攸等"党人"结交。袁绍的密友中还有曹操，他们都反对宦官专权。袁绍一些政治活动引起了宦官的注意，中常侍赵忠在朝廷散布谣言说：袁本初抬高自己的身价，不应朝廷辟召，专养亡命之徒，不知他在干什么事。袁绍的叔父、时任太傅袁隗听到风声后批评和制止袁绍的活动，而袁绍依然不为所动。

中平元年（公元 184 年），黄巾起义爆发，朝廷为减少内部纷争，扩大统一战线，大赦天下"党人"。袁绍应外戚大将军何进的征召，先是以大将军属员的身份担任御史大夫的属官侍御史，后又被任命为虎贲中郎将。汉灵帝设置西园八校尉后，袁绍又被任命为八校尉之一的中军校尉。何进诛杀蹇硕后，包括中军校尉袁绍在内的西园诸校尉都归何进统领。

袁绍在何进麾下做武官，最大的政治心愿就是借助他的势力铲除宦官。袁绍认为，宦官不除，朝政难清。光熹元年（公元 189 年），袁绍多次向何进建言说：现在正是除掉宦官的最佳时机。过去窦武想铲除宦官，反而被宦官所铲除，只是因为保密不严，消息泄漏。而且，五营士卒一向畏惧宦官势力，窦武反而利用他们，因此自取灭亡。目前，大将军兄弟同时统率禁军劲旅，您手下的将领皆为俊杰名士，他们都乐于为您效命，事情都在掌握之中，这是上天赐予的良机。将军应义无反顾，一举为天下除去害群之马，名垂后世，千万不要错过这个机会！何进听了袁绍的话，感到很有道理，于是，他就向妹妹何太后建议，请求全部撤换中常侍以下宦官，委派朝廷中的郎官代替他们的职务。何太后不同意，她说：从古到今，都是由宦官管理后宫事务，这条汉朝的传统制度不能废掉，何况"先帝新弃天下，我奈何楚楚与士人共对事乎！"何进难以违背太后的旨意，打算暂且诛杀最跋扈的宦官。何进将何太后的意见反馈给袁绍后，袁绍认为，宦官最接近太后和皇帝，百官的奏章及皇帝的诏书都是由他们上呈下达，现在如果不彻底铲除宦官，将来一定会后患无穷。

此时，宦官们也清楚地知道何进打算消灭他们，于是他们就屡次请托何太后的生母、大将军何进的继母舞阳君，以及舞阳君的亲儿子、何太后弟弟何苗，为他们送上重礼，请求他们帮宦官说话。宦官们因此在何太后那里求得了庇护。何进虽然愿意除掉宦官，解除宦官干政而扬名于世，并多次向何太后提出诛杀或罢黜宦官建议，但事情都被拖了下来。

中军校尉袁绍又为大将军何进出谋划策，劝他利用手中掌握的军权，召回驻守在外地的猛将和英雄豪杰，让他们率军进入京都洛阳，以此来威胁何太后。何进认为这是一个好办法，于是便同意了袁绍的建议。何进的大将军府参与机要、总领府事的主簿陈琳（"建安七子"之一）却提出了反对意见，他说：动用大军来京可是件大事，现在大将军身负皇家威权，掌握着国家军队，对付宦官只是小菜一碟，杀鸡用不着宰牛刀。"八校尉"之一、典军校尉曹操听说这件事以后也笑着说：在皇宫服务的宦官古今都有，只是皇帝不应该给他们那么大的权力，使他们发展到现在这个地步。既然要惩治他们，就应当除去首恶，这只要一个狱吏就够了，何必征召外地的军队呢！如果想把宦官一网打尽，事情必然会泄露，届时恐怕谁也看不到成功，只能看到失败。

何进听不进不同意见，他私下给时任并州牧董卓等军阀写信，要求他们带领所统辖的兵马进京，并让董卓上疏说：中常侍张让等人借着太后和陛下的恩宠，扰乱朝政，祸国殃民。古时晋臣赵鞅曾率晋阳的兵马进入京城，铲除了朝中佞臣；如今臣下也要率军开赴洛阳，以讨伐张让等这些乱臣贼子。何进要董卓这样做，是想胁迫太后同意其诛杀宦官的计划。

董卓，字仲颖，陇西临洮（今甘肃定西市岷县）人。他暴戾恣睢，"性粗猛有谋"，行侠好义，年轻时曾游历于羌人聚集区，与羌人豪帅结为好友。后来董卓回到家乡种地。羌人豪帅思念他，便带着一些羌人到董卓家里看他。为招待朋友，董卓就把自家耕牛杀了煮食，与众人一起宴乐。羌人豪帅被董卓的义气和热情所感动，回去之后就收集马牛羊等牲畜一千余头送给董卓。从此，董卓"以健侠知名"。董卓膂力过人，身佩两套弓箭，能左右发射，"为羌胡所畏"。桓帝末年，董卓以六郡良家子弟身份担任了掌宿卫、侍从皇上的羽林郎，不久在中郎将张奂（字然明，敦煌渊泉人，今甘肃酒泉市瓜州县一带人）手下做军司马。汉时军司马为大将军属官，大将军直属部队共分五部，每部设校尉一人，官秩为比两千石，军司马一人，秩比千石；不置校尉之部，则单设军司马一人；其他将军领兵征伐时，所属也由司马等官掌领。后来军司马董卓在奉命讨伐治所在冀县（今甘肃天水市甘谷县以东）的汉阳郡境内的羌人叛乱时立下战功，被提拔为掌护卫、侍从，备顾问和差遣等事的郎中，并获得朝廷奖励的细绢九千匹。董卓对待将士慷慨大方，他说：立功的虽然是我，但获得的赏赐是属于将士们的。于是，他把这些细绢全部分给了官兵，自己一无所留。所以，在军队中，董卓颇有威望。朝廷知道董卓有政治野心，对他掌管军队并不放心，欲剥夺他的军权，于是在中平六年（公元189年）提拔董卓担任掌管皇帝私财和生活事务的少府。可是，董卓不愿意放弃军权，他编造理由上疏说：最近，我所统领军队中的羌人、胡人都来见我，他们说朝廷没有发给我们足够的粮饷，没有赏赐，我们的老婆孩子都饥寒交迫。这些羌人、胡人士兵拖住我的车子使我无法脱身。羌胡士兵调皮捣蛋，很难管理，他们不肯听从我的命令，我只能留下来做他们的工作。董卓不服从调动，朝廷也没有什么办法制约他。灵帝知道董卓不好控制，于是他在病重卧床时，又任命董卓为并州牧，要求董卓把军队交给皇甫嵩指挥。董卓接受了并州牧这个职务，但他仍不肯交出军队。他上疏说，我受到陛下的宠信，掌握兵权已达十年之久，与军队结下了深厚的感情，军中将士眷恋我的恩德，愿意为我抛头颅、洒热血。伏请陛下允许我把军队带到并州，为国家保卫边疆。灵帝原想把他提拔起来做州牧，让他交出军队，没想到他要把军队带到并州，朝廷对董卓讨价还价束手无策，只能让董卓白白赚个并州牧。

灵帝驾崩后，大将军何进和司隶校尉袁绍谋划诛杀宦官，何太后不肯答应，于是何进擅自通知董卓带兵入朝，以胁迫太后。

董卓自然有他的想法。此前朝廷征调董卓担任不掌兵权的少府，他推三阻四，不肯答应；任命他担任并州牧，诏令他把军队交给皇甫嵩，他抗旨不遵。这次何进让董卓带兵进京，却把董卓高兴坏了，他想趁皇帝年幼，宦官乱政，外戚有求于他和这次带兵入朝的机会，干一件大事。于是，当董卓接到何进的通知后，他当天就率兵上路了。侍御史郑泰听说大将军何进征召董卓率军来洛阳，认为此事办得太草率，立即进行劝阻。

郑泰，字公业，荥阳开封（今河南开封市）人。他年轻时就显示出与众不同的才略，获举孝廉。灵帝末年，郑泰知道天下定会乱起来，暗地里与豪杰结交。由于经常招待朋友，需要花费，郑泰家有四百顷耕地却仍不够吃。后来，朝廷"三府"征召，并派公车请他入朝为官，郑泰没有答应。灵帝去世后，外戚大将军何进辅政，请郑泰破格担任尚书的属官侍郎。本来初任者为郎中，满一年才称尚书郎，满三年才称侍郎。郑泰没有经过前面两个台阶，就直接担任了尚书侍郎，可见何进对他的信任。郑泰应召赴任，干了一段时间之后，又被提拔为御史台属官侍御史，负责接受公卿奏事、举劾非法，有时奉命出使州郡，巡行风俗，督察军旅等。

侍御史郑泰听说何进通知董卓来做帮手铲除宦官，便劝谏何进说：董卓为人强悍霸道，不仁不义，又贪得无厌。如果朝廷依靠他的支持，给他兵权，他就会为所欲为。您作为皇亲国戚，手中掌握着辅政大权，完全可以按照自己的意愿去惩治那些罪人，实在不应该依靠董卓作为外援。而且事情拖久了就会生变，窦武之事正是前车之鉴啊！何进根本不接受郑泰的劝谏，郑泰一气之下辞职而去。

并州牧董卓率军向京师出发后，便按照何进的意见，途中上疏何太后，要求逮捕张让等"十常侍"，以清除奸佞。何太后当然不会答应。这时候，何进的弟弟何苗接受了宦官的请托，他劝何进说：当初，我们一家人离开穷乡僻壤来到京师，都是依靠宦官的扶持，才有了今天的富贵。"国家之事，亦何容易？"一碗水泼在地上就收不回来了，您应该好好考虑考虑，可暂且与宦官和解。何进听了弟弟何苗的话，想改变主意，欲与宦官言和。此时，董卓已率军来到了渑池（今河南三门峡市渑池县），何进便派遣掌谏诤和顾问应对、议论朝政的谏大夫种邵拿着皇帝的诏书去劝退董卓。

种邵，字申甫，河南洛阳人，原司徒种暠之孙，太常种拂之子。种邵年轻时就很有名气，中平六年（公元 189 年）被何进任命为专掌议论的谏议大夫。这次他奉何进之命去劝阻并州牧董卓退军，但董卓根本不听，继续率军前行。种邵劝阻无效，只好拨马而回。何进又让种邵以迎接慰劳董卓及其军队的名义，再次劝说董卓退军。但董卓依然不听，并命令部下以武器相威胁。种邵大怒，以皇帝的名义严加斥责，围上来的士兵们感到害怕，相继离开。于是，种邵大胆走上前去，当面质问董卓：是你大，还是皇帝大；是你说了算，还是朝廷说了算？董卓理屈词穷，只好退军到位于今河南洛阳市之西的夕阳亭。

中军校尉袁绍也非常担心何进中途变卦，他威胁何进说：我们与宦官的矛盾已经形成，近期我们的行动迹象已经暴露，大将军您还犹豫什么？该断不断，必受其乱，难道还要重演窦武被害的悲剧吗？何进被袁绍这么一逼，只好临时拍板，任命袁绍为监督京师和周边地区的监察官司隶校尉，并授予他可以不经请示就有逮捕或处死罪犯的权力，又任命掌参谋议事、有时也领兵征战的从事中郎王允为河南尹。

王允的情况前面已有介绍。他在担任豫州刺史时，与皇甫嵩、朱儁等共同击败了黄巾军，在受降时搜查到了中常侍张让门客写给黄巾军的书信，于是便向朝廷上疏举报，因此得罪了张让。一个月之内王允先后两次被逮捕入狱，经何进、杨赐、袁隗等大臣的积极营救，才被免罪释放，后辗转于河内、陈留之间。灵帝去世后，王允去洛阳吊丧。当时，国家局势已非常混乱，以大将军何进为首的外戚势力大增，宦官张让等失去了对朝政的控制权，面临覆灭的危险。何进利用地方官吏奔丧的机会，大肆结交和拉拢亲己势力。王允一到洛阳，就被何进召见，并表明了想起用他之意愿。王允很感激何进对他的救命和提携之恩，便满口答应了何进为他安排的从事中郎一职。从事中郎主掌参政谋议，是大将军府所属吏员之一，官秩为六百石。王允这次又被何进提拔重用为河南尹，成为京都洛阳所在地河南郡主官，主掌京都事务。

袁绍获得任命和授权后，一方面注重侦查宦官的动静，另一方面遣使告诉途中的董卓，让他赶紧派出驿使上奏，并在奏章上明确声称要进军平乐观。平乐观位于京师洛阳城西白马寺以北处，大概位置在今天洛阳市孟津区平乐镇。何太后看到董卓的奏章大为恐惧，立即把中常侍、小黄门等宦官们的职务免掉，将他们遣送回家，只留下少量自己比较喜欢的宦官在宫中伺候。宦官们当然知道，惩罚他们的主要人物是大将军何进。于是，他们一同去向何进请罪，并祈求说，只要能保住他们的小命，其他任凭大将军处置。何进却对他们说：目前天下局势动荡不安，只是由于人们厌恨你们，才免去你们的官职的。董卓马上就要到了，他来了肯定不会放过你们，你们为什么还不回到各自的封地去呢？此时，司隶校尉袁绍力劝何进趁宦官们送上门的绝好机会，将他们统统干掉。可是，何进优柔寡断，下不了决心，只是命令袁绍派出一些机智勇敢的武官监视宦官的行动，同时委派袁绍的弟弟、虎贲中郎将袁术，挑选两百名可靠的士兵开进宫中，取代原来那些把守宫门的黄门侍者。宦官中有人按何进的要求回到了自己的封地，袁绍擅自以何进的名义给各州、郡官府下发公文，要求他们逮捕已到达其封地的宦官及其亲属。袁绍这一招就等于把何进这个"跛脚鸭"推上诛杀宦官的前台，使他骑虎难下。

何进优柔寡断的所谓的密谋，由于持续时间较长和操作不慎，已经走漏了不少风声。精通关系学和疏通之道的宦官们不会坐以待毙，他们上下活动，试图扭转被动挨宰的局面。"十常侍"挑头人张让，他的养子的妻子是舞阳公主的女儿，何太后的妹妹。张让要儿媳妇去见舞阳公主，并教给她先给母亲叩头，然后再请求说：我现在犯下了罪，理应与全家人一起回到家乡。想到几代人蒙受皇恩，如今要远离皇宫，心中恋恋不舍。我愿意最后再入宫伺候太后一次，再见她老人家一面，即使今后死在沟壑之中，也就没有什么遗憾的了！张让的儿媳妇向母亲舞阳公主求情，舞阳公主又向何太后说情，这下还真让何太后感动了。何太后下诏，让各常侍重新留居宫中。

在袁绍的劝说、鼓动和挤压之下，何进又坚定了诛杀宦官的决心。中平六年（公元189年）八月二十五日，何进进入长乐宫奏报何太后，请求诛杀所有中常侍。何进一迈入长乐宫的门槛，便立即触动了宦官们敏感的神经。"十常侍"两名成员张让、段珪立即派宦官去窃听何进与何太后谈话，获知了全部内容。张让、段珪马上率领自己的党羽数十人，手持武器，偷偷从侧门进入，埋伏在殿门两侧。等何进出来后，宦官假传太后旨意又召他回去，何进随宦官又折回长乐宫。张让等人斥责何进说：天下大乱也不单纯是我们宦官的罪过。以前，先帝与何太后生气，差点儿把她废了，我们流着眼泪为她求情，每个人都献出了千万家财作为礼物送给先帝，这才使先帝改变主意。如今你竟然要灭我们的族，岂不是太过分了吗？没等何进回答，宦官们便将他杀死在嘉德殿前。之后，他们立即矫诏任命前太尉樊陵顶替袁绍，担任司隶校尉；少府许相顶替王允，担任河南尹；京畿之地的重要官员，由何进的党羽换成宦官的死党。

何进手下的部将吴匡、张璋在皇宫之外听说大将军已被杀死的消息后，意欲率军入宫，但皇宫大门早已关闭。袁绍的弟弟、虎贲中郎将袁术和吴匡、张璋等一同攻击宫门，宦官们则手持武器在里面护卫。此时，天已黄昏，袁术放火焚烧南宫的青琐门，并大声呐喊：把张让及其他宦官统统交出来！张让急急忙忙跑去禀告何太后说：大将军何进的部下谋反，纵火烧宫，还进攻尚书门。何太后不知真假，稀里糊涂地被张让、段珪等众人裹挟着，与少帝刘辩、陈留王刘协等逃向北宫。此时，尚书卢植手持长戈截住了段珪等人，他厉声斥责说：狗胆包天，竟然裹挟何太后！段珪等惊恐害怕，于是放开何太后溜走了。何太后便趁机从窗口跳下逃走。袁绍和他的叔父袁隗冲入皇宫，假传圣旨，将宦官擅自任命的司隶校尉樊陵、河南尹许相传来后处斩。

此前，何进的党羽吴匡、张璋各以异端受何进信任，而何苗讨厌吴匡、张璋的为人。吴匡、张璋诋毁何苗、称赞何进，何进得知后也表扬他们，认为他们与自己同心。吴匡等一直怀疑何苗与宦官勾结通谋，于是，他们鼓动士兵们说：大将军打算诛杀诸常侍，车骑将军何苗反对。如今大将军已死，何苗还在，杀死大将军的人，肯定就是车骑将军何苗，将士们要为大将军报仇啊！何进在世时素来对士卒有恩，大家都哭着说："愿效死！"于是，吴匡、张璋率领士兵与董卓的弟弟、奉车都尉董旻引兵攻打何苗，战于朱雀阙下。何苗兵败被杀，其首级也被斩下。袁绍关上皇宫的北门，命令士兵们袭击宦官，无论老少一律杀死。有人因没长胡子，也被误以为是宦官而被误杀。剩下那些没长胡子的年轻人，为证明自己不是宦官，吓得赶紧脱下裤子让大兵验身。这次对宦官的大屠杀，使得皇宫之内尸体遍布，血流成河，两千余名宦官及个别没长胡子的非宦官人员等都被斩杀。张让、段珪等被困在宫中，手下也没有什么兵，他们无计可施，只好带着少帝刘辩、陈留王刘协等数十人从榖门（用榖木做的门）逃了出去，夜里到达位于今洛阳市孟津区东北的小平津。当时公卿大臣一同从平乐观出来，他们中无人跟随刘辩，只有尚书卢植连夜骑马追到河上，王允又派河南中部掾闵贡跟在卢植后面。卢植、闵贡追上后，责备张让等人说，你们还不赶紧去死，我将杀死你们！并一连杀死了几名宦官，张让等宦官惊恐万状，他们拱手作揖，向少帝刘辩叩头，张让哭着说：我们这就去死，请陛下自爱！说完，起身投入黄河而死。至此，宦官势力已全部扫平。这是东汉王朝建立以来宦官在政治斗争中的首次最大、最彻底的失败。（据《三国志·魏书·袁绍传》《资治通鉴》第五九卷，《后汉书·董卓列传》《后汉书·郑孔荀列传》《后汉书·张王种陈列传》）

三、董卓称霸朝廷，强力推行"军阀政治"

当袁绍诛杀宦官集团之时，董卓率军到达了洛阳城西。董卓看见洛阳城内火光冲天，知道朝廷内部已生变故，于是，他命令部队快马加鞭，急速前进。当他和他的部队到达位于今洛阳市以北、黄河南岸的北邙山时，与被宦官张让等挟持出宫的十三岁的少帝刘辩和九岁的陈留王刘协等相遇。少帝刘辩看见一支军队浩浩荡荡地开过来，吓得哭泣起来。大臣们走上前去拦住董卓，对他说：皇帝有诏，令你撤兵！董卓反驳说：你们身为皇上身边大臣，却不能匡扶王室，导致天子逃亡在外，还敢说什么撤兵！我是来救驾的！说着，董卓径直走到少帝刘辩面前，询问他究竟发生了什么事。少帝被一群人裹挟逃亡，本来心里就害怕，现在又突遇大军拦截，而那个身佩刀剑、一脸凶气的人突然来到自己面前，问这问那，少帝吓蒙了，他的回答语无伦次。董卓大失所望，他又询问陈留王刘协，小刘协将宫廷事变的来龙去脉讲得清清楚楚、明明白白。于是，董卓认为少帝刘辩是个庸才，而陈留王刘协颇有才能。董卓还了解到，陈留王刘协是董太后养大的，因为都姓董，此时的董卓便对董太后养大的刘协产生了好感，并萌生了废掉少帝刘辩、立陈留王刘协为帝的念头。需要说明的是，董太后系河间人，董卓是陇西临洮人，两个董家相距三千里左右，没有任何关系。

董卓率军进入洛阳城，因掌握军政大权的大将军何进被宦官所杀，没有人敢对率军入京的董卓有所限制。越是这样，董卓就越感觉自己所带兵马太少，步兵和骑兵加在一起满打满算才三千来人。董卓担心一旦被别人知道底细，远近之人谁也不会害怕他。于是，为了迷惑和震慑他人，董卓玩了一个小花招，就是每隔四五天，在夜深人静时，悄悄把部队从洛阳城驻地拉出去，到郊外隐藏起来，第二天早晨再整饬军容，大张旗鼓地返回驻地，给人们的感觉好像是西凉或并州又来援军了。董卓搞的这套真真假假、虚虚实实的把戏，弄得人们根本不清楚董卓的军事实力究竟有多强。何进被杀死后，朝廷"八校尉"的兵力，除了袁绍之外，大都投靠了董卓，董卓的军队和军需又得到了加强和充实。这样，论军事实力，只有远在外地的皇甫嵩尚能够制约董卓。可是，没有皇上的命令，皇甫嵩是不会打内战的，而此时朝廷一盘散沙，大臣和将领们各顾各，没有人给少帝出谋划策。洛阳城中的将领和大臣手头都没有什么兵力，他们谁也无法同董卓抗衡，包括杀死两千余名宦官的司隶校尉袁绍。可是，董卓仍然认为兵少将寡，他还要大举扩军。而招兵买马一时半会儿形不成战斗力，于是他盯上了原并州刺史丁原的军队。

丁原，字建阳，泰山郡南城县（今山东临沂市平邑县郑城镇）人，出身于贫寒之家，念书不多，但粗中有谋，擅长骑射。丁原青年时期曾经担任过泰山郡南城县吏，该县治所在今山东临沂市平邑县境内。丁原接受任务从不怕难，每有敌人来犯，他"辄奋于前"。中平二年（公元185年）春，并州刺史张懿率军抵御胡人进攻，战败被杀，朝廷任命丁原担任了并州牧。中平六年（公元189年），时任并州刺史的丁原担任骑都尉，在河内（古郡名。治所在怀县，今河南焦作市武陟县西南）驻扎，任命吕布为主簿，不久又任命吕布为军司马。

吕布，字奉先，五原郡九原（今内蒙古包头市九原区）人。他膂力过人，骁勇善战，擅长骑射，被人称为"飞将"。

汉灵帝驾崩后，何进要求丁原率军赶赴洛阳，军司马吕布也随丁原一起开赴京师。何进任命丁原为负责皇宫之外、京城之内安保工作的执金吾，吕布仍在丁原的军中。董卓野心勃勃，欲把持朝政，但他"惮丁原"。董卓为什么害怕丁原呢？因为丁原手下不仅有多名"虎将"，而且还有"狼骑"五千，精兵数万。董卓欲称霸朝廷，担心受到丁原的掣肘。这时董卓获知丁原手下的军司马吕布是个自私自利、唯利是图的人，于是便派人以升官发财为诱饵，唆使吕布背叛丁原，并将他杀死。吕布将丁原的头颅砍下来送给董卓。董卓大喜，立即吞并了丁原在京城的防卫部队，加上此前吞并的除袁绍之外的西园诸校尉，董卓的势力已相当强大，并完全具备了左右朝政的军事实力。董卓将立下大功的吕布任命为骑都尉，并发誓永远像父亲对待儿子那样来对待吕布。不久，董卓又提拔吕布为仅低于将军的中郎将，封爵都亭侯。董卓自知杀死并收编了丁原的军队为不义之举，害怕有人算计他，每有出入，总让吕布当他的贴身保镖，以防不测。

董卓凭借其强大的军事实力，首先剥夺了何太后作为东汉王朝最高决策者的权力和地位，还以"老天总是下雨不停"为由，逼迫皇帝颁发策书罢免了司空刘弘的职务，由自己取而代之。少帝和朝廷不敢得罪手握重兵的董卓，只好按他的意图行事。董卓担任司空后，把持了朝政大权。

董卓"性残忍，一旦专政，据有国家甲兵、珍宝，威震天下，所愿无极"。董卓依靠自己的军事优势和霸占的司空之位，在群臣面前称王称霸，发号施令，朝廷文武百官都乖乖听命于他。董卓感到自己的绝对权威已经树立起来了，于是，他要干大事了。(据《三

国志·魏书·吕布张邈臧洪传》《后汉书·董卓列传》）

（一）废黜汉少帝刘辩，立陈留王刘协为帝

自从董卓率军进入洛阳，在黄河南岸的北邙山遇见十三岁的汉少帝刘辩和九岁的陈留王刘协之后，便留下了刘协的才能比刘辩强很多的深刻印象。他把持朝政大权后，想把刘辩从帝位弄下来，把刘协弄上去。作为习武和打仗出身的一介武夫，董卓不懂封建礼制，不认为废长立幼、废嫡立庶属于大逆不道之事，他以为"调整"皇帝跟撤换自己军队中的司马那样简单。董卓想，除了司隶校尉袁绍以外，没有人敢站出来挡他的道。袁绍出身于高官世家，且刚刚消灭了宦官势力，在广大吏民中有很高的威望，只要他同意"调整"皇帝，这件事就成功了。于是，董卓就对袁绍说：国家的君主应该由贤明的人来担任。每当想起汉灵帝的所作所为就使人感到愤恨。"董侯"看似不错，我想立他为帝，不知道他能否胜过"史侯"？有的人小事聪明大事糊涂，不知道他会怎样？如果他也不行，刘氏就不要再留种了！虽然袁绍手头还有点儿兵，但与董卓实力悬殊，对董卓根本起不到制衡作用，但袁绍对董卓并不示弱，袁绍说：汉朝统治天下大约四百年了，恩德深厚，吏民拥戴。如今皇上年龄尚小，而陈留王刘协年龄更小。少帝没有什么过失，陈留王也没有什么功德传布天下。您废嫡立庶、废长立幼，恐怕天下吏民不会答应！董卓一听这话就来气了，他呵斥袁绍说：你小子胆敢这样放肆！天下大事难道不是我姓董的说了算！我要这么做，谁敢不服？你以为我这把战刀不锋利吗！袁绍反驳说：天下的英雄豪杰难

道只有你姓董的一个人吗？袁绍也把腰间的刀横过来。两人怒目相视一阵后，袁绍向众人作了一个揖，匆匆离去。他离开之后，一路狂奔逃往冀州。因董卓刚到洛阳不久，知道袁家的社会影响力，害怕引起社会上的强烈反响，没敢追杀袁绍。

袁绍离开洛阳，那就意味着不会再有人出面挡道了，于是，董卓召集文武百官开会，就"调整"皇帝这件事，强行"统一思想"。他蛮横地讲道：少帝没有能力，他不可能奉承宗庙，做统治天下的君主。现在，我想依照以前尹伊、霍光的做法，改立陈留王为帝，大家觉得怎么样？文武百官都被董卓的大嗓门和大气场吓住了，没有人敢于回答。董卓接着说：从前霍光作出废立皇帝的决策之后，田延年手握剑把，准备诛杀敢于反对的人。现在谁要是胆敢反对我这个计划，以军法论处！文武百官无不震惊。著名大儒、尚书卢植对董卓瞎找的历史依据进行了辩驳，他说，从前太甲即位后昏庸不堪，尹伊让他下台反省；昌邑王刘贺即位之后，因为犯有一大堆错误，霍光才把他废掉的。现在少帝刘辩年龄太小，他的行为没有过失，不能与太甲、刘贺相比。董卓见有人驳倒了他所引用的历史依据，立即火冒三丈，抽出刀来欲斩杀卢植。侍中蔡邕和议郎彭伯求情劝阻说：卢尚书乃全国闻名的大儒，非常受人尊敬。如果您把他杀了，全国就会陷入恐慌之中。董卓闻听此言，才把刀插进鞘里，没敢下手，但还是免去了卢植的职务。

后来，卢植逃到治所在今河北张家口市怀来县东南的上谷郡隐居起来。董卓派人把废立皇帝的计划送给太傅袁隗看。作为袁绍叔父的袁隗，因侄子袁绍刚刚与董卓闹翻，此时如果他不同意董卓的废立计划，那董卓肯定会把他们叔侄俩的账算在一起，袁隗的脑袋就保不住了。于是，袁隗表示同意。

中平六年（公元 189 年）九月，董卓在崇德前殿召集文武百官举行皇帝废立仪式。在董卓的恐吓下，何太后被迫下诏废降汉少帝刘辩为弘农王，立陈留王刘协为帝，是为汉献帝。刘协是东汉历史上第十三任皇帝，也是东汉王朝的最后一任皇帝。太傅袁隗将原少帝、新任弘农王刘辩身上的佩剑解下来，给新任汉献帝刘协佩挂上，而后扶弘农王刘辩下殿，向汉献帝称臣。何太后凄怆流涕，参加仪式的文武百官楚囚相对，但无人敢言。

董卓将皇帝废立之事办完之后，又以何太后曾经逼迫婆母董太后致使其忧郁而死为由，将其迁到永安宫。不久，董卓又将何太后毒杀。董卓还将何苗的棺木挖掘出来，毁弃尸体；还杀死了何太后、何苗的母亲舞阳君，抛尸林苑。（据《资治通鉴》第五九卷，《汉书·霍光金日磾传》《后汉书·董卓列传》）

（二）组建统治团队，配备"三公"和大司马

汉献帝即位后，董卓以献帝的名义将自己任命为太尉兼前将军，封郿侯，加赐代表皇帝的符节等；还任命掌议论的太中大夫杨彪为司空，豫州牧黄琬为司徒。

杨彪，字文先，弘农郡华阴县（今陕西渭南华阴市）人。其曾祖父杨震、祖父杨秉、父亲杨赐，三代都是官至"三公"之首的太尉，且都以忠直而闻名。杨彪少传家学，在他身上能够看到先辈的影子。他初举孝廉，州举茂才，官府征召都未应从。汉灵帝熹平年

间（公元 172 年至 178 年），他凭着博闻强记、掌故逸闻而被朝廷任命为掌顾问应对的议郎，后来又被提拔为侍从皇帝左右、出入宫廷、与闻朝政的侍中，干了一段时间之后被任命为京兆尹。当时，宦官、黄门令王甫派遣门生在京兆边界违法专营官府财物，获利七千余万钱，杨彪将这一情况及时告诉了新任司隶校尉阳球。火暴脾气的阳球眼里容不得沙子，他立即上奏并将王甫等人处斩，对此"天下无不惬心"。后来，杨彪又先后担任介于将军和校尉之间的五官中郎将，颍川太守，南阳太守，掌太后服御诸物及衣服、宝货、珍膳的永乐少府，掌舆马等事的太仆，统率卫士守卫宫禁的卫尉，掌议论的太中大夫等职。董卓担任太尉后，将太中大夫杨彪任命为司空。

黄琬，字子琰，江夏安陆（今湖北孝感安陆市）人。其祖父黄琼系东汉名臣，官至太尉。黄琬幼年时，父亲黄阁就去世了。爷爷黄琼经常把小黄琬带在身边，黄琬聪明伶俐，很受爷爷喜爱。建和元年（公元 147 年）正月的一天，发生了日食，但京城洛阳看不到日食情况。当时，黄琼在治所位于今河北邯郸市临漳县境内的魏郡担任太守，皇太后下诏询问黄琼，让他描述一下他在魏郡看到的日食情况。黄琼搜肠刮肚想不出合适的语言来表述，七岁的小孙子黄琬就在身旁，他对爷爷说："何不言日蚀之余，如月之初？"黄琼听了非常吃惊，立即按照孙子的说法报告皇太后。从此，黄琼对其宝贝孙子更加喜爱。永兴元年（公元 153 年），黄琼升任司徒，黄琬被任命为"童子郎"，而黄琬托病不去到任。当时，司空盛允身患疾病，黄琼命黄琬代表自己前往探视，正好荆州江夏郡（治所在西陵县，今湖北武汉新洲区境内）上奏当地蛮人反叛的副本送达司空府，盛允与黄琬开玩笑说：江夏这个地方，蛮人太多而士人太少。没想到黄琬却拱手回答说：蛮夷扰乱华夏，责任都在司空身上。说完拂袖而去，盛允感到惊奇。黄琬长大后，被任命为职掌殿门宿卫、出充车骑的五官中郎将。当时，光禄勋陈蕃对黄琬"深相敬待，数与议事"。按照制度规定，光禄勋负责选拔录用郎官。此前一些豪门权贵子弟、亲友等多通过请托而被录用，而那些出身寒门、德才兼备的有志者大都被挡在门外。对此，陈蕃、黄琬认为应该改变这种不平等的选录方式。陈蕃让黄琬参与选录，黄琬愉快地答应了。在实际工作中，他们打破门第观念，将所有参选人员放在同一起跑线上，公开透明地选录品学兼优的人才，这样一来，一批没关系、没门子的优秀人才被录用，而那些有权有势、不学无术的豪门子弟都落选了。于是，那些落选的权贵子弟就上奏诬告陈蕃、黄琬以权谋私。朝廷接到举报之后，把案子交到御史中丞王畅（字叔茂，山阳高平县人，在今山东邹城西南）、侍御史刁韪（字子荣，徐州彭城国人，今江苏省徐州市人）手里。王畅、刁韪对陈蕃、黄琬公平公正选录郎官非常认可，所以，他们没有向上报告此事，就把案子压了下来。而皇帝左右的近臣趁机诬陷四人为"朋党"。据此，朝廷将王畅贬降为议郎，将陈蕃免官，黄琬、刁韪同时被禁锢。这样，黄琬在近二十年里一直受压制。直到光和六年（公元183年），太尉杨赐上疏举荐说，黄琬具有治乱的才能，灵帝才将黄琬任命为议郎。后来黄琬出任青州刺史，迁任侍中，不久出任右扶风，又入朝先后担任将作大匠、少府、太仆等职。中平五年（公元 188 年），朝廷恢复州牧制度后，黄琬被任命为豫州牧。当时豫州境内盗贼蜂起，混乱不堪，黄琬率军镇压，将盗贼平定，由此黄琬威名大震。任内政绩为天下表率，朝廷以功赐封他为关内侯。董卓因黄琬是名臣，且掌兵权，征召他入朝担任司徒。

过了一段时间，董卓将自己改任为相国，并享有参拜皇帝时不唱名，上朝不用小步快跑，可以佩剑、穿鞋上殿等特权。董卓将司徒黄琬改任为太尉，司空杨彪改任为司徒，提拔光禄勋荀爽为司空。这样，董卓就凌驾于"三公"之上，成为不是皇帝的实质皇帝。

董卓还在"三公"之外单独设置了掌邦政的大司马，将职掌皇上亲族和外戚勋贵事务的宗正刘虞任命为大司马。

刘虞，字伯安，东海郯县（今山东临沂市郯城县）人，系刘氏皇族。他最初被举荐为孝廉，后来逐步升迁为治所在蓟县（今北京市西南），辖境相当于今北京市、河北北部、辽宁大部、天津市海河以北及朝鲜大同江流域的幽州刺史。刘虞到任后，裁减驻军，广布恩德，推行仁政，播扬国威，因治理有方，鲜卑、乌桓和夫余、秽貊等少数民族都按时朝贡，不敢犯边。夫余系朝鲜半岛北部与今中国东北地区的一个少数民族，前期该族王城在吉林市，后期在长春市农安县，那里谷物丰盛，余粮颇多。秽貊是分布在北至松花江流域中游，南至朝鲜半岛的古老部族，又称"貊"。东北地区的少数民族归附后，边疆地区恢复了社会安宁，刘虞受到幽州百姓的称赞和喜爱。后来刘虞因公事被免官。黄巾起义爆发后，青州、兖州一带社会动乱，再加上连年自然灾害，人民群众苦不堪言。为了安抚百姓，朝廷任命刘虞为治所在今山东临清市东北的甘陵国相。刘虞到任后，带头节俭赈灾，为下级官吏做出榜样，在他的影响和带动下，老百姓的生产生活逐渐得到了恢复。后来刘虞被朝廷提拔为宗正。董卓掌权后，他在配备"三公"的同时，欲安排一位皇族的人在显要位置为官，以安抚皇族势力，所以就另置大司马一职，并将这一职务授予刘虞，还加封他为襄贲侯。（据《后汉书·杨震列传》《后汉书·左周黄列传》《后汉书·荀韩钟陈列传》《后汉书·刘虞公孙瓒陶谦列传》）

（三）彻底平反"党人"，拉拢受排挤之士

黄巾起义刚刚爆发时，灵帝采纳时任北地郡太守皇甫嵩和中常侍吕强的建议，解除了过去关于"党人"一律不准做官的禁锢，大赦天下"党人"，允许那些流放到边疆地区多年的"党人"及其家属返回故乡。但由于宦官势力的干扰，政策落实并不到位，尤其是以前曾经当官的"党人"并未官复原职，对已经死去的"党人"及其家属也没给什么说法。对此，"党人"及其家属和一些吏民仍有意见。董卓为了拉拢和扶持这部分势力，率领"三公"等大臣上疏，请求重新审理陈蕃、窦武以及其他"党人"的案件，一律恢复过去的官职，彻底为"党人"翻案，并派遣使者到已经去世的"党人"墓前祭悼，还提拔他们的子孙为官。比如，将陈寔的儿子陈纪提拔为介于将军和校尉之间的五官中郎将，韩韶的儿子韩融提拔为掌管诸侯及藩属国事务的大鸿胪。陈寔与韩韶、荀淑、钟皓合称"颍川四长"，以德高望重而闻名于世；陈寔还与他的儿子陈纪、陈

谌并著高名，时称"三君"，名扬天下。

此外，董卓还将朝中公卿及其以下官员的子弟全都任命为郎官，用这些郎官补充原来袁绍诛杀宦官之前他们所担任的职务。董卓这一手就是想把大臣也都拉拢过去。

董卓把持朝政之初，在选人用人上，特别是在"三公"和大司马的选配上，与以前外戚和宦官把持朝政时相比，还算是公平公正的，起码没有搞任人唯亲、卖官鬻爵那一套。董卓自己的亲信大多没有在朝廷担任高官，只是在军队中担任中郎将、校尉之类的职务。当然，董卓采取这些措施之本意，就是拉拢和扩充自己的政治势力，以维护自己的霸道统治。

董卓最大的问题是，悖逆封建传统宗法观念，废嫡立庶、废长立幼，因而遭到了各路诸侯和人民群众的强烈反对甚至讨伐，而这种群起而攻之的讨伐，又点燃了董卓的火暴脾气和残暴本性，他孤注一掷，与人民为敌，决计对抗到底。董卓放纵手下官兵烧杀抢掠百姓，草菅人命等，遭到了朝野上下的共同反对，就连他提拔重用的那些高官，就连他平反昭雪的那些"党人"，就连他为其儿孙安排工作的臣僚，也大都与他不一心，甚至还想把他除掉。

在董卓把持朝政期间，民间广泛流传着一首歌谣："千里草，何青青；十日卜，不得生。""千里草"为董，"十日卜"为卓，这两个字都是自下而上解字；"青青"是指爆发，"不得生"就是灭亡。这两句话的大概意思是，董卓暴政当权，一定是个短命鬼，暗示董卓以臣凌君、以民为敌必然败亡，最终结局只能是"不得生"。（据《资治通鉴》第五九卷，《后汉书·五行志》）

（四）强行迁都长安，以躲避诸侯围攻

董卓在皇帝废立问题上倒行逆施，激怒了各路英雄豪杰，尤其是函谷关以东地区的多位诸侯，包括躲避在冀州的袁绍，以及豫州刺史孔伷、陈留郡太守张邈等，他们纷纷起兵欲讨伐董卓。而董卓也准备大规模发兵去攻打关东诸侯。在这种情况下，在董卓手下为官的尚书郑泰认为，一旦董卓出兵攻击，袁绍、孔伷、张邈等谁都不是董卓的对手，他们必败无疑。为此，郑泰费尽口舌极力劝阻董卓不要出兵，他说：为政之道在于德，并不在于兵多。董卓一听这话很不高兴，立即反驳说：照你这么说，那军队就没用了吗？郑泰马上改口说：我说的不是那个意思，我是说崤山以东那些军阀谁都不是您的对手，他们那点儿兵马，实在不值得大军讨伐。您在西凉崛起，年纪轻轻就成了精通军事的将帅，而袁绍只是个公卿子弟，生长在京城，衣来伸手、饭来张口；张邈原是东平郡的一位忠厚长者，正襟危坐在大堂上，眼睛都不会东张西望；孔伷只会高谈阔论，褒贬是非，耍嘴皮子还行。这些人都没有军事才能，哪一个都不是打仗的料！郑泰说，他们的官帽都是您给他们戴的，没有经过朝廷的正式任命，因此，他们感受不到当官难，不懂得珍惜和感恩，尊卑无序，没大没小。如果您仗着兵多势强去攻击他们，他们就会逃之夭夭而保存实力，这样，他们就必然不会跟您同心合力、共进共退了。谁都知道您的军队天下无敌，打起仗来犹如猛虎捕捉狗羊，还犹如秋风扫树叶，哪个不怕死的敢于抵挡！董卓越听越高兴。郑泰绕了个圈子，开始劝说他不要出兵，他接着说，平时没有

战事，即使征兵也会惊扰天下，那些害怕当兵的人往往聚集起来造反。如果放弃德政而动用军队去打仗，那损害的肯定是您的威望。董卓越听越高兴，于是放弃了大规模发兵去攻打那些各自为战的关东诸侯的打算。

董卓不再主动攻打诸侯，但诸侯并没有放弃讨伐董卓。诸侯们清楚地知道，凭他们的单体实力谁也不是董卓的对手，谁与董卓开战谁吃亏。于是，他们都迫切希望组成一个军事联盟，大家一起共同讨伐董卓。以前袁绍因反对废黜汉少帝与董卓彻底闹翻，袁绍因害怕董卓诛杀而逃到了冀州。后来，董卓果然后悔自己当时没有把袁绍杀掉，于是，他发布公告悬赏捉拿袁绍，并且催逼紧迫。董卓最信任的大臣伍琼、周毖，也同郑泰一样，不与董卓一条心，他们都迫切希望反对董卓的势力迅速壮大，而不愿意看董卓对他们进行打击而受到削弱，所以董卓身边的多位大臣也采取顺毛摸的方式进行劝谏，希望董卓不要出兵讨伐袁绍，他们说：废立皇帝这种大事，不是凡夫俗子所能明白的，袁绍政治站位不高，得罪了您老人家，他担惊害怕，急急忙忙逃跑了，哪有什么别的想法？如今您着急悬赏捉拿他，就等于逼着他反叛。袁家接连四代都在朝廷做大官，门生故吏遍布天下，假如袁绍收罗豪杰，聚集徒众，必然会带动其他豪杰效仿，如果那样的话，崤山（在今河南西部，洛阳市洛宁县西北）以东广大地区就不是您的了。不如赦免袁绍，给他一个郡太守当当，这样袁绍必定高兴，今后就不会再有什么后患了。经过伍琼、周毖等大臣一番劝导，董卓便飘飘然了。他不仅不再悬赏捉拿袁绍，而且还任命他为渤海郡太守，封爵邟乡侯。董卓还捎带着将另外两位对手也都官提一级，即提拔袁术为后将军，提拔曹操为骁骑校尉。

董卓为袁绍拜官授爵，使东部地区各路诸侯都觉得董卓害怕袁绍，加上以前袁绍诛杀了两千多名宦官，且他出身于高官世家，于是诸侯们都迫切希望袁绍挑头当盟主，袁绍没有谦虚。初平元年（公元190年），以袁绍为盟主的十二个军阀组成的讨董联盟军建立，规模庞大，对董卓形成强大的威慑。

随即，以袁绍为盟主的联军纷纷驻扎在都城附近，对洛阳构成三面包围之势。董卓害怕了，想把京都从洛阳迁往长安，以躲避联盟军的围攻。可是，董卓的公卿大臣和将领们大都不愿意迁都，但没人敢站出来提出反对意见。董卓召集公卿大臣商议迁都事宜，大讲特讲迁都的好处，文武百官默不作声，唯独司徒杨彪提出了异议。他说：迁都乃国家大事。光武帝刘秀建都洛阳历时已久，百姓生活安定，狗吠不惊。现在无缘无故地迁都，恐怕会惊扰百姓，甚至有可能引发大乱。董卓反驳说：关中地区土壤肥沃，物产丰富，秦国依靠关中强大的物质资源吞并了六国，统一了天下。陇右地区还出产大量的木材，杜陵（位于今陕西西安市东南）有汉武帝时期留下的制陶窑灶，搬迁过去之后大力发展林木业和制陶业，百姓很快就能安顿下来。董卓还说，同黎民百姓没有什么可商量的，如果他们在前面反对，我就以大军在后面驱赶，一直将他们赶入沧海。杨彪说：把天下搞乱很容易，但是再安定天下就困难了。董卓脸色阴沉，瞪着眼珠子呵斥杨彪说：你要干扰我实施国家大计吗？太尉黄琬也反对迁都，他顺着杨彪的话说：迁都乃百年大计，刚才杨公所说的意见，应该属于考虑的范畴。司空荀爽（又名荀谞。字慈明，颍川颍阴人，今河南省许昌市人，东汉末年经学家，名士荀淑第六子）见董卓已非常生气，担心董卓要伤害两位同僚，于是，他打圆场说：相国考虑迁都是基于目前危如朝露的军事形势，这种局势与秦末汉初时的情况差不多。迁都有利于摆脱敌军的围困，以便缓过劲来消灭他们。荀爽这几句话，使董卓的怒气平息下来。黄琬退下之后，又上疏反对迁都。后来，董卓以发生灾异为借口，以汉献帝的名义，将黄琬、杨彪免职；任命光禄勋赵谦为太尉，太仆王允为司徒。

赵谦，字彦信，蜀郡成都（今四川成都市）人。他的祖父赵戒官至太尉，叔父赵典官至卫尉。黄巾起义爆发时，赵谦为汝南太守，在抵御黄巾军进攻时，曾被当地的黄巾军打败。董卓执政后，被任命为光禄勋。此次黄琬被免职后，赵谦接替了他的职务，成为太尉。

董卓将黄琬、杨彪免官，并没有把反对迁都的意见压制下去，一些文武官员依然或明或暗地反对迁都，如侍中伍琼、督军校尉周毖先后上疏劝谏，极力反对董卓迁都。伍琼是豫州汝南（今河南驻马店市平舆县）人。他在担任侍中之前的职务是城门校尉。周毖与董卓同属凉州老乡。周毖的父亲周慎做过豫州刺史、荡寇将军，周慎与董卓都是原辅义中郎将张温手下的武官，参加过讨伐边章、韩遂叛乱。周毖在担任督军校尉之前曾任尚书。伍琼、周毖两位大臣都深受董卓的信任，当初董卓在考虑官员配备时，两人出面劝说董卓，应当矫正桓帝、灵帝时期的用人之弊，坚持任人唯贤，广泛征召天下有名望的人予以重用，以争取民心。董卓采纳了他们的建议，并安排他们二人与尚书郑泰、长史何颙淘汰贪赃枉法和不称职的官吏，大力选拔被宦官势力打压的优秀人才。这才有了荀爽、陈纪、韩融等人入朝为官。后来，周毖和伍琼又推荐了韩馥、张邈等人，董卓将韩馥任命为冀州牧，将张邈任命为陈留太守，可是，他们上任后都参加了袁绍的伐董联盟。这回周毖和伍琼又劝谏董卓放弃迁都计划，可把董卓惹恼了，他发脾气说，我初入朝廷时，你们两个都劝我选用良善之人，我听从了你们的意见；但这些人被提拔之后，都起来反对我，是不是你们出卖了我？于是，董卓新账老账一起算，下令逮捕了伍琼、周毖，并将二人处斩。黄琬、杨彪害怕自己也落得伍琼、周毖那样的下场，于是一同去董卓那里"谢罪"。董卓也因杀掉伍琼、周毖而感到后悔，所以就向献帝上表，又推举黄琬、杨彪担任了负责顾问应对工作、官秩为比两千石的光禄大夫。不久，又将他们提拔起来。

看到这里可能有人会问，具有军事实力的皇甫嵩去哪儿啦？他究竟是如何站队的呢？为什么不见他出面？在回答这个问题之前，需要介绍一个人，这个人就是盖勋。

盖勋，字元固，敦煌广至县（今甘肃酒泉市瓜州县）人。其家族世世代代都有两千石高官。起初，盖勋被推举为孝廉，不久被录用为治所在冀县的汉阳郡长史。汉朝时边郡太守的佐官有郡丞、长史，均由朝廷任命。长史协助太守掌兵马，官秩为六百石；建武六年（公元 30 年），朝廷规定郡太守有病，郡丞、长史可代行其事；后来又废置边郡丞，以长史领丞职。盖勋担任汉阳郡长史期间，治所在姑臧县（今甘肃武威市）的武威郡太守仗着上面有人，贪赃枉法，无所顾忌，其手下的从事苏正和掌握了他的罪证，便告发了此事。凉州刺史梁鹄清楚地知道，查处地方高官贪赃枉法是自己的职责，但他也知道，武威太守的后台很硬，他不愿招惹皇亲贵戚，因此打算把苏正和除掉，省得他告起状来没完没了。这个时候，梁鹄心里面既有除掉苏正和的打算，又犹犹豫豫不敢下手。梁鹄与汉阳郡长史盖勋的关系不错，于是他向盖勋询问此事可否，请他帮自己拿个主意。盖勋与苏正和素来有仇，有人对盖勋说，这可是报仇雪恨的好机会。盖勋却说，那可不行，策划杀害好人乃不忠，乘人之危出击为不仁。于是，盖勋劝告梁鹄说，人家苏正和告状没有触犯律法，您千万不能除掉他。如果您除掉了他，那您就触犯了法律。于是，梁鹄放弃了暗杀苏正和的想法。后来苏正和获悉了此事，专门跑到盖勋那里去感谢他。盖勋不予接见，他说：我是为梁刺史献谋，用不着谢我。他与苏正和的关系还是同以前一样，两人间的矛盾依然没有化解。黄巾起义爆发后，新任武威郡太守黄儁被州府征召，但黄儁失期未去州府报到，梁鹄准备上疏弹劾他，将其治罪。盖勋为黄儁说话，梁鹄这才作罢。于是黄儁携带二十斤黄金去向盖勋表示感谢，盖勋拒不接受黄金。他说：我是认为你的罪责在刑律规定的依法减轻处罚的"八议"范围之内，是可以从轻处理的，所以才为你说话的。后来，盖勋被朝廷征调为讨虏校尉，灵帝召见他，并询问他：为什么天下这么乱？盖勋说：简单地说，都是幸臣子弟惹的祸。当时，灵帝所宠信的宦官、上军校尉蹇硕在座，灵帝看了蹇硕一眼，便问他究竟是怎么回事。蹇硕恐惧，满脸冒汗，不知如何应对。从此蹇硕心里面恨死了盖勋。灵帝又对盖勋说：我已经把军队集中到平乐观，把内藏的财物拿出一部分来发给士卒，你看怎么样？盖勋说：我听说"先王明德不示兵"，现在敌寇在远方，而朝廷却在近处摆阵，这不足以显示出国家的果敢和决心，起不到震慑敌人的作用，白白地浪费兵力和财力罢了。灵帝说：说得很好，可惜见到你太晚了，群臣谁都没有说过这样的话啊！当时盖勋与宗正刘虞、佐军校尉袁绍共同统领皇家警卫部队。盖勋对刘虞、袁绍说：我见了几次皇上，发现皇上很聪明，只是被左右之人蒙蔽而已。如果大家齐心协力诛杀宦官，然后征召任用优秀人才，复兴汉朝，功成身退，难道不是一件美事吗？刘虞、袁绍平时也商量过此事，所以大家一拍即合，谋划方案，准备向宦官势力发起攻击，但尚未来得及发动，司隶校尉张温便举荐盖勋担任了京兆尹。灵帝还想接见他，蹇硕等人害怕盖勋再向灵帝反映宦官问题，他们都劝说灵帝让盖勋赶紧上任得了，京兆还有一大堆事情等着他处理，别再耽误时间了，于是盖勋走马上任担任了京兆尹。

汉灵帝去世后，董卓废少帝、杀何太后，盖勋写信对董卓说，从前伊尹放逐太甲，三年之后迎太甲复位；霍光等迎立昌邑王刘贺为帝，因刘贺淫乱，所以他即位二十七天就被废了，朝廷另立宣帝。这些都不是经常用的手段，说起来犹可寒心。足下小丑，为什么这样干呢？董卓收到盖勋的书信，竟然"意甚惮之"，对盖勋做京兆尹很不放心，担心盖勋算计他，于是把盖勋从京兆尹岗位上拿下，放到朝廷做议郎。

此时，左将军皇甫嵩统率三万精兵屯驻在位于今陕西宝鸡市东部漳河（也称漳水，古称沮水，源出宝鸡市凤翔区西北雍山下，为雍水，东南流经宝鸡市岐山县西为漳水，又东经宝鸡市扶风县至咸阳市武功县会漆水入渭，全长一百公里左右）流域的扶风。盖勋被董卓拿掉河南尹职务后，便偷偷跑到皇甫嵩驻地与他谋划讨伐董卓之事。正在此时，董卓征召皇甫嵩入朝。

董卓对皇甫嵩统领大军驻扎在外很不放心，担心他与袁绍的盟军联合起来对抗自己。于是，董卓征召皇甫嵩立即回京，安排他做城门校尉，掌洛阳城各个城门警卫，惟北宫门属卫尉，其余十一门各设门候一人，归其管辖，位在北军五校尉之上，秩比两千石。皇甫嵩手下的长史梁衍为他分析形势，并提建议说：我认为董卓这次征召将军，大则有生命之忧，小则会受到羞辱。现在董卓正在酝酿迁都，听说汉献帝已经动身西行，董卓目前还在洛阳。将军可率领大军迎接汉献帝，然后再奉汉献帝之命一方面讨伐逆贼董卓，另一方面联络各地将领征调部分兵力。袁绍和他们的盟军在东面进攻，将军则率军从西面出击，东西夹击就能生擒董卓。可以说，长史梁衍的这个建议是上上之策，但一贯有勇有谋、敢打敢拼的皇甫嵩却变得保守和固执起来。皇甫嵩既不按盖勋的谋划行事，也没有采纳梁衍的建议，他认为自己的军队"众弱不能独立"，无法与董卓抗衡，于是乖乖地接受了董卓的征召，前往洛阳。

皇甫嵩一到洛阳，朝廷有关官员秉承董卓的旨意上奏朝廷，将皇甫嵩交由廷尉审判，打算把他杀掉。皇甫嵩的儿子皇甫坚寿以前同董卓打过交道，彼此相识，他从长安骑上快马，一路狂奔跑到洛阳面见董卓。当时，董卓正在举办酒宴，宾朋满座，气氛热烈。皇甫坚寿疾步走到董卓面前一跪不起，就父亲被逮捕关押一事阐明忠义，他一边说，一边叩头流泪，在座的宾客无不感动，纷纷为皇甫嵩求情，请求董卓不要杀害他。董卓心不自安，于是派人离席传令，立即释放皇甫嵩，并任命他为掌顾问应对、无常事的议郎。不久，又将皇甫嵩提拔为御史台长官御史中丞。

盖勋回到洛阳后，不像别的大臣那样，见到董卓就行跪拜大礼。盖勋初见董卓只是双手作揖，在场的人无不瞠目而视。后来，董卓询问司徒王允说：我想找一位能干事的司隶校尉，你看哪个人合适？王允脱口而出：只有盖勋了。董卓说：这个人聪明有余，但不能担任这么重要的职务。于是就把盖勋任命为越骑校尉。当时，越骑校尉手下有吏员一百多名，领兵七百人，掌领宿卫兵。后来，董卓又不想让盖勋长期统率朝廷的警卫部队，将他安排到治所在阳翟县（今河南许昌禹州市）的颍川郡做太守。盖勋走到半路，董卓又把他召回来。原来董卓害怕盖勋与袁绍的联盟军搞在一起，来进攻自己。

这时，河南尹朱儁为董卓谋划军事，并向董卓提出一些意见建议，可是这些建议并不合董卓的心意。董卓瞪着眼珠子，训斥朱儁说：我百战百胜，事无不妥。你不要胡说八道，否则会弄脏我的战刀！当时盖勋也在场，他对董卓说：从前，商王武丁之所以开创了武丁盛世，就是因为他主动请求下面的人提出意见建议，何况像你这样的人呢！你想把别人的嘴都堵住吗？董卓自知说话不着调了，便为自己打掩护说：我不过是开了个玩笑而已。盖勋仍然穷追不舍，他说：我从来没有听说过，发怒说出来的话就是玩笑话！于是，董卓只好向朱儁表示歉意。初平二年（公元191年），盖勋病逝，临死之前他立下遗嘱，不准接受董卓的任何馈赠。

董卓将皇甫嵩调到朝廷担任文官，剥夺了他的兵权，不再担心在迁都途中遭到皇甫嵩军队的伏击，于是立即准备迁都。为了走得放心，不再有后顾之忧，在迁都之前，董卓搞了一场大屠杀和大破坏。

1. 血洗阳城

阳城属于颍川郡，治所在今河南郑州登封市告城镇。初平元年（公元190年）二月二十五日，阳城县举行盛大民间祭祀活动，远近男女老少都赶到阳城上香，以祈求风调雨顺、五谷丰登。此时，有人向董卓诬告说"反贼聚集"。于是，"董遣军去阳城"。董卓的军队到达阳城之后，就把参加祭祀的手无寸铁的老百姓包围起来，将男人"悉就斩之"，用百姓前来祭祀时乘坐的车子装载着妇女，把杀死的男人首级割下来挂在车辕上，唱着叫着回到了洛阳。他们向董卓报告时宣称"攻贼大获"。董卓命人把首级烧掉，把妇女分配给士兵做奴婢或妾。正如东汉末年文学家蔡文姬在《悲愤诗》中所描述的那样："所略有万计，不得令屯聚。或有骨肉俱，欲言不敢语。"董卓的这一野蛮暴行，成为当地百姓永远抹不掉的惨痛记忆。

2. 毒杀弘农王刘辩

董卓亲手将少帝刘辩废掉，贬降为弘农王，可是他也担心日后刘辩复辟，对自己实施报复。于是，董卓于初平元年（公元190年）三月初六，派遣弘农王郎中令李儒（字文优，司隶左冯翊郃阳县人，今陕西渭南市合阳县人，东汉末年博士。）用毒酒将刘辩杀害，以绝后患。

3. 杀死袁绍家族五十多口人

董卓因袁绍反对废黜汉少帝刘辩而与之结怨，袁绍逃往冀州后，董卓悬赏捉拿，但经过伍琼、周毖一番劝说，董卓不仅放弃了缉拿袁绍的计划，而且还将他任命为渤海太守。袁绍上任后，不仅不依附董卓，反而挑头当盟主，组织联军讨伐他。这新仇旧恨加在一起，使董卓向袁氏家族举起了屠刀。初平元年（公元190年）三月十八日，董卓下令杀死了袁绍的叔叔太傅袁隗、袁绍的哥哥太仆袁基，以及袁家老少五十多口人。从此，袁绍、袁术与董卓势不两立，不共戴天。

4. 杀死洛阳城中所有富豪，侵吞他们的全部财产

董卓命令他的军队把洛阳城中富豪大户的家产全部没收，并以通敌的罪名将他们全部杀光，因此被杀的人不可胜数。董卓为了搜刮更多的财物，将吕布任命为"摸金校尉"，由他率领士兵挖掘历代帝王和公卿大臣的陵墓，搜罗奇珍异宝和随葬金玉，他们除了将一部分财物收入私囊，还践踏和损坏了大量文物。而后，董卓带领军队强行驱赶洛阳城中的百万居民向长安迁徙。步兵、骑兵奉命在老百姓后面督促逼迫他们。"长驱西入关，迥路险且阻。"途中老百姓互相拥挤，加上饥饿和士兵抢掠，马踏人踩，不断有人死去，暴尸路上。

5. 将洛阳城二百里范围内的皇家、官府和民宅等烧光毁光

在都城搬迁过程中，董卓亲自负责断后清场。他和部分士兵留

驻在罩圭苑，先后放火烧掉了所有的宫殿、官府、营垒、仓库、园林和所有的门店、民宅等各种建筑物，二百里内，房屋尽毁，鸡犬不留。以前繁华的京师遭受了董卓残酷的洗劫，整个城市一片狼藉，惨不忍睹。兰台（即朝廷的图书馆）的藏书也在迁徙的途中损失大半。

初平元年（公元190年）春，在董卓的逼迫之下，汉献帝刘协西迁长安，并在京兆尹府住下。随后，西汉时期的皇家宫殿稍加整修后，汉献帝和朝廷各部门才搬入宫中。（据《后汉书·宣张二王杜郭吴承郑赵列传》《后汉书·虞傅盖臧列传》《后汉书·皇甫嵩朱俊列传》，《资治通鉴》第五九卷，《后汉书·董卓列传》）

四、王允运筹帷幄候时机，吕布出戟杀董卓

王允自从由太仆升任为司徒之后，一直受到相国董卓的充分信任，董卓还让他兼任了尚书令，分管包括重要官员任免在内的各项政务工作。可是，王允并没有因为董卓的重用而改变自己的政治立场，他从董卓横行霸道和残酷杀戮的行为中已经意识到，董卓以国家和人民为敌，是灭掉东汉王朝和伤害百姓的罪魁祸首。王允认为应该采取措施对董卓滥用皇权进行遏制，甚至必要时将他除掉。然而，董卓手握重兵，党羽和士卒众多，而且他心狠手辣，如果正面出击，犹如以卵击石。于是，王允隐忍潜伏下来。他表面上对董卓百依百顺、唯命是从，使董卓放松了对自己的戒备，同时一直在暗中做有利于复兴汉朝和谋杀董卓的工作。

董卓见王允不仅办事符合自己的心意，而且还忠诚可靠，于是

就把他当成心腹，放权让王允处理朝廷众事。王允充分利用这个机会，悄无声息地发展和部署力量，动而若静、有板有眼地推进"灭董"工作。自从黄琬由光禄大夫转任司隶校尉之后，手中握有了一定权力和资源，他和王允经常私下谋事，有时他俩还与尚书郑泰和"身在董府心向汉"的长史何颙等一起秘密商议大事。司徒王允充分发挥其兼任的尚书令的职能作用，先后向董卓推荐和保举自己的铁杆心腹护羌校尉杨瓒代行左将军职权；让早年曾被京兆尹盖勋进表力荐，被任命为鹰鹞都尉，后升任执金吾的士孙瑞担任南阳郡太守。其主要目的就是控制一定的军事资源和战略要地，为今后图谋大事做好准备。士孙瑞到任后，按照王允的安排，率领郡兵与杨瓒统领的军队一起出武关（位于今陕西商洛市商南县西北），名义上是征讨袁术，实则准备攻击董卓的主力部队。不料，此举引起了董卓的怀疑，于是，王允顺从董卓的意思，将士孙瑞留在都城，并任命他为尚书仆射，任命杨瓒为尚书，这样他们都不再握有兵权，董卓才放下心来。王允的灭董计划被暂时搁浅。

董卓清楚地知道，宫廷内外都有人算计他。迁都长安暂时躲避了各路诸侯的军事围攻，但诸侯们并不会因为董卓跑到长安就偃旗息鼓，不再打他了，而是正在积蓄力量准备向长安发起攻击。为此，董卓做好了两手准备。一手是充分利用他所掌握的朝政大权，进一步提升自己的政治地位，加快发展自己的政治势力和军事实力。董卓自拜相国、自封郿侯之后，又封自己的母亲为"池阳君"，并设置令、丞。初平二年（公元191年），董卓又自封为太师，地位高于各诸侯王。董卓所乘坐的车辆和所穿的各种衣服，都与皇帝的一模一样。他对尚书台、御史台、符节台等发号施令，尚书以下的官员，都要到他的太师府去汇报和请示工作。董卓任命他的弟弟董旻为左将军，侄子董璜为中军校尉，都执掌兵权；安排他的宗族和亲戚在朝廷关键岗位掌权，就连他的侍妾刚生下不久的婴儿也被封为侯爵，侯爵的金印和绶带被当成了娃娃的玩具。另一手是谋划好自己和董氏家族的后路。他命人在位于今陕西宝鸡市眉县东渭河北岸的郿地修建了一个巨大的堡坞，这个堡坞的外墙高、厚都是七丈，与长安城相等，号称"万岁坞"，世称"郿坞"，里面存放了能吃三十年的粮食。董卓洋洋自得地对亲信说：大事告成，可以雄踞天下；如果不成，守住这里也足以养老。可见董卓的政治野心和长远部署。

初平二年（公元 191 年），董卓封王允为温侯，食邑五千户。王允内心深处非常抗拒董卓为自己封侯，他想推辞不受，士孙瑞劝他说，在大事没有告成之前，千万不能有任何破绽。您同董卓一起进爵，大家都仰望您，何乐而不为呢？不要因这件事暴露出您与董卓不同心。王允觉得士孙瑞的话很有道理，于是受命听封，表面上对董卓感恩戴德。

初平三年（公元 192 年），长安地区阴雨不晴，断断续续下了六十多天雨，司徒王允与司隶校尉黄琬、仆射士孙瑞、尚书杨瓒等人紧急商议，打算借群臣聚集、登台祭天祈晴的机会干掉董卓。士孙瑞说：现在时机已经成熟，机不可失，时不再来，如果这次把握不住时机，恐怕以后就更难下手了。王允非常赞成士孙瑞的意见，决定趁这次祭天的机会一举干掉董卓。可是董卓的周围戒备森严，爪牙密布；董卓本人力大如牛，凶残如虎，如不采取万全之策，一旦失手，后果不堪设想。为确保万无一失，王允提议可考虑安插内应，里应外合杀他个措手不及。他这个意见得到几个人的一致赞同。王允获悉，最近董卓与其"干儿子"吕布产生了矛盾，于是秘密召见吕布，打算把他争取过来，以做内应。

自从董卓与吕布发誓结为"父子"以来，董卓对吕布这个"干儿子"非常宠爱和信任。董卓知道自己脾气暴躁，为人所恶，担心有人对他下手，所以常常要求"干儿子"吕布留宿在自己身边充当侍卫。不过董卓性格又十分多疑，曾因一件小事不合其心意就拔出手戟掷向吕布，吕布身手矫健，快速躲闪，这才躲过手戟。吕布又和颜悦色地向董卓道歉，董卓才息怒作罢。从此吕布内心深处怨恨董卓。后来，董卓又让吕布守卫中阁，吕布趁机与董卓所宠爱的一名侍妾勾搭成奸，并将董卓视为情敌。

司徒王允系并州太原郡人，吕布曾是并州的壮士，王允就把吕布当作老乡来对待，平常对他礼貌和蔼，两人关系还算可以。这次王允拉拢吕布，先与他套了一番近乎，然后就开始聊天，聊着聊着就聊起了董卓性烈如火、暴躁无常的那些事，吕布还主动说出了那一次差点儿被董卓手戟所伤一事。这时，王允就把刺杀董卓的计划告诉了吕布，想让他做内应。起初，吕布认为自己是董卓的"义子"，亲自下手杀了"义父"显得不仁。王允对吕布说，你姓吕，他姓董，所谓父子关系只是一个虚假的名分，并非血脉相连的至亲。况且，董卓现在是众叛亲离，人们都把他当成乱臣贼子，难道你还想继续认贼作父吗？你把他当成父亲，平时他待你是不是像待亲儿子一样？王允这几句话对吕布来说有振聋发聩之效，再加上吕布与董卓所宠爱的侍妾私通，他害怕万一东窗事发，董卓肯定会杀了他，于是，吕布答应了王允，表示愿做内应。

初平三年（公元192年）四月，汉献帝大病初愈，朝廷文武百官在未央宫集合，恭祝天子龙体康复。王允等准备趁机诛杀董卓。当天，董卓身穿朝服乘车入朝，从军营到皇宫道路两侧警卫密布，左侧排列为步兵，右侧是手握战马缰绳的骑兵，戒备森严，吕布等人手持兵器跟随董卓的车马护卫。司徒王允命令士孙瑞将其以汉献帝名义写好的诏书交给吕布，吕布把诏书揣在怀里。吕布安排其同乡、骑都尉李肃和勇士贾谊、陈卫等十余人，穿上卫士的服装冒充卫士，埋伏在掖门之侧等待董卓。董卓一进门，李肃举戟刺向董卓，但董卓防备意识很强，内穿铁甲未能刺入，只是伤及手臂。董卓跌落车下，他回头大喊：吕布在哪里？吕布说：今奉皇上的诏令，讨伐贼臣！董卓破口大骂，吕布不等董卓骂完，就手持铁矛将他刺死，并催促士兵砍下董卓的头颅。董卓手下的主簿田仪及奴仆等三人扑向董卓的尸体，都被吕布杀死。吕布随即从怀中取出诏书，向在场的官兵和大臣们宣布：皇帝有诏，只讨伐董卓，其他人一概不问。官兵和大臣们一听，都立正不动，高呼"万岁"。董卓被诛杀的消息传出后，长安城中的老百姓纷纷走出家门，涌上大街载歌载舞，一些人卖掉衣服或珠宝首饰，用来购买酒肉，以示庆贺，如同过年过节一样。

董卓生前垄断朝政，极力推行草菅人命的军阀政治，部下和将领言语稍有差错，就被当场处死，致使人人自危。对俘获的士卒和百姓更是惨无人道地随意动用酷刑和杀戮。"郿坞"建成后，董卓欲离开长安去那里观看，朝臣们为他置酒饯行，董卓下令搭起帐篷与群臣宴饮。席间，他突然让人押上数百名在北地郡诱降捕获的反叛士卒和百姓，在王公大臣们面前施以酷刑——先割去舌头，而后或砍其手足，或剜其双眼，或投入大锅里烹煮。那些受刑未死的人，钻到宴席桌下挣扎哀号，哭爹喊妈，文武百官无不被眼前的惨景惊得浑身发抖，拿不住筷子，只有董卓坐在那里又吃又喝，自享其乐。董卓还目无纲法地淫乱于后宫，肆意霸占奸淫宫中嫔妃和公主，其凶狂残暴已经到了无法无天的地步。董卓在专权的不长时间里，以严酷的法令和残忍的刑罚，制造了大量冤假错案，冤死者数以千计，致使天下民怨沸腾，"百姓嗷嗷，道路以目"。

董卓的尸体被拖到市中心示众。董卓迁都长安前曾诛杀了袁绍家族五十多口人，这回"诸袁门生聚董氏之尸，焚灰扬之于路"，让人踩马踏。董卓的弟弟董旻、侄子董璜以及留在郿坞的董氏家族老幼，无一幸免。董卓郿坞中存储的两三万斤黄金、八九万斤白银，堆积如山的绫罗绸缎和珍奇异宝，还有那存放的足以吃三十年的粮食，都被朝廷没收。

董卓被诛杀后，少年汉献帝刘协也非常高兴，他命司徒王允主持尚书事务，任命吕布为奋威将军，假节、礼仪等待遇均与"三公"相等，并封其为温侯（此前董卓曾封王允为温侯）。王允与吕布一起主持朝政。（据《资治通鉴》第六〇卷，《后汉书·陈王列传》）

五、李傕反攻长安获成功，诛杀王允控献帝

虽然董卓被诛杀，但是少年汉献帝并没有获得自由，他又被王允所控制，国家政治依然没有稳定下来，军阀混战和社会动乱还在加剧。王允原本性格刚直方正、嫉恶如仇，但除掉董卓以后，自认为不会再有虎狼当道了，于是骄傲自大起来，甚至有些刚愎自用，所以部属们对他并不是十分拥戴。虽然王允掌握朝政大权，但他的政治思维并不缜密，在关键时刻，他接连犯了下面几个严重错误。

（一）未安抚董卓旧部，致使军心不稳

董卓虽然死了，但他的军队并没有受到削弱。在王允、吕布诛杀董卓时，董卓根本没有来得及动用他的军队，所以现在他的军队人数"一个都不少"。董卓死后，他的军队并没有起事为董卓报仇，其军队几乎是清一色的凉州兵，他们自始至终都老老实实待着，没有发动任何军事行动。只是王允优柔寡断，没有及时安抚董卓旧部，使他们未能吃到"定心丸"，为他们日后反攻倒算埋下了隐患。这是王允犯的第一个严重错误。

刚开始，王允与士孙瑞商议，欲下诏赦免董卓军队，后来又感觉此事不妥。他说：军队只是遵从主将的命令，本来就无罪可言，如果把他们视为有罪再予以赦免，很可能招致他们的猜疑和议论，这并不是令他们安心的办法。因而，王允并没有以汉献帝或朝廷的名义下发诏书进行安抚。后来，王允又打算将董卓的旧军队全部解散。有人对王允说：凉州兵一向害怕袁绍，畏惧关东大军，一旦解

散董卓的军队，打开函谷关，董卓那些官兵必定人人自危。可以考虑任命皇甫嵩为将军，统领董卓旧军队，并让他们留守在弘农郡陕县（今河南三门峡市陕县），予以安抚。王允认为这样会引起关东军的猜疑，也没有采纳。王允考虑问题过于细腻，试图拿出一个十全十美办法，错过了安抚董卓旧部的好时机。（据《资治通鉴》第六〇卷，《后汉书·陈王列传》，裴松之注《三国志·魏书·董二袁刘传》）

（二）处死名臣蔡邕，对凉州兵产生负面影响

董卓上台后，为了博得好名声，征辟当年曾受到奸佞陷害而流亡多年的名臣蔡邕担任侍中。虽说董卓起用蔡邕一定程度上是在作秀，但重用蔡邕没有什么毛病，蔡邕的品行和政治、文化素养为世人所公认。蔡邕担任侍中之后没有帮助董卓干什么事。董卓被诛杀时，蔡邕正在王允家串门，听到消息后为之惊叹，甚至表现出惋惜之情。王允见状，勃然大怒，他斥责蔡邕说：董卓是国家的蟊贼，差一点灭亡了汉朝大业，你是国家的大臣，应该同仇敌忾才对，可你却怀念他的私恩，反而为他悲伤，这难道不是与他共逆吗？王允下令将蔡邕送交廷尉。蔡邕被捕后也承认自己有罪，没有与董卓划清界限。许多大臣鉴于他的名声都对他表示同情，并想方设法进行营救。时任太尉马日磾劝谏王允说：蔡邕是旷世奇才，对汉朝的典章制度和史事了解很多，应该让他完成史书，这对当世和后世极为有利；而且蔡邕所犯的罪是微不足道的，杀了蔡邕，会让世人感到遗憾和失望！但王允固执己见，坚持要治蔡邕的罪，最终蔡邕死在

狱中。这件事传扬出去之后，王允受到广大吏民的谴责。就连董卓旧军队里的将领们也相互传话说：蔡邕只是受过董卓的信任和厚待，就被牵连处死。而我们是董卓手下的军队，他们会宽恕我们吗？如今王允既没有赦免我们，又打算把我们的军队解散。如果今天我们的军队被解散，明天我们就会成为任人宰割的鱼肉了。所以，董卓的旧军队不仅紧密抱团，而且还试图起兵反抗。王允处死蔡邕，对内引起大臣们的不满，对外促使董卓旧军队人人自危，这是王允犯的第二个严重错误。

（三）未处理好与吕布的关系，逼反董卓旧部

吕布是个私心很重，特别财迷，而且容易走极端的人。董卓刚刚被诛杀时，吕布就劝说王允将董卓的旧军队的官兵全部杀死，一个也不留。王允说：这些军人没罪，决不能处死。吕布还建议把朝廷没收的董卓的家财赏赐给大臣和统兵将领，王允也没有答应。王允认为吕布是一员武将，不宜频频干涉朝政。而吕布则认为，若没有我吕布，你不可能除掉董卓。所以，吕布到处夸耀自己的功绩。吕布因为王允多次否定自己的意见而起异心。作为汉献帝任命的位同"三公"的奋威将军，吕布决定不再与王允共同谋事，他派遣其同乡、原骑都尉、曾刺向董卓第一枪的李肃，带领部分士兵前往陕县，以宣布和执行献帝诏命的名义，去诛杀掌握董卓旧军队兵权的董卓女婿牛辅。牛辅率军反击，结果将李肃及其部队打得满地找牙，李肃率领残兵逃回弘农郡。吕布见李肃吃了败仗，怒不可遏，立即将李肃处死。同时，牛辅因为打了胜仗而惶恐不安。夜里，牛

辅的军队无故"大惊"，牛辅想借机弃军逃走，结果被其左右亲信杀死。董卓生前所宠信的部将李傕、郭汜回到军营后发现牛辅已死，顿时失去了依靠，他们惶恐不安，不知所措。

李傕，字稚然，北地郡泥阳县（今陕西铜川市耀州区）人。他性格勇猛，诡计多端，善于用兵，能说会道，颇有辩才。

郭汜，本名郭多，是凉州张掖（今甘肃张掖市）人。早年是个盗马贼，后来改行投靠了董卓，能征善战。

李傕、郭汜二人都是董卓女婿牛辅的部将。牛辅死后，李傕、郭汜两人都很懊丧，他们商量后决定派遣使者前往长安，请求朝廷赦免董卓旧军队将领。可是，王允坚执不从，拒绝了这一请求，这是王允所犯的第三个严重错误。

李傕、郭汜未能求得与朝廷的和解，无奈之下打算解散部队，让官兵们各自回归自己的家乡。李傕手下的讨虏校尉贾诩是个有思想、有韬略的智者，他劝说李傕道：如果我们放弃军队这个大集体，孤身逃命，只需一个小小的亭长就可以把我们抓起来，不如大家团结一致，齐心协力，向西进攻长安，去为董卓报仇。如果事情能够成功，我们就可以拥戴献帝号令天下，如果失败了，到时再逃走也不迟。李傕、郭汜等一琢磨，觉得这话有道理。于是，他们与军中武官一起盟誓，之后就率领着数千人马，昼夜不停地向长安进发。（据《资治通鉴》第六○卷，《三国志·魏书·董二袁刘传》《后汉书·陈王列传》）

（四）派遣胡轸、杨定劝退董卓旧部却适得其反

司徒王允得知以凉州兵为主体的董卓旧部正在向长安进军的消息之后，冥思苦想应对之策，最后决定派遣胡轸和杨定去劝说董卓旧部退兵，不要进攻长安。因为胡轸和杨定原为凉州有名望的豪杰，被称为"凉州大人"，在凉州老乡中有一定的威望。王允命令他们二人去找李傕、郭汜等人，做劝阻工作。但他没有把为什么选他们两人去干这件事，同李傕、郭汜等人见面之后怎么谈、谈什么，应该注意哪些问题等讲清楚、说明白。这是王允犯的第四个严重错误。而胡轸、杨定受命后就立即上路，他们不是带着"老乡见老乡，两眼泪汪汪"的感情去做工作，而是用简单粗暴的工作方法、居高临下的谈判态度去劝阻李傕和郭汜等退兵的，甚至对他们破口大骂。挨了骂的李傕等人非常气愤，更加坚定了他们攻打长安的决心。正如史书所记载的那样：胡轸、杨定"二人往，实召兵而还"。与其说胡、杨二人是前去做劝阻工作的，不如说他们是去引李傕的军队入长安更为合适。李傕等在进军途中一边走，一边招兵掠马，等到达长安时，他们已拥兵十万余众。他们与董卓旧部将樊稠、李蒙等人会合之后，一起包围了长安。

由于长安城墙高大坚固，李傕的部队无法攻克。他们就在城墙之下坚守，到了第八天，吕布手下的蜀郡士兵叛变，他们打开城门，引领李傕的大部队入城。李傕等人率军入城后，放纵士兵在城内大肆抢劫。吕布部署兵力与李傕的军队交战，结果吕布军大败。于是，吕布便率领数百名骑兵，把董卓的首级倒挂在马鞍上，突围

逃跑。他跑到青琐门外停马，招呼王允一起出逃。王允说：如今皇帝年龄幼小，只能依仗我了。危险来了，丢下皇上不管而自己逃命，我不能那样做。恳请关东的各位将领，要把皇帝和国家大局放在心上！原司徒种暠之子太常种拂挥剑而出，生气地说：身为国家将领，却不能制止暴力，致使敌人攻临皇宫，还想逃到哪里！种拂虽不是军人，但当敌军攻打皇宫时，他奋不顾身地投入宫廷保卫战中，直到战死。王允依靠与自己有隔阂且私心很重的吕布率军保卫长安，这是王允所犯的第五个严重错误。

李傕、郭汜等率领部队驻扎在南宫掖门。他们入城以来共杀死了长安城里的官吏和百姓一万多人，其中包括城门校尉崔烈、原司徒鲁恭之孙太仆鲁馗、大鸿胪周奂、越骑校尉王颀等人。整个街道到处都是东倒西歪的尸体，血流成河，惨不忍睹。王允扶着汉献帝逃到宣平门，李傕等人在城下伏地叩头。献帝对李傕等人说：卿等放兵纵横，欲何为乎？李傕等人回答说：董卓忠于陛下，却无故被吕布杀害，我们要为董卓报仇，并不敢做叛逆之事。等到此事了结之后，我们情愿领受罪责。听闻李傕等人攻入长安并不是要诛杀皇帝，取而代之，而是要为董卓报仇，献帝的心情稍有放松。李傕派兵包围了宣平门楼，联名上表，要求司徒王允出面。王允被逼无奈，只好从城门楼下来与李傕等人见面。李傕厉声责问王允：太师董卓犯了什么罪？王允没有回答。在李傕等人的威逼之下，汉献帝只好任命李傕为扬武将军，郭汜为扬烈将军，樊稠等人都为中郎将。李傕、郭汜下令逮捕参与谋划诛杀董卓的司隶校尉黄琬，并将他处死。李傕等人本想也把王允处死，但又害怕王允的亲信起兵反抗，于是，他们回过头来开始收拾王允的亲信。

王允的铁杆心腹主要有两人，一人是左冯翊宋翼，另一人是右扶风王宏。李傕让献帝下诏，征召宋翼、王宏进见。王宏先接到献帝诏书，他立即派人去告诉宋翼说，李傕、郭汜因为我们两人都不在京城，担心我们率领地方武装起事讨伐他们，所以不敢加害王允。如果我们今天应召，明天他们就会诛杀王允，也会诛杀我们的家族。你有什么好主意？宋翼对使者说，虽然祸福无法预料，但皇帝的诏命是不能违抗的。使者又说，关东各个州郡的义兵都想诛杀董卓，而今董卓死了，我们可以共同起兵一起讨伐李傕、郭汜等，与关东各路军队相呼应，这是转危为安、克敌制胜的上策。可宋翼不敢违抗皇命，坚决不同意这么干。使者回来向王宏汇报了宋翼的想法和意见，王宏想宋翼不与自己合作，而自己孤军奋战力量单薄，肯定干不过李傕、郭汜。宋翼不随我，我只能随宋翼了。于是，宋翼、王宏先后接受征召。初平三年（公元 192 年），李傕将王允、宋翼、王宏一齐逮捕处死。王允一家老小全被诛杀。至此，由于王允一连串的决策失误和宋翼认死理的性格，致使王允及其家族、王宏、宋翼等一大批王允的亲信遭到诛杀。从此，李傕等人控制了少年汉献帝，汉献帝又做了李傕的傀儡。（据《资治通鉴》第六〇、六一卷，《三国志·魏书·董卓传》《后汉书·陈王列传》《后汉书·张王种陈列传》《后汉书·左周黄列传》）

2

军阀混战　天下大乱

汉献帝做傀儡时期，中原大地完全陷入了军阀混战、天下大乱的局面。皇帝被军阀控制，朝廷丧失威权，群雄并起争霸，战争风起云涌，整个中原到处都是厮杀的战场，无一安生乐土。"沙场残阳红似血，白骨千里露荒野。"正是当时的真实写照。

一、袁绍打败韩馥、公孙瓒，成功掌控四州

中平六年（公元 189 年），司隶校尉袁绍因反对董卓废黜汉少帝刘辩、改立年仅九岁的陈留王刘协为帝，与董卓彻底决裂。袁绍逃到冀州之后，董卓悬赏捉拿。但经过侍中周珌、城门校尉伍琼等人的劝谏，董卓的态度大变，不仅没有再捉拿袁绍，而且还任命他为渤海太守，并封他为邟乡侯。

渤海郡隶属于冀州，当时袁绍就躲避在冀州一带。渤海郡治所在今河北沧州市南皮县东北四公里的南皮古城，尽管这一地域盐碱地较多，老百姓比较贫穷，但当时袁绍在冀州正处于"浮云飞絮无根蒂"的状态，董卓突然大发慈悲给了他一大块地方，这可把袁绍乐坏了。

（一）"酸枣会盟"，风刮一阵

董卓把持朝政，极力推行霸道政治和军阀政治，引起了全国各地英雄豪杰的强烈不满和坚决反对，他们都纷纷起兵讨伐董卓。袁绍也迅速在渤海郡安排部署起兵事宜。恰在此时，袁绍的顶头上司冀州牧韩馥往南皮派来几个属吏，主要目的就是监督和阻止袁绍起兵反董。

韩馥，字文节，颍川郡（今河南许昌禹州市）人。他是"汝南袁氏"门生。师从于袁氏的韩馥，仕途发展比较顺利，灵帝时就担任了御史中丞，成为御史台的一把手。中平六年（公元 189 年），董卓进驻洛阳后，经周毖、伍琼的推荐，韩馥被任命为冀州牧。渤海太守袁绍自然受冀州牧韩馥的节制。韩馥之所以阻止袁绍起兵反董，是因为他感念董卓的重用之恩。然而，韩馥又是袁家的门生，所以，他要阻止袁绍起兵，还不能采取武力方式，于是就派人盯梢和劝阻。就在此时，东郡太守桥瑁伪造了一份以"三公"名义下发的"倡议书"，列举了董卓种种罪恶，倡导各路诸侯兴起义兵，共同讨伐董卓，以释国难。桥瑁派人通过驿站将"倡议书"送达各个州郡。

桥瑁，字元伟，睢阳（今河南商丘市）人。他是原太尉桥玄的族子。灵帝晚年时，桥瑁担任兖州刺史，后调任东郡太守。受族父桥玄性格刚直、嫉恶如仇的影响，桥瑁冒着巨大风险，擅自以"三公"名义号召全国各州、郡起兵讨伐董卓。韩馥也接到了这封信，但他不知道是假的，于是就召集手下的从事们开会，想听一听大家是什么意见。韩馥在主持会议时说：大家发表一下各自的看法，当前我们是应该帮助袁绍呢，还是应该帮助董卓呢？治中从事刘惠马上说：如今起兵是为了国家，不是为了哪个人，怎么可以扯到袁绍、董卓？！

刘惠，字子惠，冀州中山（今河北保定定州市）人。韩馥就任冀州牧后，便征辟在当地有一定知名度的刘惠担任了冀州治中从事，主管诸曹文书，处于众吏之上。韩馥听了刘惠的话，发觉自己所说的话政治站位不高，面有愧色。刘惠接着说：我认为，起兵是很敏感的军事行动，而且风险系数很高，不能抢先而发。现在应该派人去打听一下其他州的动向，如果别的州发动，我们再响应也不迟。冀州的实力不比其他州弱小，一旦起兵攻打董卓，别人的功劳也不会高于冀州。韩馥认同刘惠的意见，觉得自己不能因为董卓这一点重用之恩就逆潮流而动，成为各路诸侯的共同敌人。于是，他写信给渤海太守袁绍，陈述董卓的罪恶，对他起兵深表赞同和支持。

初平元年（公元 190 年）春，袁绍率军开赴治所在怀县（今河南焦作市武陟县）的河内郡，与该郡太守王匡的军队同驻河内。这里距离洛阳两百多里，对董卓形成了一定的威慑力。

王匡，字公节，兖州泰山郡（今山东泰安市一带）人。他年轻时与当时的清流人士蔡邕关系不错，两人经常在一起探讨交流对时局的看法。王匡为人大方，仗义疏财，因此闻名遐迩，中平年间（公元 184—189 年）被大将军何进征召为掾属。中平六年（公元 189 年），何进打算消灭宦官集团，征召许多豪杰到各地招兵买马，王匡执行何进的命令，回到家乡兖州泰山一带征兵。他征召了五百多名弓箭手，并将他们带回洛阳，打算诛杀宦官时使用。然而，当年秋季，何进就被宦官势力诛杀。后来，王匡积极协助袁绍消灭了宦官势力。宦官集团被消灭之后，王匡便回到家乡。不久，他受朝廷征召，被任命为河内郡太守。这次袁绍率军驻扎河内，二人再次进行合作。

关东地区其他各路诸侯见袁绍率军已经到河内，也都纷纷率领军队开赴洛阳周边地区驻扎，对董卓形成三面包围之势。豫州刺史孔伷率军赴治所在今河南许昌禹州市的颍川郡驻扎。

孔伷，字公绪，兖州陈留人。早年经名士符融举荐，孔伷在陈留郡太守冯岱手下担任上计吏。在汉朝，郡守、封国相每年初都要把本地的人口、钱粮、赋税、垦田、盗贼、狱讼等情况呈送朝廷，到年终时再汇总上报发展变化情况。汇总的本子称为"计簿"，送"计簿"汇报称为"上计簿"。开始由郡守、封国相亲自带着"计簿"去汇报，后来由郡丞、封国长史作为太守、国相的代表去朝廷汇报，具体负责"计簿"的官吏随"代表"一同前往，这些具体负责"计簿"的官吏被称为上计吏。孔伷在上计吏这个岗位上干了很长时间。董卓把持朝政大权后，在尚书周毖、城门校尉伍琼等人的推荐下，上计吏孔伷被董卓破格提拔为豫州刺史。孔伷虽然是董卓提拔的官员，但他积极参加了关东诸侯讨伐董卓的联盟。

与此同时，后将军袁术驻军鲁阳（今河南平顶山市鲁山县）。

袁术，字公路，汝南郡汝阳县（今河南周口市商水县西北）人。他是司空袁逢嫡次子，袁绍异母弟。举孝廉出身，累迁河南尹、虎贲中郎将。董卓掌权后，逃往南阳。董卓为扩大统一战线，将其加号为后将军。

冀州牧韩馥留守邺城（今河北邯郸市临漳县境内），该城为冀州治所。韩馥明确表示为各路诸侯军提供军粮。

扬州刺史刘岱、东郡太守桥瑁、山阳郡太守袁遗、济北国相鲍信、陈留郡太守张邈、张邈的弟弟广陵郡太守张超和骁骑校尉曹操，都驻军酸枣（今河南新乡市延津县境内）。这里距离洛阳两百里左右。

刘岱，字公山，东莱牟平（今山东烟台市福山区）人，系汉室宗亲，刘虞之子、刘繇之兄，其伯父刘宠官至太尉。刘岱曾在朝廷担任侍中，后来被任命为兖州刺史。

袁遗，字伯业，袁绍从兄，初为长安县令，后任山阳郡太守。

鲍信，字允诚，泰山平阳（今山东泰安新泰市）人。他少有大志，沉稳刚毅，待人宽厚，富有谋略，系东汉末名臣。中平元年（公元184年），鲍信被外戚大将军何进征召，任命为统领骑兵，名义上隶属于光禄勋，秩比两千石的骑都尉。为了诛杀宦官势力，何进命令他回乡募兵，鲍信募得千余人。在他带领这批新兵返回洛阳途中，何进被宦官势力诛杀。鲍信到达洛阳时，董卓已经把持了朝政大权。鲍信判断董卓必将祸乱天下，就劝说袁绍袭击董卓，而袁绍畏惧董卓势力强大，不敢行动，于是鲍信便带兵回乡。在家乡，鲍信又征召了两万名步兵、七百多名骑兵，打造了五千多辆运载粮草的车辆。初平元年（公元190年），鲍信以济北国相的身份起兵反董。

　　张邈，字孟卓，东平郡寿张（今山东泰安市东平县）人。他年轻时以仗义疏财而闻名，常常接济贫困户，几乎倾家荡产，壮士多归附于他。曹操、袁绍等都是他的好朋友。后来，朝廷征召他做官，他因出色的考试成绩被任命为骑都尉。不久，又被任命为陈留太守。在各路诸侯讨伐董卓时，张邈与曹操率先起兵。

　　张超，张邈的弟弟，字孟高。他担任广陵太守后，征用名士、广陵射阳（今江苏扬州市宝应县东北一带）人臧洪、袁绥等人，并将臧洪任命为郡功曹。当时正值董卓之乱，臧洪预判将会出现天下大乱，他劝谏张超说：大人历代蒙受皇恩，兄弟同为大郡的郡守，现在刘氏江山危在旦夕，这也是天下义士报效国家的大好时机。如今广陵没有遭受战乱，百姓生活安定富足，如果您擂响战鼓，很快就会有很多人响应。用广陵的军队去消灭国贼，为天下除害，这正是英雄用武之机。张超听从了臧洪的劝说，与臧洪一起去陈留郡见兄长张邈，与他商议起兵之事。其实，张邈早有此意。于是，兄弟二人各自率领本郡部队在酸枣会合。

　　张邈问弟弟张超：臧洪是什么人，为什么老是与你形影相随？张超说臧洪是海内奇才，并将他的具体情况向哥哥做了介绍。张邈会见了臧洪，经过交谈，张邈感到臧洪确实是一位难得的人才，于是亲自引领臧洪与前来参加酸枣会盟的豫州刺史孔伷、兖州刺史刘岱等人见面。他们谈得很开心，很快就成为好朋友。

　　当时，袁绍的人气很高，大家都推崇他。曹操带领的兵马很少，各路诸侯谁也不拿他当回事，只有鲍信对曹操高看一眼。

　　十二路诸侯到齐之后，酸枣会盟正式开始。会上，大家共同推举臧洪上坛领誓。臧洪没有推辞，他大大方方地登坛歃血盟誓，并发表了慷慨激昂、鼓舞人心的演讲。当时，从各路诸侯到普通士兵，人人受到感染，群情振奋，斗志昂扬。各路诸侯正式推举袁绍为盟主，袁绍自号车骑将军。曹操也被命名为奋武将军。

可是，作为盟主的袁绍对如何统领各路军阀问题没有好好地研究，当然也没有成立统率各路军阀的领导机构，没有把具有一定军事实力的军阀纳入领导和决策团队，没有建立联合作战方略，没有制定协调统一的管理办法，虽然他也为各路军阀都授予了临时官号，但还是同过去一样，一人一把号，各吹各的调。对此，曹操深有感触，他写下了《蒿里行》一诗，真实地描述了当时的情形。"关东有义士，兴兵讨群凶。初期会盟津，乃心在咸阳。军合力不齐，踌躇而雁行。势利使人争，嗣还自相戕……"酸枣会盟之后，由于各路军阀拥兵自保，迟疑不前，互相猜忌，甚至同室操戈，到初平三年（公元 192 年），联盟军就瓦解了，其寿命仅为两年。（据《后汉书》相关人物传记，《资治通鉴》第五九、六〇卷）

（二）欲立新帝，刘虞不应

初平二年（公元 191 年）初，袁绍等联盟军的几位诸侯一起商议说，汉献帝刘协不满十岁，年幼无知，却被董卓控制，由于路途遥远，再加上关塞阻隔，交通不便，信息不畅，不知皇帝是死是活，而幽州牧刘虞在刘姓皇族中最为贤明，如果拥立他为帝，对联盟军来说是非常有利的。

曹操却不同意他们的意见。他说，我们之所以起兵，而且得到了广大吏民的支持和拥护，就是因为我们的行动是正义的。目前皇帝年少，虽为贼臣所控制，但没有发生像昌邑王刘贺那样危害国家的过失。如果此时再拥立一位新帝，天下人岂能接受？我不同意你们这样干，你们在北方迎立刘虞，那我就继续尊奉长安的皇帝。

袁绍和冀州牧韩馥认为，应该征求一下袁术的意见，看看他是什么态度。于是，袁绍就给袁术写信说：现在的皇帝不是汉灵帝的嫡子，我们打算仿照周勃等人"废黜少主，迎立大王"的先例，尊奉大司马、幽州牧刘虞为皇帝。

当时袁术心底里也隐藏着当皇帝的野心，他想，如果把年少无知的小皇帝刘协从帝位上弄下来，把年长老道、从政经验丰富的刘虞弄上去，对实现自己的政治图谋极为不利。于是袁术假托"废黜少主，迎立大王"不符合君臣大义，反对在废立皇帝上瞎折腾。后来，袁绍再次给袁术写信，劝说袁术转变观念、提高认识，支持他们谋划的皇帝废立之事。袁绍在信中以兄长的口气说：如今长安名义上有一位少年皇帝，但不是皇家的血统，朝廷中的文武百官都巴结和献媚董卓，岂能再相信这些大臣！只要我们派兵严守关口要塞，就能把他们活活困死。我们在东部拥立一位圣明的皇帝，大家都可以过上和平稳定的生活，你为什么在这个问题上认识不到位呢？再说，我们袁家五十多口人都被他们残忍地杀害，难道我们还要向这样的皇帝俯首称臣吗？你想想伍子胥是怎样为父兄报仇的？

尽管袁绍引经据典劝说袁术，但袁术由于有自己的打算，依然不同意废黜汉献帝刘协而拥立刘虞为帝。他给袁绍回信说：皇帝刘协聪明睿智，将来一定能够成为贤君。贼臣董卓乘国家之危，以暴力压服群臣，这是汉朝一段时间内遇到的小小厄运。你说皇帝没有皇家血统，难道不是污蔑吗！你还说全家人被杀，难道还向这样的皇帝称臣吗，那是董卓丧尽天良的罪恶，岂能说成皇帝！最后袁术明确表态说：为弟满怀赤诚，志在消灭董卓，不识其他！袁绍接到袁术的复信，并没有放弃自己的打算，他与韩馥商量后决定，派遣乐浪郡前太守张岐等人，带着他们拥立刘虞为帝的提议专程前往幽州，并向时任幽州牧刘虞献上所谓皇帝的尊号。刘虞可不是见"好"就收的人。

黄巾起义爆发后，刘虞被朝廷任命为甘陵国相，朝廷要求他安抚封国境内广大吏民不要支持和参与黄巾军叛乱。局势稳定之后，刘虞被调入朝廷担任宗正。中平五年（公元 188 年），朝廷因刘虞在北方颇有威信，再次任命他为幽州牧。中平六年（公元 189 年）春，汉灵帝刘宏派使者宣布提拔刘虞为太尉，封容丘侯。刘虞起初推让，并向朝廷推荐说，卫尉赵谟、益州牧刘焉、豫州牧黄琬、南阳太守羊续都是太尉的合适人选，但汉灵帝最终还是任命刘虞为太尉，仍留驻幽州做州牧。幽州本来就是个穷州，又靠近北部边境，戍边费用开支巨大，朝廷每年都要从邻近的青州、冀州调拨两亿多钱用来补助幽州。由于战乱，交通和联络中断，外援资金和物资无法调进来，幽州的日子很不好过。刘虞作为一州之长，带头过苦日子，他身穿旧衣、脚穿草鞋，常年不吃荤菜。而那些习惯于挥霍奢侈的豪族，也都被刘虞的节俭行为所感化，不再讲排场、比阔气了。为缓解财政困难，刘虞务求宽政，劝导和督促百姓发展农业和养蚕业，开放上谷郡的胡市，扩大对外贸易，繁荣市场供给，使老百姓从商品交易和流通中获利；同时，他还支持和鼓励渔阳郡大力发展盐铁生产，一两年时间就取得了粮丰民悦的成效。青州、徐州等地的士人和百姓为逃避战乱和灾荒，"归虞者百余万口"。刘虞将他们全部收留，进行安抚，使其能够"安立生业"，"流民皆忘其迁徙焉"。董卓专权后，派使者授予刘虞大司马，进封襄贲侯。初平元年（公元 190 年）夏初，董卓又以献帝的名义任命刘虞为太傅，召他入朝任职，因兵荒马乱、道路不通，诏书始终没有送到刘虞手中。

正当刘虞在幽州带领全州百姓踏踏实实地过日子时，袁绍等人派遣使者送来了皇帝的尊号，要拥立他做皇帝。刘虞非常吃惊，也非常愤怒，他厉声呵斥张岐等人：如今天下分崩离析，主上蒙尘，我受国家的厚恩，未能为国雪耻，深感不安。你们几位都在州郡做事，应该同心协力为朝廷效力，可你们反而策划这种逆谋来玷污我。刘虞坚决果断地拒绝了即位皇帝的提议。袁绍、韩馥等人又请求刘虞主持尚书事务，代表皇帝来命官封爵，刘虞仍然不肯接受，并打算出逃，将自己隐藏起来，于是，"绍等乃止"。（据《后汉书·刘虞公孙瓒陶谦列传》，《资治通鉴》第五九、六〇卷）

（三）耍公孙瓒，忽悠韩馥

当上联盟盟主的袁绍，不仅对诸侯们说话不管用，甚至连他同父异母的弟弟袁术也"不识其他"；他欲把幽州牧刘虞拥立为皇帝，以便在"大树底下好乘凉"，可是，刘虞却认为他"反造逆谋，以相垢误邪！"于是，渤海太守袁绍只好经营他的渤海郡。

渤海郡地处渤海之滨，地旷民稀，到处是寸草不生的盐碱地，袁绍一旦出兵打仗，军队的粮草供应就成了大问题。所以，袁绍打算暂时请求冀州牧韩馥帮助解决军需问题。袁绍的谋士南阳人逢纪劝谏袁绍说：将军想干成大事，却要指望韩馥提供粮草，受制于人，恐怕不是长久之计，只有占据一个州作为根据地，才能保障自己。袁绍说，冀州兵强马壮，而我们又穷又少，如果攻击韩馥不能取胜，那就连立足的地方都没了。逢纪说，您可秘密联络公孙瓒，让他去攻打冀州，韩馥必然惊慌恐惧，我们乘机选派口才好的使者去为他分析利弊，韩馥迫于危机，极有可能把冀州拱手相让。袁绍认为逢纪的计谋很有道理。初平二年（公元191年）夏，袁绍写信给公孙瓒，邀他与自己同时出兵，分头夹击韩馥，并承诺事成之后与他平分冀州。

公孙瓒，字伯圭，辽西令支（今河北唐山迁安市）人。他出身于世家大族，家中多代都有两千石高官，但公孙瓒生母地位卑贱。起初，公孙瓒在郡府做小吏，因他相貌堂堂、声音洪亮、能说会道，深受郡太守赏识。郡太守认为公孙瓒颇有才干和发展潜力，就把自己的女儿嫁给了他。在岳父的帮助下，公孙瓒去涿郡与刘备、刘德然一起跟随博古通今的大儒卢植学习经书，修习完毕回来之后，被安排担任专门负责向朝廷呈报地方工作的上计吏。这期间，郡太守刘其（一作刘基）因犯事被押至洛阳，交付给廷尉治罪。上计吏公孙瓒改换服装，谎称自己是刘太守的吏卒，随身护送，跟随槛车来到洛阳。廷尉判决，将刘太守发配到交州日南郡（今越南中部一带）。于是公孙瓒带着米、肉和酒，到今洛阳市东北的北芒山上祭奠先人，他举起酒杯对"先人"说："昔为人子，今为人臣，当诣日南。日南（有）瘴气，或恐不还，与先人辞于此。"说完再拜而起，"时见者莫不歔欷"。在发配途中，朝廷诏令将刘太守赦免。这样公孙瓒又随他一起回到本郡。后来公孙瓒被郡太守举荐为孝廉，不久升任辽东属国（属幽州，治所在今辽宁锦州市义县，辖境相当今辽宁葫芦岛市以东，辽河下游以西，大凌河中、下游一带）长史。

中平年间（公元184—189年），边章、韩遂叛乱，朝廷从幽州征发三千名"幽州突骑"，并授予公孙瓒行都督之事的符节，跟随车骑将军张温讨伐凉州叛军。此时，渔阳（今北京市密云区西南）人张纯联合同郡老乡、泰山郡前太守张举引诱辽西乌桓首领丘力居叛乱，张纯自称"弥天将军"，张举自称"天子"，他们给各州、郡官府发送文书，公开声称要取代汉室，并联合乌桓军队攻击蓟城（今北京市大兴区西南）。公孙瓒带领突骑兵攻打他们，叛军逃窜。公孙瓒因此被朝廷提拔为骑都尉，掌监羽林骑。

后来，朝廷任命公孙瓒为降虏校尉，封都亭侯，并兼任属国长史，掌辽东属国诸事。从此公孙瓒统领兵马，守护边境。每有敌情，他总是一脸怒气，只要他看见敌人的踪迹，就立即冲杀过去，有时还夜以继日地战斗。敌寇害怕他的勇猛，不敢犯边。公孙瓒经常带领几十名弓弩高手，都骑着白马，由此被人们称为"白马义从"。乌桓人知道骑白马的公孙瓒非常厉害，于是互相转告，避开"白马长史"。乌桓人愤恨和恐惧公孙瓒，又不敢同他交战，于是画了公孙瓒的像，骑在马上射像，射中了就高呼"万岁"，自娱自乐一番而已。辽东长史公孙瓒立志打败乌桓，而他的顶头上司幽州牧刘虞想以恩德招降，由于思路不同，公孙瓒与刘虞发生了矛盾。初平二年（公元 191 年），青州、徐州黄巾军三十万人进入渤海地界，打算同黑山黄巾军会合。公孙瓒率兵两万人，截击黄巾军于今河北沧州市东光县之南，大破黄巾军，消灭三万余人。黄巾军丢弃辎重车万辆，欲渡过黄河逃跑，公孙瓒趁他们渡河之机进行突袭，又将黄巾军打败，杀死和淹死的黄巾军有几万人，俘虏的有七万余人，收缴的辎重、车马、财物等不可胜数。从此，公孙瓒声威大震，慑服塞外。朝廷任命他为奋武将军，封爵蓟侯。

公孙瓒接到袁绍关于攻打冀州的邀请信，非常高兴，于是迅速率军开赴冀州治所邺城。他表面上声称去讨伐董卓，实际上却是袭击韩馥。韩馥对公孙瓒的突袭毫无准备，仓促迎战，被久经沙场、骁勇善战的公孙瓒打得一败涂地。此时，董卓率领大军进入函谷关，袁绍便率军到达今河南新乡卫辉市境内的延津，以防备董卓北上攻击自己觊觎已久的冀州。等公孙瓒打败韩馥之后，袁绍派遣其外甥高干与冀州牧韩馥所亲信的颍川（今河南许昌禹州市）人辛评、荀谌、郭图等人作为使者去游说韩馥。他们对韩馥说：当下，公孙瓒统率燕、代两地的军队乘胜南下，沿途各郡县纷纷响应，其军队所向披靡、锐不可当；袁绍又率军向东进发，其意图也是不可估量。我们正在为将军您所遭遇的困境而担心呢！韩馥闻听此言心中恐慌，急忙向他们问计。荀谌等人经过一番巧言诱导，最后说：袁绍是这个时代的人中豪杰，将军您各个方面的条件都不如他，而又长期在他之上，他必然不会屈居于将军之下。冀州是全国物产丰富的重要地区，如果他与公孙瓒联合起来夺取冀州，将军您是抵挡不住的。可是，将军您是袁家的门徒，同袁绍是故交，又曾结盟共同讨伐董卓，现在上上之策就是把冀州让给袁绍，袁绍必然会感谢您的厚恩，而公孙瓒也无力与他争夺。这样，将军就会获得让贤的美名，自身就会安如泰山。韩馥被几位使者说服，同意转让冀州。韩馥的部下听闻此事忧虑重重，别驾闵纯、治中李历、长史耿武（一作耿彧，字文威）劝谏说：您怎么能把大冀州送给袁绍呢？您一声令下，冀州马上可以集结起百万兵马，库存的粮食可以吃十年。袁绍只是孤军一支，根本没有后勤供给，全凭我们施舍，犹如怀抱中的婴儿，一旦断奶，马上就会饿死。韩馥无奈地说：我本来就是袁家的门生，自知才干不如袁绍，于是就让贤了。这也是古人所称道的行为，你们为什么老是埋怨我呢？当时，韩馥自辟的从事赵浮、程奂率领一万名弓箭手正驻扎在河内郡河阳县（治所在今河南焦作市孟县之西的冶成镇），当他们听到冀州易主的消息后，立即从孟津率军东下，火速回赶。当他们路过朝歌清水口（今河南新乡卫辉市东北的清水河村）时，发现袁绍军队的营盘就扎在那里。袁绍的军队满打满算才有一万来人，战船数百艘，但军容还算整齐。袁绍就凭这点人马，真的与韩馥对战，不一定能占上风。赵浮、程奂回到邺城后立即对韩馥说，袁绍军中没有一斗粮食，很多士兵都饿跑了。虽然不久前并州云中郡（今山西忻州市原平县一带）人张杨以及南匈奴单于都投奔了袁绍，但他们不会死心塌地地为他效力，离他而去是早晚的事。我们几个从事愿意率领现有的兵马与袁绍决战，不出十天，保证把袁军打败。可是，韩馥内持定力，拒绝采纳几位从事的建议。韩馥从州府搬出，"让贤"于袁绍，自己却搬到大宦官、中常侍赵忠的豪宅里住下。韩馥部下非常失望，他们纷纷离开韩馥，另找门路。只有长史耿武、别驾闵纯留了下来。

袁绍不战而屈人之兵，独吞了冀州这块大肥肉。他兴致勃勃地来到邺城，第一时间就斩杀了耿武和闵纯，然后在冀州州府住下。袁绍自任冀州牧，并给了韩馥一个奋威将军的空头衔。冀州府内有一个名叫朱汉的官吏，"为韩馥所不礼"，他欲迎合袁绍的心意，擅自发兵包围了韩馥的住处，拔刀入室欲杀害韩馥。韩馥逃上楼去，朱汉捉住韩馥的大儿子，将其两只脚砍断。袁绍立即下令逮捕朱汉，并将他处死。韩馥惊恐忧虑，请求离开，袁绍同意。于是，韩馥犹如一只丧家之犬，投奔了陈留郡太守张邈。后来，袁绍派遣使者与张邈商议其他机密事宜，他们说话声音很小，韩馥以为是算计他，便入茅房自杀而死。

袁绍自任冀州牧之后，组建了军事和智囊团队。

1. 任命沮授为奋武将军

沮授，字公与，邯郸广平（今河北邯郸市鸡泽县一带）人。他少有大志，思维缜密，擅长权变，文韬武略，甲兵在胸。初被推举为茂才，先后担任过两个县的县令。后来被冀州牧韩馥征召为冀州别驾，并上表获任骑都尉，掌领骑兵，位次将军，与校尉同级。当时，韩馥欲转让冀州，沮授极力劝阻，韩馥拒绝采纳。沮授认为韩馥没有争霸天下的心思，就不再建言。袁绍拿到冀州后，任命沮授为别驾，他询问沮授：现在奸臣作乱，皇上四处漂泊。我家历代蒙受皇恩，我立志复兴大汉。现在我想与您同心勠力，共同挽救国家危亡，您用什么计策来帮助我呢？沮授进言说：将军不到二十岁就被朝廷重用为官，名扬天下。在董卓废立皇帝之时，将军敢于挺身而出，大发忠义之心，竭力阻止，由于董卓横行霸道，实力强大，将军只身一人骑马出奔，使董卓心怀恐惧。您渡过黄河北行，渤海郡的老百姓都行礼叩拜归顺。现在您拥有一个郡的兵马，又收编了冀州的军队，威势控制黄河以北，名声为天下人所敬重。依我看，今后您的战略思路和战略重点应该是：发兵向东，扫除黄巾军；还军攻打黑山军，灭掉黑山军首领、常山真定（今河北石家庄市正定县之南）人张燕；而后掉转兵力向北，捉住公孙瓒；以威势胁迫异族，可平定匈奴。横扫黄河以北，合并冀、幽、青、并四个州的地盘，网罗天下人才，拥有百万兵马，到长安迎接汉献帝，恢复洛阳城中的宗庙，向天下发号施令，征讨不肯降服的人。几年以后，功业就可建立。沮授提出的这一战略思路非常高明，而袁绍虽然认为沮授的话很有道理，但又不愿意显示出沮授高明而自己不高明，于是他对沮授说：你说的这些，与我心里想的一样。随即，袁绍启奏朝廷任命沮授为奋武将军，让他督察众将。

2. 任命田丰为别驾

田丰，字元皓，冀州巨鹿（今河北邢台市平乡县一带）人。他天资聪颖，博学多识，谋略多奇，敢于进谏，闻名州郡。少时亲人去世，田丰长期守孝，严肃庄重，为人所敬。早年被征辟到太尉府为吏，后被推举为茂才，升任侍御史，受命于御史中丞，负责接受公卿奏事、举劾非法等工作。由于他不满宦官专权，便弃官回家。后来，冀州牧韩馥征用他，但因其性格刚直，不受重用。这次袁绍以谦卑的言辞和厚重的礼物起用田丰，田丰因"王室多难，志存匡救，乃应诏命"。于是袁绍任命田丰做别驾，"甚见器任"。

3. 任命审配为治中

审配，字正南，魏郡阴安（今河南濮阳市清丰县）人。其为人忠烈慷慨，有不可侵犯之节。早年曾在太尉陈球手下做事，因性格耿直不受重用，投奔冀州牧韩馥，仍因秉性难改仍不受重用。这次袁绍把他用起来，委以心腹之任。治中为州刺史的佐官，主众曹文书，位次于别驾。

4. 将许攸、逢纪、荀谌明确为谋士

许攸、逢纪都是外戚大将军何进生前特召的谋士，何进被宦官诛杀后，许攸、逢纪便跟随袁绍一同出逃冀州。应该说他们两位是袁绍团队里的老资格。荀谌系曹操的大谋士荀彧的兄弟，曾受袁绍派遣，游说韩馥，把冀州牧这个位子"让贤"于袁绍。

在各路军阀中，因袁绍起家最早，所以一些具有文韬武略的战略家和骁勇善战的猛将大都汇集到袁绍麾下，并为袁绍出谋划策、奋力拼杀。初期的袁绍尚没有骄傲自大的本钱，谋士们好的意见建议他也都能够采纳，这有力地推动了他前期事业的顺利发展。

袁绍占据冀州时，该州辖九个郡和封国，一百个县。袁绍独吞这块宝地，自然引起了公孙瓒的愤怒。当初，袁绍给公孙瓒写信，说双方合击韩馥，事成之后平分冀州，而结果是胜利成果被袁绍独吞。公孙瓒本想打败了韩馥之后自己独占冀州，可没想到却被袁绍捷足先登。公孙瓒又气又急，他上疏朝廷，历数袁绍所犯的罪恶，然后发兵攻击袁绍。当时，冀州所属各城多数背叛袁绍而支持公孙

瓒。袁绍感到恐慌，就把渤海太守的印绶送给了公孙瓒的堂弟公孙范，派他到渤海郡出任郡太守，以求和解。然而，公孙范当上渤海郡太守之后，就立即背叛了袁绍，他亲自率领渤海郡的郡兵去支援公孙瓒攻打袁绍。这回袁绍忙乎了半天，又把肥料拉到公孙瓒的"一亩三分地"里了。

公孙瓒没有拿到冀州的土地，心里很不是滋味。他想来想去，想出了一个为袁绍前进道路上放绊脚石的"妙计"，那就是率先任命地方官吏。他一口气任命了三个州刺史。

一是任命自己的部将严纲为冀州刺史。初平二年（公元191年），袁绍从韩馥手中夺得冀州，自称冀州牧。同年稍后，公孙瓒任命严纲为冀州刺史。州牧是一州的主官，刺史是朝廷派驻各州的监察官。在公孙瓒看来，我任命了冀州刺史，那冀州之地起码得有我的一半。

二是任命自己的另一位部将田楷（一作田揩）为青州刺史。此前，时任青州刺史的焦和也起兵反董，打算加入联盟军，但他行动晚了，没有赶得上"酸枣会盟"。尽管如此，他还是率军渡过黄河，欲与各路诸侯一同西进攻击董卓。当焦和带领军队渡河之后，黄巾军便趁机进入了青州。青州一直以来相对富裕，兵多器锐，粮食充足，可是，焦和"好立虚誉""坐列巫史"①，"禜祷群神"，每次作战都是"求用兵必利"，一见敌军腿肚子就发软，"望寇奔走，未尝接

---

① 古代从事求神占卜等活动的人叫"巫"，掌管天文、星象、历数、史册的人叫"史"。起初，往往一人干这两种事，合起来就叫"巫史。"

风尘交旗鼓也"，从来没有与敌人进行过正面交锋，总是被弱小所欺凌。因此，军无士气，众遂溃散；全州到处都是破破烂烂，一片狼藉，州内官吏和百姓都不买他的账。不久，青州刺史焦和病死。焦和死后，袁绍就把广陵功曹臧洪任命为青州刺史。臧洪上任后，努力收拾前任留下的"烂摊子"，经过两年的治理，"群盗奔走"，青州恢复了社会稳定。袁绍对臧洪非常认可，为继续扩大地盘，袁绍将臧洪调到兖州东郡担任太守。臧洪被袁绍调走之后，公孙瓒钻了个空子，将自己的部将田楷任命为青州刺史，补上了青州刺史的空缺。

三是任命部下单经为兖州刺史。公孙瓒之所以抢先任命兖州刺史，就是期望单经担任兖州刺史后向西发展势力，以攻占和挤压袁绍的地盘。自从袁绍与袁术在是否拥立幽州牧刘虞为帝问题上发生争执后，二人的矛盾就公开化了。袁术曾经向公孙瓒求援攻击袁绍，公孙瓒派遣从弟公孙越率领一千余骑去支援袁术，接着又任命单经为兖州刺史，要他率军屯驻平原郡（治所在平原县，今山东德州市平原县西南二十五里张官店），以逼迫和挤压冀州牧袁绍的地盘。袁绍不愿受制于单经，于是就与曹操联合，将单经打败。

公孙瓒除了任命以上三个州刺史之外，还任命若干郡县主官，意欲将这三州之地都控制在自己手里。

初平三年（公元192年），公孙瓒率军从孟津北上，与袁绍在今河北邢台市威县方家营乡界桥以南展开大战。公孙瓒有三万人马，排列成方阵，两翼各配备骑兵五千多人，士饱马腾，气势磅礴，大有灭敌万众、拔山举鼎之势。袁绍命令手下将领麹义率领精兵八百人为先锋，并在左右两侧布置了一千个强弩高手为掩护，自己统领步兵数万在后。

麴义，凉州西平郡（今青海西宁市一带）人。早在汉哀帝统治期间，麴氏家族避难于西平郡，成为当地的大姓。麴义自幼习武，练得一身好功夫，各种兵器样样精通，特别是他还精通羌人战法，后来成为冀州牧韩馥的部将。初平二年（公元191年），他与韩馥闹掰，率军叛变，击败韩馥，投奔袁绍，成为袁绍的一员猛将。

尽管麴义勇猛，但公孙瓒见他率领的兵马不多，根本没拿他当回事。公孙瓒下令骑兵发起冲锋，踏破敌阵。麴义命令士兵俯伏在盾牌之下，不要轻举妄动，待公孙瓒的骑兵冲到离他们只有十几步的距离时，麴义一声令下，士兵们一跃而起，冲杀过去，与此同时，两侧弓弩齐发，箭如飞蝗，喊杀之声惊天动地。公孙瓒的军队遭到意想不到的打击，陷入一片混乱，骑兵后退时，又被密密麻麻的步兵挡住，大家争相逃命，互相践踏，受伤的士兵倒在地上，哭爹喊娘，嘶声惨叫。麴义的军队越战越勇，趁着敌人混乱之机，猛杀猛砍，斩杀了敌兵千余人，其中包括公孙瓒新任命的冀州刺史严纲。麴义率军乘胜追击敌军到界桥。公孙瓒企图守住界桥，又被打败。麴义一直将公孙瓒追击到营地。

袁绍命令将士们追击敌人，而自己却缓缓而进，随身持戟卫士只有一百多人，强弩也只数十张。当他们走到距离界桥十里左右的地方时，听说前面麴义已大胜而归，于是下马卸鞍，坐下来休息。此时，公孙瓒逃散的骑兵一两千人突然到来，发现袁绍等人后，立即对他们形成包围之势，并向袁绍等疯狂射箭。别驾从事田丰扶着袁绍，请他赶快躲在一堵墙后面避箭，而袁绍却猛地将自己的头盔摘下来扔在地上，厉声说：男子汉大丈夫，宁可冲上去战死，也不躲避，难道躲在墙后就能活命吗？于是，袁绍下令强弩手放箭，射伤了公孙瓒的一些骑兵和战马。公孙瓒的骑兵都不认识袁绍，为躲避强弩，他们逐步后退。顷刻间，麹义率军回见袁绍，公孙瓒的骑兵发现援兵已到，便匆匆撤走。黑山军首领张燕派遣部将杜长等率领一支部队来为公孙瓒助阵，也被袁绍打败。从此，黑山军与袁绍结下仇怨。

威县界桥一战，公孙瓒不仅兵败，而且他试图与袁绍平分冀州的图谋也被粉碎。公孙瓒率领残兵败将退遁蓟县。以前朝廷曾赐封公孙瓒为蓟侯，蓟县还有他的封地，于是公孙瓒便在那里驻扎下来。

公孙瓒撤走之后，袁绍趁机控制了冀州全域。（据《后汉书·刘虞公孙瓒陶谦列传》，《资治通鉴》第五九、六〇、六一卷，《三国志·魏书·沮授田丰别传》《三国志·魏书·吕布张邈臧洪传》《三国志·魏书·董二袁刘传》《后汉书·袁绍刘表列传》《汉晋春秋》）

（四）公孙瓒诛杀刘虞，袁绍消灭公孙瓒

太傅、幽州牧刘虞在朝廷和地方都有很高的威望，少年汉献帝很信赖他。刘虞的儿子刘和在朝廷担任侍中。侍中可随时入禁宫受事，领受皇帝直接交办事项，是皇帝的亲信，再加上刘和具有皇族血统，少年献帝对刘和格外宠信。自从献帝被董卓胁迫迁居长安以来，他心心念念想回归旧都洛阳。献帝虽然是一国之君，但他被董

卓攥在手心里，只能老实待着，丝毫不敢乱说乱动。初平二年（公元191年），即迁都长安的第二年，献帝悄悄对刘和说：我连做梦都想回归旧都洛阳，现在很多大臣因逃避董卓而纷纷离开朝廷，你也可以假装逃避董卓，秘密回幽州一趟，让你父亲带兵来长安，把朕接回洛阳。于是，侍中刘和立即动身前往幽州。可是，当他走到南阳时，却被袁术扣留了下来。

袁术扣留刘和有他的盘算，他欲登上皇位，君临天下，就应该抢在各路诸侯前面把董卓干掉，以赢得大家的广泛认可。但目前他实力不支，干不过董卓，他觉得刘虞在幽州担任州牧多年，实力雄厚，兵强马壮，尤其是他的"幽州突骑"名扬天下，如果能得刘虞帮助，那可谓如虎添翼。袁术扣住刘和不放，就是想让刘和从父亲刘虞那里弄来一部分"突骑"，而后让刘和跟随自己奔赴长安去消灭董卓。袁术逼着刘和给他的父亲刘虞写信，让刘虞派遣部分"突骑"前来支援袁术。刘虞接到儿子的书信后担忧儿子的安危，打算立即发兵予以支援。此时，在界桥之战中被袁绍和麴义打败之后逃到幽州的公孙瓒却竭力劝阻刘虞不要出兵。可是，刘虞救子心切，毅然决定派出五千名骑兵去见刘和。公孙瓒阻止刘虞未能成功，又害怕袁术知道此事后会怨恨自己，于是，他派遣他的堂弟公孙范率领一千名士兵去见袁术，并让堂弟暗中挑拨袁术，将刘和扣住不放，将刘虞派去的数千名骑兵予以吞并。刘虞派出"支援"袁术的五千名骑兵到达后，袁术对刘和的看管有所放松，刘和趁机逃跑，昼夜不停，一路北上去幽州见父亲刘虞。可是，经过冀州地盘时又被冀州牧袁绍扣住不放。

此时，公孙瓒又多次与袁绍相互攻击，刘虞因儿子刘和在袁绍手里，而公孙瓒又在自己地盘上蹭饭吃，他担心袁绍因公孙瓒的攻击而迁怒于自己，所以多次出面劝说公孙瓒不要攻击袁绍，可公孙瓒根本不听，于是刘虞减少了对公孙瓒的粮草供应。公孙瓒人饥马饿，大为恼火，就纵容士兵在幽州地盘上四处抢劫。刘虞非常生气，又无力制止，于是派遣右北平（今河北唐山市丰润区东南一带）人、二十二岁的田畴作为使者，去长安向朝廷呈送控诉公孙瓒的奏疏。同时，公孙瓒也派人上疏朝廷，指责刘虞克扣军粮。两人不断相互告状，已发展到剑拔弩张的程度。可是，朝廷早就丧失了威权，根本调和不了他们之间的矛盾，只能敷衍而已。

后来，公孙瓒为避免和刘虞的摩擦交战，就领兵在蓟城东南建造了一座小城，将他的军队驻扎在小城里面。刘虞几次派人去叫公孙瓒到蓟城商议有关事情，可公孙瓒害怕刘虞加害于他，便以病为由不肯前往。刘虞认为公孙瓒早晚都是一大祸害，应该及早拔掉这颗钉子。于是，他从本州招募了一批新兵，加上原有的地方武装，共率领十万人马开赴小城围剿公孙瓒。当时，公孙瓒的部队大都去外面抢东西了，留下的士兵很少，他们胆战心惊，迅速掘开东城准备逃跑。然而，刘虞这支临时组建的部队根本不会打仗，再加上刘虞有令在先：不准伤害其他人，只杀公孙瓒一人。这样的仗很不好打。久经沙场的公孙瓒一眼看穿了刘虞的用兵之拙，立即挑选了几百名勇士，乘风纵火，横冲突围，把刘虞的十万大军冲得七零八落。刘虞和他属下的官员、将领向北一直逃到居庸关。公孙瓒率军追至，将居庸关包围了三天三夜，然后冲杀进去，一拥而上把刘虞及其妻子等捉回蓟城。公孙瓒并没有立刻杀死他们，他还让刘虞照常办公、签署文件。此时，朝廷派来一位名叫段训的使者，宣布汉献帝关于提拔和封赏官吏的诏书：献帝任命刘虞总管六州事务，增加其封邑；任命公孙瓒为前将军，封爵易侯。公孙瓒趁机向使者诬告说，刘虞以前与袁绍等人通谋称帝，并以此为由，逼迫使者在蓟城闹市区处死刘虞及其家属。刘虞在幽州广大吏民中有很高的威望，消息传出之后，前任常山国相孙瑾及其掾属张逸、张瓒等都聚集在刘虞周围破口大骂公孙瓒，公孙瓒命令士卒将刘虞、孙瑾、张瓒等人一并处死。公孙瓒还命令士卒将刘虞的脑袋砍下来，送往京城长安，向汉献帝表示他处死所谓叛逆之臣刘虞的功劳。

刘虞故吏尾敦获得消息后，立即组织并率领部众潜伏在途中，截获了刘虞的头颅，使刘虞得以完尸安葬。刘虞死后，公孙瓒就把幽州控制在了自己手里。

公孙瓒成为幽州新霸主之后，滥用权力，作威作福。他"尽有幽州之地，志气益盛，恃其才力，不恤百姓，睚眦必报"。幽州地域内凡是比公孙瓒名望高的人，他一定要假借法律进行陷害；对有才能的人，就千方百计进行打压，直到将其置于穷困潦倒之地。有人问公孙瓒为什么这样做，公孙瓒说：士大夫们全都认为他们应该富贵，如果你给他们富贵，他们绝对不会感恩，所以只好让他们受穷。基于这样的执政理念，公孙瓒所宠信的人都是一些地痞无赖，公孙瓒还与这些人称兄道弟，互通婚姻，结成儿女亲家。而公孙瓒那些狐朋狗友们仰仗他的权势，"所在侵暴，百姓怨之"。

刘虞生前手下的从事、幽州渔阳人鲜于辅非常怀念刘虞担任幽州牧时期为政宽仁、布施恩惠、安得民心之功德，因此，他挑头并集结幽州军队，发誓要为刘虞报仇。此时，阎柔以乌丸司马的身份组织发动鲜卑、乌丸等少数民族武装，为刘虞报仇，与公孙瓒对抗，并归鲜于辅统一指挥。阎柔是燕国广阳（今河北廊坊市）人，少年时就被乌丸、鲜卑俘虏，后来得到乌丸、鲜卑充分信任。刘虞死后，被鲜于辅上表推举为乌丸司马。鲜于辅认为，公孙瓒所任命的渔阳太守邹丹刚刚上任，立足未稳，先收拾邹丹相对比较容易。于是，他集结包括幽州老部队和鲜卑、乌丸等胡人武装在内的数万人，与渔阳太守邹丹手下的郡兵在潞水（今北京市通州区北运河之北）展开大战，鲜于辅大获全胜，斩杀邹丹郡兵四千余人。

"潞水之战"胜利后，刘虞的故友、乌桓峭王又带领以乌桓、鲜卑等少数民族为主体的七千多名骑兵，随鲜于辅南下，共同迎接刘虞的儿子刘和，并与袁绍的部将麹义联合，组成一支十万多人的大军，一起进攻公孙瓒，在鲍丘（今天津市蓟州区、宝坻区一带）与公孙瓒主力展开大战，消灭公孙瓒官兵两万余人，严重削弱了公孙瓒的实力。

在鲜于辅、刘和节节胜利的形势下，代郡（治所在今山西大同市阳高县）、广阳郡（治所在今北京城西南隅）、上谷郡（治所在今河北张家口市怀来县东南）、右北平郡（治所在今河北唐山市丰润区之东）纷纷发动起义，他们诛杀公孙瓒所任命的官员，与鲜于辅、刘和等所领导的军队汇合，组成一支更加庞大的大军，将公孙瓒的部队打得节节败退，溃不成军。公孙瓒迫不得已将自己的大本营南迁至易县（今河北保定市易县）。当初，董卓被灭亡之后，汉献帝提拔公孙瓒为前将军，封易侯，公孙瓒在易县有一块封地。

公孙瓒命令士卒在驻扎的营区周围挖掘了十道深、宽各达数丈的大沟壕，在最里面的沟壕内又堆筑了若干个土丘，每座土丘都有五六丈高，并在土丘上面都建起了小楼。在所有工事中央堆了一个高达十丈的土山，并在这座土山上建了一栋名曰"中京"的楼宇，公孙瓒和他的妻妾们就住在这座楼宇里。公孙瓒在楼宇外围又建造大铁门，严禁七岁以上的男子进入"中京"，其侍卫全都守在门外。所以，凡文书、报告等上呈下达都要用绳子吊上吊下。从此以后，爱走极端的公孙瓒龟缩在易县军营，不再出城作战。有人问他为什么不出兵打仗？公孙瓒说：我以前在塞外驱逐胡人，在东光和孟津扫荡黄巾贼，那个时候我自以为凭一己之力就能平定天下大乱。可是直到今天我才发现，战乱不过刚刚开始，看来天下大局并不是由我公孙瓒一人所决定的。所以，不如让士兵们养精蓄锐，以逸待劳。现在，我有深沟高楼数十重，军队分驻在各个楼上，居高临下，易守难攻，库存粮食三百万斛，等吃完这些粮食，足可以看到天下形势变化的结局了。

以前袁绍把公孙瓒赶出了冀州，如今他又跑回来了，虽说他待在易县大营里按兵不动，但他把周边地区的粮食、木材、砖瓦等都抢去建设大营，或囤积在他的驻地里面，只要他和他的军队不出冀州，就必然会与袁绍争夺战略资源。袁绍多次发起对公孙瓒的攻击，可始终都没有攻破公孙瓒的防线。于是，袁绍改变策略，写信给公孙瓒欲与他和解，袁绍说，你我双方都应该摒弃前嫌，联合起来共建大业。公孙瓒对袁绍的拉拢不仅不予理睬，反而加强了戒备。他对部下说：当前，群雄逐鹿，四方争霸，战争不断，但是没有人肯下功夫连续几年坐在我的城下苦苦相守，我有坚不可摧的工事，袁绍能拿我怎么样！袁绍得知公孙瓒如此态度后，肺都气炸了，他下定决心要拔掉公孙瓒这颗钉子。于是，袁绍向易城大规模增派兵马，大举围攻公孙瓒。

公孙瓒领兵打仗有一个惯例，那就是从来不在分散别处的将领出现危机时伸手救援。他这样做，就是不想让将领们养成依赖外援的习惯。在袁绍大军排山倒海般的大举进攻中，公孙瓒派到南边坚守营寨的将士们率先感受到了巨大压力，他们自知坚守不住营寨，也深知公孙瓒不会施救，所以投降的投降、逃跑的逃跑，公孙瓒在南境的守军很快就崩溃了。接着，袁绍大军集中兵力攻击城门。公孙瓒看到袁绍大军如同黑云压城，自知招架不住，于是赶紧派遣他的儿子公孙续去向太行山上的黑山起义军首领张燕求救。

在威县"界桥之战"中，张燕曾经派部将杜长率领一支部队增援过公孙瓒，结果被袁绍打败，从此张燕与袁绍结怨。这次公孙瓒告急求援，张燕便仗义出手，决定出兵十万增援公孙瓒，一雪界桥兵败之耻。大军仍由上次在界桥吃了败仗的杜长率领。杜长信心满满，他认为，前有小负后必有大胜，他将十万大军分成三路，同时向易县挺进。

公孙瓒在派遣儿子公孙续向黑山军首领张燕求援之时，又产生了一个新的想法，他想亲自率领骑兵出城奔往太行山，与黑山军合兵去端袁绍的老窝邺城。公孙瓒手下的将领劝谏说，在袁绍大军兵临城下的严峻形势下，将领们无不抱有逃跑离散之心，这些将领们之所以还在坚守，就是因为他们还顾念老婆孩子都在易县，而且依赖您在这里亲自指挥。如果我们继续顽强坚守，拖延时间，或许能让袁绍大军知难而退。如果您率领骑兵精锐出城作战，这里无人作主，易县可能很快就会失守。公孙瓒认为部将所言有理，就放弃了出城袭击冀州府的念头，继续指挥军队严防死守。袁绍大军步步紧逼，公孙瓒疲于应战。

正在危急之时，公孙瓒接到消息，说公孙续请来的黑山援军很快就要到达。公孙瓒派遣使者赶紧给儿子公孙续送信，命令公孙续率领五千名黑山骑兵到易县城北的低洼地带埋伏起来，以点火作为信号，公孙瓒看见火光，就亲自率军出城与其儿子率领的黑山骑兵内外夹击袁绍的围城部队，以重创袁绍主力。这是公孙瓒消灭袁绍大军的一个好计谋，可是公孙瓒派出的使者刚一出城就被袁绍的巡逻兵给捉住了，当然那封信也被截获。于是袁绍将计就计，将自己的一部分兵力埋伏在城北那片低洼地带，并按期点火。公孙瓒以为儿子带领的黑山骑兵已埋伏好，亲自率军出城攻击。袁绍的伏兵发起反攻，公孙瓒伤亡惨重，他率领败兵迅速退回城里固守。袁绍的围城部队开始挖掘地道，一直挖到公孙瓒部队固守的小楼底下，他们用木柱子撑住地道顶部，放火焚烧木柱，上面的小楼轰然倒塌。袁绍用这种办法逐渐攻到公孙瓒及其妻妾所居住的"中京"。公孙瓒预感到末日就要来临，他不愿让自己的家人落入袁绍之手，就把他们一一绞死，然后放火自焚。公孙瓒成为东汉末年起步最早、败亡最早的一个大军阀。

公孙瓒之所以很快就败亡了，至少有以下几点原因：一是公孙瓒想干大事却没有干大事的战略头脑、战略眼光、战略定位和战略方向。正如他自己所言："昔谓天下事可指麾而定。"他认为他把军旗指向哪里，他的军队到达哪里，就能把哪里搞定。他东一榔头、西一棒子，始终没有明确的战略定位和战略方向，始终没有建立起自己的可靠根据地。二是公孙瓒在威县"界桥之战"中骄傲轻敌，遭受重创，这是他由盛到衰的转折点。祸莫大于轻敌，骄兵必败，这是千年古训，也是至理名言。在战场上，谁不相信这一点，谁就会吃亏栽跟头。界桥之战，公孙瓒以三万名士兵出战，麴义以八百名精兵迎战，由于他"意谓就戮如缚尸"，结果被麴义打得"败马号鸣向天悲"。从此，公孙瓒的军队士气受挫，江河日下，日暮途穷。三是公孙瓒小肚鸡肠，"记过忘善"，受到众人的反对和讨伐。公孙瓒未发迹时重情重义、有胆有识，受到人们的赞扬，但他羽毛丰满、兵强马壮之后嫉贤妒能，以为"害虞有功"。特别是逃到幽州牧刘虞那里之后，刘虞不计前嫌，伸出援手，为他提供粮草，帮他渡过难关，可是他记人之过而忘人之善，包括幽州牧刘虞在内的很多人被他所害。这引发了刘虞老下属、老朋友和广大吏民的强烈愤慨，他们联合起来共同袭击公孙瓒，替刘虞报仇，终于将公孙瓒打得节节败退，不得不退到易县固守。四是公孙瓒连续受挫之后，由一个极端转向另一个极端，自己绑架了自己。界桥失利和幽州大败之后，公孙瓒没有分析其接连失败的原因，以便吸取教训，整改失误，奋发图强，以利再战，反而认为"今日视之，非我所决，不如休兵"。公孙瓒在受挫之后，他的思想出现了严重偏执，钻进

"牛角尖"里不出来了。他说:"今吾楼橹千重,食尽此谷,足见天下之事矣。"公孙瓒躲进小楼成一统,与当地人民群众隔离,自绝于世。假如他能够与当地老百姓搞好关系,融为一体,共同开辟和建设可靠的根据地,也许还能活下去。公孙瓒像一只沙漠里的鸵鸟,把头埋进沙子里,自己看不见外面的世界了,以为别人也看不见他了。可是,冀州霸主袁绍容不得公孙瓒那只鸵鸟,所以,他率领大军把公孙瓒清除掉了。五是公孙瓒个人英雄主义思想严重,始终不重视人才引进和培养。他手下既没有足谋多智、运筹帷幄的谋士,也没有能征善战、威震敌胆的将领。他从来都是跟着感觉走,走到哪里算哪里。他带兵打仗不仅没有智取敌人的纪录,反倒有被对手成功智取的记载。即使公孙瓒打了胜仗,也往往是死打硬拼,他从来不搞"投机取巧"那一套。他既不引进,也不培养锻炼武将。袁绍大军全面围攻易京时,公孙瓒派儿子去向黑山军求救,又想自己带领骑兵突围出去,带领黑山军的人马攻击冀州治所邺城,一举端掉袁绍的老窝。应该说,他这个思路很可能扭转军队被围歼的败局。可是,他的长史关靖问公孙瓒:您走了之后谁来指挥留守部队对抗袁绍?一句话提醒了公孙瓒,他从来没有培养和锻炼过副将。以上种种原因,锁定了公孙瓒的败局。

(五)袁绍控制北方四州,成为当时最大的军阀

袁绍消灭了公孙瓒,就完全控制了冀州。然而,这并非他的终极目标。此前,监军、奋威将军沮授给他谋划的第一阶段战略目标是控制北方四州,为此,袁绍抓住机遇,乘机控制了幽州、青州和并州。

1. 任命次子袁熙为幽州刺史,把幽州控制在手

公孙瓒败亡后,袁绍收编了他的败兵。随后,袁绍率军北攻,轻而易举地占领了幽州。建安四年(公元199年),袁绍任命次子袁熙为幽州刺史。当时袁绍在广大吏民中的口碑还不错,所以,没有人站出来阻止他的儿子做幽州刺史。这样,袁绍就把幽州控制起来,并与冀州连成一片。

2. 任命长子袁谭为青州刺史,控制青州

在汉代,青州刺史部所监管的有平原郡(平原国)、济南郡(济南国)、齐国(齐郡)、北海国(北海郡)、乐安国(千乘郡或千乘国)、东莱郡、乐陵郡、长广郡八个郡国,面积相当于今山东大部。青州原刺史焦和病死后,袁绍将广陵郡功曹臧洪任命为青州刺史。后来,袁绍把青州刺史臧洪调到兖州东郡担任太守。公孙瓒乘机把自己的心腹田楷任命为青州刺史。对此,袁绍气愤不已,打算率领军队攻打田楷,重新夺回青州。

建安元年(公元196年),袁绍让屡建战功的长子袁谭出任青州都督。袁谭初到青州时,所掌控的地盘只有原先臧洪打下来的平原一郡,袁谭便以该郡为根据地,向周边郡国发起攻击,攻占了不少土地。于是袁绍将袁谭提拔为青州刺史。这样,公孙瓒所任命的青州刺史田楷与袁绍所任命的青州刺史袁谭就成了死对头。田楷率领军队攻打袁谭,但未能取胜。田楷逃往幽州去找公孙瓒。

初平四年(公元193年),朝廷曾派遣颇有威望的老臣太仆赵岐调解关东各州、郡之间的矛盾。当时,袁绍和曹操联手正在与公孙瓒争夺冀州,袁绍听说赵岐来了,率军到数百里外迎接赵岐。赵

岐见到冀州牧袁绍后，"深陈天子恩德，宜罢兵安人之道"，并留在袁绍营中，"又移书公孙瓒，为言厉害"。公孙瓒便写信给袁绍说：赵太仆以周公、召公之德，奉诏命前来宣示皇恩，劝双方和睦，我"旷若开云见日，何喜如之！"过去贾复与寇恂闹矛盾，他们二人相互危害，幸有光武帝为他们排解纠纷，此后二人消除误会，同车出行，一同拜见天子，为时人所赞美。我公孙瓒身处边郡鄙陋之地，"得与将军共同斯好，此诚将军之眷，而瓒之愿也"。于是，袁绍引军南还，双方暂时停战。袁绍等人又与赵岐约定在洛阳会面，但因赵岐年事已高，在南行到陈留时得了重病，此事也就不了了之。

由于袁绍与公孙瓒的矛盾已根深蒂固，不久，青州刺史袁谭就向东攻击公孙瓒的党羽北海国相孔融。这一仗从春天一直打到夏天，孔融军队伤亡惨重，后孔融逃往太行山以东地区，他的老婆孩子全被袁谭俘获。袁谭拿下北海国之后，又发兵扫荡青州之地的偏僻角落，终于控制了整个青州，之后便据守此地。

3. 任命外甥高干为并州刺史，将并州纳入掌控范围

并州刺史部监管太原、云中、朔方、五原等九郡九十八县。东汉时，该州治所在晋阳城（今山西太原市晋源区）。自从中平六年（公元189年）并州刺史丁原在董卓的利诱下被吕布杀死之后，由于战乱，并州刺史空缺长达十年之久。建安四年（公元199年），袁绍任命高干为并州刺史。

高干，字元才，陈留郡圉县（今河南开封市杞县圉镇）人。他是蜀郡太守高躬的儿子，袁绍的外甥。高干才志弘邈，文武秀出，颇得袁绍喜爱。初平二年（公元191年），袁绍借公孙瓒雄兵造势，

高干等人受袁绍派遣，去忽悠冀州牧韩馥，使韩馥将冀州之地让于袁绍。此后，高干一直在袁绍帐下效力，为袁绍平定冀州出了不少力。高干担任并州刺史后，安排堂弟高柔引进四方游士，得到了一些人才。官渡之战爆发后，高干为袁绍运送粮食和士兵补给，在西线配合袁绍作战。高干在并州经营七年，前期的政绩值得肯定。

袁绍控制了冀、幽、青、并四个州，几乎占全国十三个州的三分之一，成为当时我国北方实力最为强大的军阀。他手下谋士众多，猛将个个如虎，军队不下百万，军事和经济实力达到了顶峰。（《资治通鉴》第六〇卷，《后汉书·吴延史卢赵列传》《后汉书·郑孔荀列传》）。

二、袁术、曹操、吕布的起步之初

永汉元年（公元 189 年）秋，把持朝政大权的董卓废黜汉少帝刘辩为弘农王，立陈留王刘协为汉献帝，使得朝野上下瞋目切齿，愤然不平。袁绍与董卓闹翻后逃往冀州，他同父异母的弟弟袁术惧祸逃往南阳，曹操改名易姓逃往陈留。吕布杀死董卓两个月后，董卓生前属将李傕、郭汜召集旧部，攻入京城，吕布率军抵抗，战败后仅率数百名骑兵，带着董卓的首级冲出武关，来到中原。这些军阀的驰来，在中原大地迅速搅起股股旋风，战鼓雷动，刀光剑影，"洒向人间都是怨"。

（一）袁术起步时运气不错，幸得天下第一大郡

当袁术逃到南阳时，关东多地的英雄豪杰正在起兵，意欲讨

伐董卓。孙策、孙权的父亲长沙太守孙坚和荆州刺史王睿也分别起兵，并联合起来攻打治所在郴县（今湖南郴州市）的桂阳郡以及治所在零陵县（今湖南永州市）的零陵郡。王睿是个自命不凡的人，他认为孙坚是一介武夫，"言颇轻之"；他与武陵太守曹寅也有"不相能"的矛盾，曾扬言"当先杀寅"。曹寅获悉后惊恐不安，于是伪造了一份朝廷公文送给长沙太守孙坚。该"公文"列举了荆州刺史王睿的种种罪恶，命令孙坚将王睿逮捕，行刑之后再将情况上报朝廷。孙坚接到这份"公文"，马上率领军队去袭击王睿。王睿穷迫，"刮金饮之而死"，朝廷任命刘表为荆州刺史。

王睿死后，高举伐董大旗的长沙太守孙坚带领数万人马，到达治所在宛县的南阳郡，并以牛、酒向南阳太守张咨（一作张资）送礼，以期得到他的军粮支援。张咨询问本郡有关官员，答复说："坚邻郡二千石，不应调发。"因此张咨不肯为孙坚提供军粮，但他仍于第二天设宴回谢孙坚。饮酒正酣时，长沙郡主簿以南阳太守张咨办事磨磨唧唧，"道路不治，军资不具"为由，劝说孙坚杀死了张咨，因而"郡中震栗，无求不获"。

袁术到达南阳时，巧遇南阳太守职位空缺，在新任荆州刺史刘表的奏荐下，"术得居其郡"。新任南阳太守袁术对孙坚杀死张咨、腾出位置非常高兴，于是上表朝廷推荐长沙太守孙坚为破虏将军，兼豫州刺史。

南阳郡被称为"南都"，东汉开国皇帝刘秀等，大都是南阳人。该郡辖境相当于今河南熊耳山以南，平顶山市叶县、南阳市内乡县和湖北大洪山以北，随州市代管的应山市、十堰市郧阳区以东的广大地域。包括宛县、新野等三十七个县，是全国第一大郡。应该说，袁术不费吹灰之力就占据了天下第一大郡，使其他军阀羡慕不已。（据《资治通鉴》第五九卷，《三国志吴书·孙破虏讨逆传》《后汉书·刘焉袁术吕布列传》《三国志·魏书·董二袁刘传》）

（二）曹操陈留起兵，荥阳汴水之战出师不利

曹操没有袁绍那么好的运气。永汉元年（公元 189 年），在袁术出奔南阳的同时，曹操"乃变易姓名"，从小路东归，打算逃回老家。当他行至中牟县（今河南郑州市中牟县）时，该县一位亭长疑心他来路不明，就把他抓了起来，押送到县府。此前该县已经收到董卓下达的逮捕曹操的公文，而县府的官吏大都不认识曹操，只有功曹知道亭长送来的那个人就是曹操。功曹心想，当地人都知道曹家出大官，曹操也是一位有名气的人物。当前天下大乱，你争我夺，不应该拘捕像曹操这样的英雄豪杰，所以，他向县令建议，将曹操释放。曹操被释放之后，因陈留郡太守张邈与曹操、袁绍都是故友，所以曹操径直去了陈留郡，受到了该郡太守张邈的热情接待。曹操"散家财，合义兵"，将家产变卖之后，购置了一些兵器等，并在张邈的支持和卫兹①的帮助下，招募了五千名兵卒，拉起了自己的一支队伍，史称"陈留起兵"。初平元年（公元 190 年），包括曹操在内的关东各路诸侯在酸枣会盟，成立了讨伐董卓的联盟军，大家都把军队带去了。可是，各路诸侯都在口头上高喊讨伐董

---

① 字子许，陈留襄邑人，曹操到陈留时，卫兹为陈留孝廉。卫兹认为："平天下者，必此人也。"曹操也多次拜访卫兹，一起共议起兵大事。卫兹以家资助曹操起兵。

卓,而实际上"诸军皆畏其强",不敢领兵出战,尤其是盟主袁绍既不带头出兵讨伐,也不安排部署进击任务。对此,曹操非常着急,他对各路诸侯说,我们兴起义兵,搞横向联合,目的就是诛除暴乱。而今联军已经形成,诸位还有什么可迟疑的呢?如果董卓打着皇帝旗号向东进军,尽管他凶残霸道,但他肯定会被我们联军打败。现在董卓又强行迁都,举国震惊,吏民怨恨,这正是我们消灭董卓的大好机遇,只要大家齐心协力,共同攻打董卓,一战就可以平定天下。此时的曹操兵微势寡,没人拿他当个人物,他的话没有号召力,无人听从。于是,曹操打算就带领自己从陈留郡新招募的五千人向西进发去找董卓军队交战。当时,陈留郡太守张邈和济北国相鲍信力挺曹操。张邈拨出部分兵力,由孝廉卫兹率领,与鲍信及其弟弟鲍韬一起,跟随曹操出战。曹操和卫兹、鲍信等率领临时联合起来的部队挺进到汴水(今郑州荥阳市西南)时,遭到了董卓的名将、玄菟郡(今辽宁沈阳市东)人徐荣的伏击,双方展开激战。由于徐荣兵多,且军队训练有素,而联军兵少,且大都是新兵,缺乏实战经验,结果联军大败,鲍信负伤,卫兹、鲍韬阵亡,曹操也被流箭射中,所骑的战马受了重伤。曹操的堂弟曹洪把马让给他,曹操不肯接受,曹洪着急地说:天下可以没有曹洪,但不可以没有曹操!曹操这才上马,带领败兵退回了酸枣。徐荣虽然打赢了"汴水之战",但他认识到,关东军队虽然被打败了,但作战十分顽强,激战了一整天才败退。他认为酸枣的联盟军并不容易对付,于是"亦引军还"。

曹操组建军队后第一次拉出去作战就吃了败仗,窝了一肚子气。他回到酸枣之后，见联军中其他各路军阀所率领的军队总数达十万余人，整天大吃大喝，混天度日，他发火说：我们号称义兵，可是大家都前怕狼后怕虎，一直裹足不前，让天下老百姓失望，这叫什么义兵？我为你们这种行为感到羞耻！各路军阀都认为曹操吃了败仗，说几句难听话撒撒气罢了，没有人理会他。接着，曹操撇开盟主袁绍，给各路诸侯安排起"活"来，他说：如果你们能够听从我的谋划，就请袁绍率领河内各军进逼孟津，而驻扎酸枣的各位将领则居守成皋（今河南郑州荥阳市汜水镇），占领敖仓①，封锁轘辕（今河南洛阳市偃师东南）、太谷（今山西晋中市太古区），控制全部险要地带；请袁术率领南阳军队进驻丹水（今河南焦作沁阳市北部）、析县（今河南南阳市西峡县境内），寻机进攻武关，以威胁"三辅"。各部队都要高筑营垒，坚守不战，多置疑兵，以显示出天下大军汇集之势，然后大张旗鼓地讨伐叛逆，这样就可以很快平定局势。但缺乏大局意识和团结协作观念的军阀们都不买他的账。

"汴水之战"前，陈留太守张邈力挺曹操并派出将士跟随他作战，但在与董卓部将徐荣交战中损兵折将，因此，张邈对曹操也不像上回那样力挺了，他也表示反对。这样，大家都拒绝采纳曹操的意见，甚至还有人私下嘲笑曹操吃了败仗。曹操在联军中没有号召力，于是，就与军司马夏侯惇、堂弟曹洪等去扬州招募新兵。由于

---

① 古代重要粮食仓库。在今河南郑州荥阳东北敖山，中原地区的漕粮由此可输往关中和北方地区。

"扬州刺史陈温素与洪善"，曹洪带领家兵千余人，在陈温刺史的亲自陪同下去招募新兵，募得庐江上等兵两千人，东到丹阳，又募得数千人。曹洪带着这支队伍，与曹操在龙亢（今安徽蚌埠市怀远县西北七十五里龙亢镇）会师。曹操已经知道张邈的政治态度发生了转变，也不愿意回到陈留郡了。于是，他带领着这批新兵和"汴水之战"中剩下的那些老兵一并去往治所在怀县的河内郡，并在那里小驻。（据《资治通鉴》第五九卷，《三国志·魏书·武帝纪》）

（三）吕布逃出长安后四处流浪，各路军阀谁也不肯收留

初平三年（公元192年），吕布被李傕等人打败之后，就带领数百名骑兵从长安逃出，去往南阳投奔袁术。开始袁术非常热情地接见了吕布，并将他视为上宾，好吃好喝好招待。吕布一点儿也不客气，他认为董卓屠杀了袁家五十多口人，他将董卓杀死，自然是袁家的大恩人。因此，吕布居功自傲，放纵士兵在南阳抢掠，袁术对此非常不满。袁术手下将领屡次向吕布提出抗议，吕布心不自安，于是，率军离开袁术去投奔河内郡太守张杨。

张杨（也有记作"张扬"），字雅叔，并州云中郡人。早年因武功高强、果敢勇猛，被并州刺史张懿（一作张壹）任命为掌领兵事的属官武猛从事。灵帝末年，天下大乱，灵帝任命其所宠幸的小黄门蹇硕为上军校尉，统领西园八校尉，戍守京都，并广召天下豪杰做裨将。时任并州牧丁原派遣武猛从事张杨率领部分士兵去投奔蹇硕，蹇硕安排张杨做了代理司马。灵帝去世后，外戚大将军何进诛杀了蹇硕，将他统领的军队收归自己掌管，张杨便随军归附了何

进。何进派遣张杨回老家一带征兵，得千余人，在返回洛阳的途中，张杨听说何进被宦官诛杀，董卓篡夺了朝政大权。于是张杨带着这些士兵驻守上党，打击当地为害一方的强盗。上党太守对张杨长期在自己地盘上开展军事活动予以反对和抵制，张杨不肯屈服，于是在壶关（今山西长治市壶关县）向上党郡兵发起攻击，但未取胜，而后就在周边一些县打游击，队伍很快发展到几千人。

初平元年（公元 190 年），袁绍作为伐董联盟的"盟主"，与河内郡太守王匡屯兵河内。张杨率军投奔了袁绍，袁绍便安排张杨与此前归附的匈奴人於夫罗驻扎在漳水（南运河一支流，在今山西东南部与河北南部边境汇合后称为漳水）一带。

於夫罗是东汉末年南匈奴单于栾提羌渠的儿子。中平四年（公元 187 年），渔阳人张纯与同乡张举及乌桓首领丘力居等人聚众叛乱时，朝廷要求南匈奴出兵，於夫罗作为援军首领领兵援汉。第二年，南匈奴发生政变，於夫罗的父亲栾提羌渠被杀，须卜都侯被立为单于，於夫罗无家可归，只好率领部众滞留于汉，此后再也没有回去。汉灵帝死后，於夫罗乘黄巾起义混乱之时，与白波军[1]合兵攻击河内、太原两郡。初平元年（公元 190 年），中原地区各路军阀成立讨伐董卓联盟时，於夫罗和张杨先后投奔了袁绍。

於夫罗看到汉朝内乱不已，势力渐衰，地方诸侯彼此攻伐，都想称霸一方，认为有机可乘，于是公开反叛朝廷，并拉袁绍、张杨

---

① 黄巾军余部的一支。灵帝中平五年（公元 188 年），郭太在位于今山西临汾市襄汾县永固乡的白波谷起兵，故称白波军。该军活动于太原、河东等郡，众至十余万。

等入伙。袁绍、张杨不愿与之为伍，于是於夫罗劫持张杨与他一起出走，袁绍派遣部将麴义追赶到邺城之南，将於夫罗打败。於夫罗带着张杨又逃到了魏郡黎阳县（今河南鹤壁市浚县之东）。在这里，於夫罗打败了度辽将军耿祉，收编了耿祉的部分军队，张杨也获得自由，得以东山再起。朝廷下诏任命张杨为建义将军、河内太守，从此，张杨就成为割据河内的军阀。

吕布投奔张杨时，正赶上李催所控制的朝廷在全国各地发布告示，悬赏捉拿吕布。吕布不敢久留，赶紧从河内出逃，前往冀州投奔袁绍。

袁绍对吕布手下官兵强盗般的抢掠行径心生厌恨，因此对吕布并不热情。吕布见袁绍不欢迎自己，便向袁绍请求去往洛阳。其实吕布并不是想去洛阳，说去洛阳也是权宜之计。袁绍担心吕布离开后对自己心生怨恨，为安抚吕布，便以朝廷的名义任命吕布兼任司隶校尉，将大将军何进生前封给袁绍的职务转让给吕布。袁绍还派遣精壮武士若干人护送吕布去洛阳。在出发之前，袁绍私下交代其武士寻机杀掉吕布。在第一天行军途中，晚上扎营休息时，诡计多端的吕布安排人在他的帐内弹筝，而他却趁着夜色悄悄逃走了。袁绍的武士们趁夜袭击吕布时，才发现吕布早已溜之大吉。第二天早晨，袁绍获知吕布逃走的消息后大为惊恐，下令关闭城门，严加防守。吕布率领百余骑兵又去投奔河内太守张杨，当他路过陈留郡时，拜访了该郡太守张邈。

张邈讲义气、重感情，善与人交往，许多壮士都愿意归附于他。曹操和袁绍都是张邈的朋友。吕布与张邈见面后谈得非常融洽，两人长时间拉手盟誓。张邈之所以向吕布示好，就是因为他认为曹操终究为袁绍所用，将来肯定会替袁绍来谋害自己。所以，此时的张邈便产生了拉拢吕布，以共同对抗袁绍和曹操的"活思想"。

吕布同张邈辞别之后，径直去了河内，再次投奔张杨。由于吕布先后杀死了丁原、董卓两位主子，其"轻狡反覆，唯利是视"的臭名已家喻户晓，各路诸侯谁也不愿意收留这个见利忘义、恩将仇报的"食主猛兽"，只有河内太守张杨看在自己曾在并州担任过武猛从事，吕布也在并州先后担任过骑都尉、主簿，两人早年都在并州为官这层关系上，把吕布留了下来。（据《资治通鉴》第六〇、六一卷，《三国志·魏书·吕布张邈臧洪传》《三国志·魏书·二公孙陶四张传》《三国志·魏书·武帝纪》）

三、曹操打败吕布夺回兖州

在建军创业之初，曹操的政治理念和军事思想都还不够成熟。这一时期他虽然取得了一些胜利，但带有一定的偶然性。有人说曹操是历史上性格复杂、形象多面的人，这正是他早年政治上不成熟的表现。他在为父报仇时，血洗徐州，"割剥元元"，屠杀了许多无辜百姓，还诛杀名士边让、议郎赵彦，又特置发丘中郎将、摸金校尉，"破棺裸尸，掠取金宝"等，这些都引起了人民群众的强烈不满和反对。在军事行动中，他也存在"轻进易退，伤夷折衄"，不得不"彷徨东裔"，丧失立足之地等问题。后来，经过一系列错误决策的"撞击反射"以及大谋士荀彧等人的劝谏和辅佐，曹操逐渐变得成熟起来，尤其是他每次失败之后总能爬起来，并且重整旗

鼓、再接再厉，这种不屈不挠的斗争精神值得肯定。(《三国志·魏书·董二袁刘传》注引《魏略》)

（一）打破黑山军，喜获东郡

"酸枣会盟"之后，曹操率军到达了河内。在军阀联盟中，曹操与袁绍保持了表面上的合作，但真正佩服曹操、与曹操关系好的人是以济北国相身份参加会盟，并跟随曹操参加"汴水之战"的鲍信。鲍信曾对曹操说：袁绍作为联军的盟主，却利用职权专谋私利，我看他定会成为第二个董卓。如果制约他，我们没有实力，只会树敌，不利于自身发展。因此，我建议您暂且可去黄河以南，一边发展势力，一边等待形势的变化。曹操非常赞成鲍信的观点与建议。

初平二年（公元 191 年），兖州东郡发生了战事。东郡位于今河北、山东、河南三省之间，东汉时辖濮阳、东武阳、白马、顿丘、东阿、聊城等十五个县。黑山军首领于毒、眭固、白绕等率领十万大军向东郡发起攻击，兖州刺史刘岱任命的东郡太守王肱因兵少无力应对。于是，曹操从河内移师到丘顿县（今河南濮阳市清丰县西南），进入东郡，与黑山军白绕部战于东郡治所濮阳，将黑山军打得一败涂地，浸微浸灭。因此，联军盟主袁绍便任命曹操为东郡太守。曹操担任东郡太守后，把东郡治所由濮阳城搬到东武阳（今山东聊城市莘县东南）。此时曹操终于有了一块属于自己的根据地。第二年，于毒部攻击东武阳，曹操不与于毒正面交战，而是悄悄引兵进入西部山区，端了于毒的老窝。于毒只好率领部众"弃东武阳撤还"。曹操又率军截击眭固部于内黄县（今河南安阳市内黄县），"大破之"。曹操"破黑山军之战"取得了重大胜利，这是他建军以来的首次大胜仗，不仅打败了敌人，而且还得到了一大块土地，再也不用寄人篱下了。这鼓舞了全军的士气，为曹操以后的发展奠定了基础。（据《资治通鉴》第六〇卷，《三国志·魏书·武帝纪》）

（二）成为兖州刺史，收降三十万黄巾军

初平二年（公元 191 年），青州黄巾军已发展到三十多万人，他们打算与盘踞在太行山一带、以张燕为首领的黑山黄巾军会合，结果被公孙瓒的军队截住，被打得一塌糊涂。黄巾军撤回青州之后，继续祸害当地百姓，危害社会稳定。时任青州刺史臧洪采取多种战术攻打黄巾军，致使黄巾军在青州站不住脚，便跑到兖州地皮上作乱。

兖州刺史刘岱准备出兵攻击黄巾军，而济北国相鲍信却不同意马上迎战，他认为青州的黄巾军人多势众，而兖州地方军队势单力薄，现在出兵抗击黄巾军，无异于以卵击石。鲍信建议让己方士兵休息，同时伺机寻找黄巾军软肋，待敌人疲惫并露出短板时再发动突袭，这样才有获胜的希望。为此，鲍信对刘岱进行了苦口婆心的劝谏。

但兖州刺史刘岱和济北国相鲍信的政治倾向不一致。早先，刘岱支持袁绍，鲍信赞赏曹操。后来，刘岱还与袁绍、公孙瓒和亲。在兵革满道、战乱不止的年代，袁绍派人把他的家眷送到刘岱那里避乱，公孙瓒也派部将范方率军协助刘岱防守。后来公孙瓒与袁绍

发生了严重对立，他曾劝说刘岱断绝与袁绍的来往，公孙瓒又对范方说：假如刘岱不把袁绍的家眷赶走的话，你就率军回来，等我灭了袁绍，就去攻打刘岱。刘岱听到这个消息犯难了，他不知道怎么办才好。这时，别驾王彧告诉刘岱，不如去询问足智多谋的程昱。

程昱，字仲德，兖州东郡东阿（今山东聊城市东阿县）人。本名程立，因梦见自己在泰山捧日，于是更名为程昱。程昱多谋善断，性格刚毅，勇冠贲育（"贲育"指战国时期勇士孟贲和夏育），敢于担当。当初，黄巾军起事时，东阿县丞王度起兵响应，他放火烧掉了县里的仓库。县令看到黄巾军势力强盛、县丞又倒戈相向，害怕被杀，便越城逃走。城中居民听说县令逃跑、县丞叛变的消息后，扶老携幼东逃入山。当时尚在农村老家的程昱命人去侦视王度，发现他虽然得到了空城，但不能屯守。据此，程昱向本县豪杰薛房等人说，现在王度他们虽然得到了县城，却经常不在城里屯居，频繁出城抢掠，这说明他们实力有限，没有多少坚甲利兵，不过是趁乱掳掠财物而已。我们应该趁机占领县城，找到县令，共同坚守。王度必不能长久坚持，到那时再向他发起攻击，定能打败他。薛房等赞同程昱的意见，可是老百姓害怕，不敢相从。于是，程昱趁王度出城抢掠之机，密遣数骑在东山上摇旗呐喊：贼兵已经攻至！而后便下山取城。程昱动员广大吏民乘势跟随入城，又"求得县令，遂共城守"。王度带领部分黄巾军前来攻城，被守城百姓击败。当王度正欲逃走时，程昱率领百姓打开城门追击，王度败走，东阿县城得以保全。兖州刺史刘岱听说程昱颇有组织指挥能力，便征辟他做属吏，但程昱没有应命。

这次刘岱把程昱请来问计。程昱告诉刘岱，如果您放弃袁绍这个近援，而指望公孙瓒做远助，那就等于舍近求远，无济于自己的大事，而且公孙瓒也不是袁绍的对手，最终必为袁绍所擒。如果不思长远之计，将军则必败无疑。刘岱听从了程昱的计策。公孙瓒的属将范方率部退走，他还没有到达公孙瓒大营，公孙瓒就被袁绍灭掉了。因此，刘岱对程昱的战略思维和战略眼光非常欣赏，他上表朝廷，打算提拔程昱为骑都尉。程昱认为刘岱智谋短浅，于是以病为由，谢绝在刘岱手下为官。

刘岱向来认可程昱，而不赞成鲍信，鲍信的话自然不会引起刘岱的重视。

鲍信说：黄巾贼人多势众，所到之处鸡犬不宁，老百姓惶恐不安。我军人少且缺乏战斗意志，如果此时出击，恐怕凶多吉少。据我观察，黄巾军的老婆孩子都随他们出行，他们军中没有粮草辎重，只是靠掠夺来维持生计。我认为，应对他们的上上之策，就是先让我军养精蓄锐，坚守不出，贼众想战不得、想攻不能，等到贼军懈怠之时，我方选拔精锐士卒出其不意对他们发起攻击，可一举将他们打败。刘岱拒绝采纳鲍信的意见，坚持出战，结果被黄巾军打败，刘岱等战死。

刘岱死后，东郡太守曹操的谋士陈宫向曹操献计说，兖州刺史刘岱战死，兖州无主，朝廷尚未委任新的刺史。我想去说服兖州府那些官员，请求他们同意由您来主持兖州事务。将来您可以把兖州作为根据地，进而夺取天下，成就霸业。陈宫出的这个主意，非常合曹操的心意。于是，陈宫专程前往兖州府所在地昌邑去做游说工作。陈宫对兖州别驾、治中从事、济北国相等兖州官员说：目前，天下四分五裂，刘岱刺史为国捐躯，无人主持州政。曹操乃一代英豪，如果迎接他来做刺史，必然能够安抚百姓、稳定全州。破虏将军、济北国相鲍信本来就佩服曹操，并跟随曹操在"汴水之战"中负过伤、流过血，他十二分赞成曹操主政兖州。鲍信主动去做州府其他官员的工作，因此大家一致赞成由曹操来做兖州新主。于是，济北国相鲍信和兖州治中从事万潜等人来到东郡治所东武阳迎接曹操赴任兖州刺史。

当时，黄巾军由于杀死了兖州刺史刘岱，士气正旺，他们活动猖獗，到处搞打砸抢，社会秩序非常混乱，老百姓惊恐不安；而兖州和各郡国官吏情绪低落，忧心忡忡。曹操率军到任之后面临的首要任务就是打败黄巾军，把他们的嚣张气焰压制下去，使广大吏民走出失败的阴影，只有这样，才能把新任兖州刺史的威信树立起来。所以，曹操迅速率领军队从昌邑城出发，去攻打盘踞在东平国寿张县（今山东泰安市东平县西南）的黄巾军。黄巾军人多势众，再加上他们刚刚取得胜利，斗志昂扬，士气旺盛，初次交战，曹操落败，鲍信战死。曹操怀着巨大的悲痛，一面鼓舞士气，另一面连环设计，昼夜不停地与黄巾军交战，杀死杀伤许多敌兵，迫使黄巾军逃离兖州。黄巾军撤走之后，曹操才顾得上寻找鲍信的遗体，可是没有找到。曹操请人雕刻了鲍信的木像，予以安葬。曹操对失去志同道合的鲍信非常悲痛，他在祭奠时放声大哭，兖州吏民为之动容。

朝廷获知刘岱、鲍信先后被黄巾军杀死的消息后，便任命京兆人金尚为兖州刺史。按说金尚这个兖州刺史是正牌的，可金尚刚一进入兖州地界，就被不是正牌的兖州刺史曹操打跑了。于是金尚投奔了袁术。

初平三年（公元 192 年），曹操听说黄巾军三十余万人又进入兖州地界抢掠，他二话没说亲自率军追击，一直将黄巾军追到济北国。黄巾军慑于曹操的威名，全军投降，曹操一下子得到了三十多万降兵和一百多万百姓。曹操从中挑选精锐并入自己的军队，并将他们称为"青州兵"。（据《三国志·魏书·程郭董刘蒋刘传》《三国志·魏书·武帝纪》，《资治通鉴》第六〇卷）

（三）血洗徐州，徐州牧陶谦向田楷、刘备求救

曹操能当上兖州刺史，陈宫功不可没。然而，曹操却忽视了一个重要问题，那就是他没有及时肯定陈宫的功劳，既没有给他提官，也没有给他封爵。

当时，兖州治中从事、陈留人毛玠的聘期已满，他本想到荆州躲避战乱，但走到半路听说荆州牧刘表为政不严，于是放弃原来的打算，改去南阳郡鲁阳县。曹操得知毛玠的情况后，将毛玠予以延聘。毛玠上岗后，主动替曹操谋划战略大局。他向曹操献计说：当前，国家四分五裂，动荡不安，天子流亡在外，百姓流离失所，因无人从事农业生产，官府没有粮食储备，这种局面很难维持长久。袁绍、袁术虽然兵马众多，实力强大，但他们都没有长远谋略，缺乏建立基业的优秀人才。用兵之事，正义者胜，而夺取和巩固政权需要财力支撑。我认为，应当拥戴天子，并以天子的名义命令老百

姓致力于发展农业生产，积蓄军用物资，这样，称王称霸的大业才会成功。曹操认为毛玠的话很有道理，于是就采纳了他的意见，并将毛玠改任为主管考察记录业绩和吏员推荐、选拔和任免，兼参诸曹事务的功曹。在众多属僚中，功曹是一个颇有面子和实权的属吏。在曹操的谋士陈宫看来，毛玠仅献上了几句话就受封功曹，而他陈宫为曹操谋划大事，却没有得到提拔重用，陈宫心里很不平衡。

受毛玠建言的启发，曹操打算打通与朝廷的联系，而河内郡是必经之路。从昌邑出发经河内去长安，这条道路距离最近、最好走。然而，由于军阀割据，如果事先不沟通好，半路上就会遭到扣押。所以曹操派出使者去长安，要先去面见河内太守张杨，请求他准予放行。张杨开始并不答应。他手下的骑都尉董昭劝谏说，从目前形势看，虽然袁绍与曹操结盟，但他们之间的合作不可能长久。曹操虽然实力弱小，但这个人是天下了不起的英雄，凡是有长远眼光的人，都寻机与他结交。而今曹操向我们借路，这是我们与他结交的绝好机会，应该允许曹操的使者通过，将他的奏章上呈朝廷，同时我们还应当上表推荐他，替他说好话。如果事情成功，就可以结下长久的友谊，将来肯定吃不了亏。经董昭这么一说，张杨改变了态度，不仅允许曹操的使者通过河内郡的道路前往长安，而且还上表推荐曹操，为他说了一大堆好话。董昭又替曹操写信给包括李催、郭汜在内的朝中掌权的大臣和将领，向他们示好。

去往长安的路被打通之后，曹操的使者前往朝廷汇报沟通情况，但遭到李催、郭汜的冷遇。李催、郭汜认为，关东各路诸侯欲自立天子，而今曹操虽然派来使者表示效忠，但"非其诚实"，于是打算把使者扣留下来。侍从皇帝左右、给事禁中、关通上下、官秩为六百石的黄门侍郎钟繇劝谏说，现在天下英雄同步崛起，他们都冒用朝廷的名义独断专行，没有人真正拿朝廷当回事，只有曹操心向朝廷。如果朝廷把他的忠心拒之门外，就会使得那些打算效法曹操的人感到失望。李傕和郭汜改变了态度，并"厚加报答"。

后来，河内太守张杨也专门派遣使者带着礼物去见曹操，以示诚意。曹操非常高兴，回赠张杨犬马锦帛。从此，张杨与曹操也有了沟通。由于道路和关节都被打通，曹操与朝廷的联系多了起来，汇报和沟通更为频繁。

毛玠的主意被曹操采纳后取得了一定成效，他因此得到了曹操的充分肯定和提拔重用，而陈宫对曹操由失望转化为气愤。后来，又发生了一件事，使陈宫对曹操的怨恨再度升级，于是他暗下决心，一定要狠狠地整整曹操。那么，究竟发生了什么事，使陈宫发誓要惩罚曹操呢？原来曹操杀死了盖世奇才边让。

边让，字文礼，兖州陈留郡浚仪县（今河南开封市）人。他年幼时就成了孤儿，没有接受什么家庭教育，可是接触诸经后，他便能见本知义，老师都回答不了他所提出的问题。他心通性达，颇有口辩，非礼不说，言必有中。中平六年（公元189年），朝廷任命他到治所在阴陵县（今安徽滁州市定远县西北）的九江郡做太守，可惜他在这个职位上并没有显出才能，干得一般。后来因天下大乱，兵连祸结，边让辞官回到老家赋闲。无官一身轻的边让，看到曹操自领兖州刺史，野心勃勃，杀气腾腾，于是就对曹操产生了看法。边让依仗自己的才气，以辞赋形式讽刺挖苦曹操，说了一些轻慢侮辱的话。边让的一个同乡向曹操告发了此事。早年的曹操军阀习气很浓，"宁我负人，毋人负我"，所以他一气之下命人把边让及其妻子和两个女儿都杀了，"身首被枭悬之诛，妻孥受灰灭之咎"。

陈留郡的一些士人对曹操诛杀名人边让非常气愤，"自是士林愤痛，民怨弥重"。他们认为，曹操在陈留郡筹备建军时，郡太守张邈给了曹操巨大的支持和帮助，曹操变卖家财根本不够建军所需，是当地富豪卫兹倾囊相助，曹操才集结起五千余人的部队。后来卫兹受张邈派遣，带领部分兵马跟随曹操讨伐董卓，并在"汴水之战"中献出自己的生命。而曹操对两位恩人并没有感恩的行为表现。看在老朋友的面子上，张邈虽然没有说什么，但他手下的从事中郎许汜、王楷以及张邈的弟弟广陵郡太守张超等人，对曹操非常厌恶，他们多次聚集在一起策划如何摆脱曹操的控制。对此，曹操的谋士陈宫感同身受，于是他向陈留郡太守张邈建言说，目前天下分崩离析，各地英雄豪杰纷纷崛起，您拥有广阔的疆土和众多的百姓，又处在四方必争的战略要地，足以成为人中豪杰。现在反而受制于人，不是太窝囊了吗！我们可以利用曹操率军出征、兖州之地内部空虚的机会，把吕布引进来。吕布能征善战，如果他与我们一起主持兖州政务，我们一方面经营兖州，一方面观察天下大势，等有利形势出现时我们出手一战，就会赢得战略主动，永远立于不败之地。张邈觉得陈宫的话很有道理，于是采纳了他的意见。

自从曹操补充了三十万青州兵之后，他的军事实力大幅提升。在兖州地盘尚未完全巩固的情况下，曹操就欲亲率大军去攻打徐州牧陶谦。曹操之所以这么着急，是因为陶谦与他有深仇大恨：在曹操与袁术"匡亭之战"时，陶谦偷袭了兖州；更重要的是，曹操的父亲曹嵩和弟弟曹德（又作曹疾）等一家人带着一百余车辎重从琅邪（今山东临沂市）出发去兖州投奔曹操时[1]，途中被徐州牧陶谦手下一位将领截杀，全部辎重被抢。

陶谦，字恭祖，丹阳郡（今安徽宣城市）人。他少时丧父，自己对学习抓得很紧，考上了"诸生"。初在郡州为吏，被举荐为茂才，后被朝廷破格任命为尚书郎，侍奉皇帝左右。后来陶谦又先后担任过两个县的县令，升任为幽州刺史。不久，调回朝廷担任职掌顾问应对、参与议政、指陈得失的议郎。初平四年（公元 193 年），陶谦与一些郡太守、封国相联合签署文书，共同推举车骑将军朱俊为太师，并以公文形式通知各州牧、刺史，倡导各路诸侯共同讨伐李傕等人，并迎接献帝返回洛阳。此时正赶上朝廷征召朱俊入京，朱俊谢绝陶谦的提议，立即到朝廷报到，被任命为掌舆马等事的太仆。陶谦的攻略计划泡汤。同年夏，徐州治中从事王朗和别驾从事赵昱向陶谦建议说：要想得到各路诸侯的信任和拥护，最好的策略莫过于尊奉汉献帝。目前献帝流亡在长安，应该派遣使者代表您去进贡，拜见和看望一下献帝。于是，陶谦以赵昱为使者，携带呈给献帝的奏章和贡品到达长安。献帝被陶谦的忠心所感动，于是任命陶谦为安东将军，赐封溧阳侯，兼任徐州牧；任命赵昱为广陵郡太

---

[1] 当年，曹操在陈留起兵，其父曹嵩不肯相随，便带着少子曹德到琅邪避祸。初平四年（公元 193 年），曹操在兖州时，曹嵩和少子曹德去投奔曹操。

守，王朗为会稽郡太守。当时，徐州百姓相对比较富裕，吃穿不愁，四方"流民多归之"。在这种情况下，陶谦滋长了骄傲自大和窃时肆暴作风，他疏远忠诚正直的名士，听信奸佞小人的谗言，一些善良的官吏被他所害，政事和刑罚开始出现混乱，军队抢掠和农民起义事件时有发生。

曹操率领大军讨伐陶谦，踏入徐州地界后，便施行了大屠杀和大破坏，他把沿途的琅邪、东海砸了个稀巴烂，又一鼓作气拿下了十几个城邑。在彭城，曹操与陶谦的军队展开大战，陶谦战败，率领残兵败将逃回州府所在地郯县。陶谦失去抵抗力后，曹操"坑杀男女数十万口于泗水，水为不流"。随后，曹操率军围攻郯县，未能攻破，于是他率军离开，又先后攻取了夏丘县（今安徽宿州市泗县境内）、睢陵县（今江苏徐州市睢宁县境内）、虑县（今山东临沂市沂水县西），所过之处"皆屠之，鸡犬亦尽，墟邑无复行人"。正如曹操在《蒿里行》一诗中所言："铠甲生虮虱，万姓以死亡。白骨露于野，千里无鸡鸣。"

徐州牧陶谦无奈，只好把州治所从郯县迁往下邳县（今江苏徐州市睢宁县境内）。遭到曹操沉重打击的陶谦于兴平元年（公元194年）初向公孙瓒所任命的青州刺史田楷求救。田楷与平原国相刘备率领军队前往徐州救援。

看到这里，有人可能要问，刘备怎么跑到平原国去做国相了呢？要把这件事说清楚，还需要拐个小弯。

刘备，字玄德，涿郡涿县（今河北保定涿州市林家屯乡）人。他是汉景帝之子中山靖王刘胜之后。刘备的祖父刘雄、父亲刘弘，均在州郡为官。刘备少年时，父亲刘弘就去世了，他与母亲靠"贩履织席为业"。其家院子的"东南角篱上有桑树生高五丈余，遥望见童童（茂盛貌）如小车盖，往来者皆怪此树非凡"。少时，刘备与宗中诸小儿在这棵桑树下玩耍，他戏言说："吾必当乘此羽葆盖车。"叔父刘子敬听见了，批评他说："汝勿妄语，灭吾门也！"刘备十五岁时，母亲让他外出游学，于是他与同族人刘德然、辽西人公孙瓒一道从师于著名大儒、前九江太守、同郡人卢植。刘德然的父亲刘元起常常资助刘备，并将刘备与儿子刘德然一样对待。刘德然的母亲不解，德然父亲说，依我看，刘氏家族中的这个孩子不是等闲之辈。公孙瓒与刘备相处很好，因公孙瓒年长，刘备就以兄长之礼对待他。刘备不太喜欢读书，反倒嗜好骑马、玩狗、听音乐等，他"身长七尺五寸，垂手下膝，顾自见其耳。少语言，善下人，喜怒不形于色"。刘备还喜欢结交豪侠之士，不少青少年都愿意依附于他。当时，中山富商苏双、张世平等以贩马为业，经常往返于涿郡一带，见刘备相貌和举止不凡，便认为他有发展前途，"乃多与之金财"。刘备就用这些钱财招募了一支队伍。黄巾起义爆发后，各州郡纷纷兴起"义兵"，二十四岁的刘备带着他招募的这支队伍，跟随邹靖去征讨黄巾军。刘备在攻打黄巾军的战斗中立有战功，且又在镇压张纯等叛乱中表现突出，因此被任命到安喜县（今河北定州市境内）做县尉，主要职责是协助县令掌治安捕盗之事。后来，朝廷来了新指示，凡是因军功被提拔为官的人，待精选之后，再将剩下的人予以淘汰。代表中山国国相督察县乡、宣达政令的督邮打算将刘备辞退。后来督邮因公事到安喜县，县尉刘备获知后请求见面，督邮以有病不舒服为由予以拒绝。刘备非常生气，就把督邮捆绑起来痛杖二百下，并将印绶解下来套在他的脖子上，把他绑在拴马桩上，而后弃官而逃。当时，正赶上外戚大将军何进派遣都尉毋丘毅前往今丹阳湖一带招募新兵，刘备便与同行之人再次参军入伍，到下邳时遇上起义军闹事，刘备奉命前往镇压，因力战有功，被任命到下密县（今山东潍坊昌邑市境内）做县丞，不久他放弃了这一官职。随后又被任命为高唐县（今山东聊城市高唐县）县尉，不久升任为该县县令。后来，高唐县城被黄巾军攻破，刘备失去了立足之地，就投奔了时任中郎将的老同学公孙瓒。公孙瓒上疏朝廷举荐刘备为别部司马，协助青州刺史田楷抵御冀州牧袁绍。刘备因多次立下战功，被任命为代理平原县令，随后升任为职如郡太守的平原国（治所在平原县，即今山东德州市平原县西南）国相。以前，刘备与河东郡解县（今山西运城市盐湖区解州镇）人关羽、涿郡（今河北保定涿州市）人张飞交情深厚，情同手足。当上平原国国相后，刘备便任命他们二人为别部司马，各自统领一支小部队。在公开场合，关羽和张飞都站在刘备身边护卫。常山真定（今河北石家庄市正定县）人赵云率领其部众前去投奔公孙瓒，公孙瓒问他：听说你们冀州人都愿意归附袁绍，你怎么来投奔我呢？赵云回答说：天下大乱，不知道谁将成为救世主。百姓遭受的祸害，就像被倒吊起来一样痛苦。我们冀州的百姓向往仁政，并非轻视袁绍而亲附将军。刘备见到赵云后，认为他胆识过人，于是就用心与他结交。后来赵云就随同刘备到了平原国，为刘备统领军队，成为他的属将。袁绍进攻公孙瓒时，刘备与田楷驻军齐地（今山东泰山以北黄河流域及胶东半岛地区）。曹操征讨和血洗徐州时，徐州牧陶谦派遣使者向田楷求援，田楷与刘备一起发兵援救。

田楷和刘备率军抵达徐州后，徐州牧陶谦非常高兴。当时，刘备自有兵卒一千多人，再加上幽州乌丸等一些少数民族骑兵，以及从饥民中临时抓来的数千名年轻人，其军力是比较弱小的。这次救援陶谦，刘备把全部家底儿都带来了，陶谦为刘备的行为所感动，于是调拨给他四千名以骁勇善战而闻名的"丹阳兵"。刘备大喜过望，向陶谦坚定地表示，既然您如此信任我，我就不再回平原了。从此，刘备脱离田楷，投奔陶谦。陶谦上表朝廷推荐刘备担任豫州刺史。这件事成为刘备与陶谦合作的感情基础，也是陶谦病重时嘱咐身边近臣要将徐州托付给刘备的重要原因。根据陶谦的安排，刘备率军驻扎在沛县（东汉时属沛国，今江苏徐州市沛县），以抵御曹操的攻击。

曹操见陶谦搬来救兵，正好自己军中粮草已经耗尽，欲率领大军从徐州撤回。在即将离开时，又"击破刘备于郯东"（郯县以东，今山东临沂市郯城县境内）。陶谦害怕，打算逃往老家丹阳郡丹阳县（今安徽马鞍山市当涂县东北苏皖边界上的丹阳镇）。就在此时，发生了陈留太守张邈和陈宫等"叛曹迎吕"事件，曹操分身乏术，"乃引军还"。（据《资治通鉴》第六〇至六一卷，《后汉书·文苑列传下》《三国志·魏书·武帝纪》《后汉书·宦者列传》《后汉书·刘虞公孙瓚陶谦列传》《三国志·魏书·二公孙陶四张传》《三国志·蜀书·先主传》）

（四）陈宫、张邈密谋引吕布入兖州

在曹操率军攻打徐州之前，他安排军司马荀彧和寿张县县令程昱二人留守济阴郡鄄城（今山东菏泽市鄄城县北）。可能有人会问，以前兖州刺史刘岱曾上表举荐程昱为骑都尉，而程昱却以有病为由推辞不受，他不是不愿意当官吗，怎么又成了寿张县令了呢？

其实，程昱不是不愿意当官，而是不愿意在刘岱手下为官。曹操成为兖州刺史后辟召程昱，程昱一口答应。程昱刚到曹操麾下时，曹操同他探讨国家大事，知道程昱颇有思想和见解，非常高兴，于是任命他为寿张县令。曹操在出兵徐州之前让荀彧、程昱守卫鄄城，足见他对鄄城的高度重视和对荀彧、程昱的充分信任。曹操担任兖州刺史后不久，将州治所由昌邑迁到了鄄城。鄄城是曹操兖州根据地的核心，其战略地位非常重要，该城位于今山东西南部，北和西两面跨黄河，与今河南毗邻，为兵家必争之地。战国时期著名军事家孙膑就出生在鄄城。鄄城人自古就以尚武和豪爽侠义而闻名。同时，曹操还安排陈宫留守东郡。东郡是曹操建军以来的第一块根据地，它辖县较多，横跨今冀、鲁、豫三省，农业和畜牧业发达，是一块很好的军需供应基地。曹操在出兵之前叮嘱他们，一定要把鄄城、东郡保卫好。

然而，对曹操心生恨意的陈宫认为这是报复曹操的绝佳时机，于是他与陈留太守张邈、张邈之弟广陵太守张超、从事中郎许汜、王楷等同谋叛乱，秘密把暂时在河内郡屯驻的吕布引入兖州，扶他担任兖州牧。吕布领兵到达后，陈留郡太守张邈立即派遣心腹刘翊告诉留守在鄄城的司马荀彧，吕将军是来帮助曹操攻打陶谦的，你应该迅速为他提供军粮。荀彧这个人不好糊弄，他思维缜密，看人看事颇有穿透力，具有很强的分析、判断和预测能力。他从张邈的心腹刘翊要求立即供应吕布军粮这件事推断，陈留太守张邈等已经背叛曹操，投奔了吕布。于是荀彧一方面部署留守鄄城的军队，加强战备，另一方面派遣使者火速奔赴濮阳，通知东郡太守夏侯惇率军前来支援。

夏侯惇原为曹操的军司马，领兵屯驻在白马县城（今河南安阳市滑县之东十公里），不久升任为折冲校尉。曹操担任兖州刺史后，夏侯惇代替曹操兼任了东郡太守。曹操征伐陶谦之前，在安排陈宫守卫东郡的同时，还安排夏侯惇守好东郡旧治所濮阳。夏侯惇知道曹操的家眷都在鄄城，他一接到通知，就立即率领军队轻装前往，正好与吕布的军队相遇，双方交战。吕布的军队撤退，并趁机突袭濮阳，濮阳失陷，吕布获得了夏侯惇的全部军用物资。

当时，曹操几乎把所有的军队都带走攻打陶谦，留守的兵马少得可怜，而且绝大多数守将和官吏在张邈、陈宫的鼓动下背叛了曹操而归附吕布。夏侯惇赶到之后，当天夜里斩杀了几十个参与张邈、陈宫阴谋叛乱的官吏，才使局势稳定下来。

豫州刺史郭贡听说吕布率军攻占兖州，且知道曹操已率领主力部队攻打徐州，担心曹操留在兖州的军队打不过吕布，于是率领数万大军前去支援，到达鄄城城下。当时，豫州刺史有两人，除了朝廷任命的豫州刺史郭贡外，还有徐州牧陶谦任命的豫州刺史刘备。可是刘备并未赴任，豫州的资源都掌握在郭贡手里。郭贡的援军一到，鄄城城内谣言四起，说郭贡是与吕布合谋来抢占鄄城的。留守鄄城的别部司马荀彧和寿张县令程昱心里也有些发慌。荀彧打算出城去见郭贡。夏侯惇劝阻说，出城有危险，千万不能去。荀彧说，如果我们一开始就对郭贡起疑心，那么他很可能一气之下投奔了敌人。说完，荀彧立即出城与郭贡见面。两人见面之后沟通了情况，交换了意见。荀彧对郭贡在危难时刻伸出援手表示感谢，郭贡见荀彧面无惧色，防守坚固，便率领大军放心离去。

在曹操攻打徐州的这段时间里，除了兖州东郡所属的鄄城县、东阿县和范县（今河南濮阳市范县东南）这三座小城之外，兖州其他郡县全都归附了吕布。归降荀彧的人说：目前，陈宫已经制订好了攻取东阿和范县的计划：他亲自率军攻取东阿县，让氾嶷攻取范县。荀彧听到这一消息，深为东阿和范县担忧。于是，他把寿张县令程昱找来谈话：目前兖州绝大多数郡县都已归顺了吕布，陈宫等人正在派遣大军攻城，如果我们不能紧密团结、凝聚民心，那么这三座小城必定会发生动摇。你是东阿县人，且在本县有很高声望，你应该做做东阿县吏民的思想工作，使他们坚定政治立场和斗争意志。只有这样，才能保住东阿。程昱在离开鄄城前往东阿县的途中还拐到范县，拜访了范县县令靳允。程昱对靳允说，听说吕布已经将您的母亲、弟弟和妻子儿女都抓起来了，作为孝子、良兄、慈父，您的心情自然非常沉重。当前，天下大乱，英雄豪杰纷纷崛起，其中必定有一位主宰时代命运、安定天下的领袖，在这个时候，有思想、有智慧、有远见的人应该好好比对、仔细选择，跟对了主人才能兴旺发达，跟错了主人就会身败名裂。陈宫背叛曹操，迎接吕布，而兖州几乎全州响应，绝大多数人认为跟随吕布才有前途。但是，据您观察，吕布究竟是个什么样的人？吕布为人粗暴还刚愎无礼，不过是个勇猛的匹夫。陈宫等人与吕布联合，只是相互利用，不会真心尊奉吕布为主，因此，虽然目前他们兵多，但终究不会成事。而曹操的智慧和谋略盖世无双，您务必守好范县，我去守住东阿，咱们都可以立下大功。程昱一番苦口婆心的劝说，让靳允十分感动，他表示自己定不会有二心。没过几天，正如归降者所提供的情报那样，陈宫命令吕布军中将领氾嶷率军攻打范县，范县县令靳允假装让城，出城与氾嶷谈判，设下伏兵将氾嶷诛杀。陈宫夺取范县的图谋最终没有得逞。

程昱另派一支骑兵部队切断了仓亭津渡口（今山东聊城市阳谷县境内）。陈宫率军来到这里，由于防守严密无法渡河，便拨马而回。程昱进入东阿县城，看到县令枣祗正率领军民在城墙上坚守，非常高兴。

枣祗，颍川阳翟人。其先祖本姓棘，因"棘"字本意为酸枣树，人们还将带刺的草木通称为荆棘，而荆棘丛生最易阻碍前进的道路，所以又借喻为处境艰险或局面纷乱。棘氏后代中的文化人为了避难而改姓枣。早在中平六年（公元 189 年）曹操在陈留起兵时，枣祗就投奔到了他的麾下。曹操担任兖州刺史后，任命枣祗为东阿县令。枣祗上任后致力于劝课农桑、积谷屯粮。他抓农业生产是一把好手，同时还懂军事，组织军民勤修武备，加强平时操练演习，并加固修缮了东阿城的城防工事。当时，袁绍也想得到枣祗，并多次派人礼辟他，但都被枣祗断然拒绝。吕布、陈宫占领兖州后派兵猛攻东阿城，因东阿城墙非常坚固，再加上东阿县武备基础好，枣祗率领军民顽强防守，东阿城始终没有失守。东阿成为日后曹操反攻吕布、重夺兖州的可靠后方和军粮供应基地。

由于荀彧、程昱、靳允、枣祗等一大批忠于曹操的将领和地方官吏的坚守，鄄城、范县和东阿三城最终没有沦陷。曹操从徐州归来，得知这三城完好无损，非常高兴，觉得程昱功不可没。曹操上表朝廷，推荐程昱担任东平国相。东平国属于兖州刺史部的郡级行政区划，治所在无盐（今山东泰安市东平县）。但曹操没有让程昱入驻无盐，而是安排他驻在范县以巩固这块好不容易守住的土地。吕布率军进攻鄄城，未能攻下，就向西移驻濮阳。濮阳离范县只有百里左右，程昱再次承受巨大压力。

曹操这次出兵攻打陶谦，不仅输掉了兖州这块根据地，而且还失去了民心。丢掉兖州不能简单地归结为张邈、陈宫等人的"叛曹迎吕"，因为曹操平时就缺乏与下属的沟通交流，不了解他们的思想动态，尤其是没有及时对张邈、陈宫等人的早期贡献予以肯定和鼓励，致使他们在失望的基础上产生了异谋，最终转化成了负能量。曹操还对所处的环境和人民群众在根据地建设中的作用认识不足，没有同兖州人民打成一片，形成保卫根据地的铜墙铁壁。另外，他以公权来报私仇，屠杀了大量无辜百姓，引起人民群众的强烈愤慨。这些都是他失掉兖州的重要原因。（据《三国志·魏书·任苏杜郑仓传》《三国志·魏书·武帝纪》《三国志·魏书·程郭董刘蒋刘传》，《资治通鉴》第六〇、六一卷）

（五）曹操率军奋力苦战夺回兖州

曹操看到自己的根据地被吕布占领之后，说：吕布一下子得到了兖州这么一大块地盘，却不能占据东平，不去切断亢父（今山东济宁市南二十公里）与泰山之间的通道，没有利用险要地势来对抗我，反而回驻濮阳，从这一点上可以看出，吕布没有战略头脑，他成不了气候。于是，曹操开始向吕布发起反攻，欲将吕布夺去的兖州再夺回来。

然而，夺回兖州的道路并非一帆风顺。吕布的主力部队以骑兵为主，当时驻扎在濮阳一带，其中有一支驻扎在濮阳以西二十公里的地方。兴平元年（公元194年），曹操向吕布发起攻击，首先清理濮阳城外围。曹操发现吕布驻守濮西的部队防御工事简单，进攻阻力相对较小，于是趁夜攻击，很快就将这支部队打跑。但曹军还没来得及回撤，吕布率军从城中杀了出来。吕布一马当先，带头冲锋陷阵，很快就把曹军阵势冲散。曹军聚拢军队迎头反击，双方三面会战，从清晨一直打到太阳偏西，旗鼓相当，互有胜负。曹操招募敢死队，欲突袭敌人阵地，典韦抢先报名应募，出任了敢死队长。

典韦，曹操帐下的名将，陈留己吾（今河南商丘市宁陵县）人。他身材魁伟，力大过人，抱负不凡，节操高尚，一贯行侠好义。早年，兖州陈留郡襄邑刘氏家族与睢阳李永家族结有旧怨。李永曾经在吴郡富春县（今浙江杭州市富阳区）做县长。李氏家族依仗李永的社会地位和财富，经常欺负刘氏。行侠好义的典韦挺身而出，打抱不平，甘愿为弱者刘氏报仇。由于李家宅院戒备森严，典韦不好下手，于是他用车载上鸡、酒，伪装成去李家送礼串门的人。他叫开大门之后，怀揣匕首进入其家，杀死了李永和他的老婆，而后不慌不忙、慢慢悠悠走了出来，步行离去。李永的家宅靠近集市，当天正是赶集之日，整个集市上的人都非常震惊。"追者数百，莫敢近。行四五里，遇其伴，转战得脱。"由此，典韦被英雄豪杰所赏识。当时正值董卓之乱，陈留郡太守张邈征发义兵讨伐，典韦为躲避官府抓捕，便当了义兵，成为司马赵宠军中一卒。军中的牙门旗又高又重，没人能举得动，而典韦用一只手就把它高高举起。赵宠对典韦的力气和勇气惊讶不已。后来，张邈与曹操决裂，并伺机偷袭曹操。典韦转投曹操，被安排在夏侯惇手下当兵，并随夏侯惇四处征战，因数次立功被提拔为军司马。

这次曹操亲自率军在濮阳讨伐吕布，典韦作为敢死队长率领临时应募的几十名敢死队员，身穿双层铠甲，丢掉盾牌，只拿长矛撩戟，冲锋陷阵，奋勇杀敌。此时，西面战情告急，典韦前去抵挡，敌军乱箭齐发，典韦镇定自若，他对队员们说：敌军来到十步之内，便告诉我。一会儿队友说：十步了。典韦又说：五步之内再告诉我。队友畏惧，立即说：敌军来到了！此时，典韦手持十多支小戟，大呼而起，以戟掷敌，所掷者无不应声而倒。经过顽强苦战，日暮之时吕布军众撤退，曹操才得以引军而去。

吕布占领濮阳城有一段时间，这期间，该县的大姓田氏逢迎巴结吕布。在曹军围攻濮阳城期间，田氏按照吕布的意图实施反间计，他打开濮阳城东门，假意向曹军投降，曹操率军入城后，立即命令士卒放火烧掉了东门，以表示决一死战。不料，曹军刚一入城，就遭到吕布伏兵的袭击，曹军顿时被打散，在城中四处奔逃。吕布的骑兵捉住了曹操但不认识他，就问曹操：曹操在哪里？曹操用手一指说：那个骑黄马逃走的人就是！于是，骑兵放开曹操，立即去追骑黄马的人。曹操趁机突围而出。这次曹操率领"青州兵"入城与吕布军队交战，可谓是险象环生。史载："布出兵战，先以骑犯青州兵。青州兵奔，太祖阵乱，驰突火出，坠马，烧左手掌。司马楼异扶太祖上马，遂引去。"在这次战役中，曹操不仅没占上风，而且从火海里冲出后摔下马背，烧伤了左手手掌，司马楼异把他扶上马，他才得以引兵撤回营寨。经过短暂的休整和准备之后，曹操再次率军攻打濮阳。由于兖州发生了干旱和蝗灾，百姓饥馑，曹军与吕布相持一百多天，都因粮草不济各自撤退。曹操回到鄄城，吕布率军回到济阴郡乘氏县（今山东菏泽市牡丹区），被乘氏县人李进击败，后退至山阳郡（今山东菏泽市巨野县东南）。

当时，军粮问题一直困扰着曹操，为节省粮食，曹操就把新招募的吏员和士兵都打发回家了。

粮食匮乏，曹军大量裁员，作为联盟军盟主的袁绍是非常清楚的。按说袁绍应该予以支持。可是，他对曹操与自己合作的诚意心存疑虑。于是，袁绍派遣使者来到东阿，以吕布作乱、担心曹操家人安全为名，劝说曹操把家眷送到邺城。其实袁绍是想让曹操把家眷送过来作人质。曹操因"失兖州，军粮尽，将许之"。其身边的谋臣、寿张县令程昱劝谏说，袁绍意欲吞并天下，但他的智谋不足以支撑他的野心。将军思考一下，您能做他的下属吗？当前兖州虽被吕布占据，但还有三城控制在您的手中，能上战场作战的士兵不下万人，凭您的谋略和武功，再加上荀彧和我们这些人齐心协力为您效力，霸王之业是指日可待的。曹操认真思考后，放弃了送人质的打算，开始夺失地、谋发展了。

为了渡过难关，曹操向袁绍求援。绍哀"乃给兵五千"以支援曹操；另外，曹操安排曹洪负责筹集粮草。曹洪是曹操从弟，颇有名气的将领，为曹操初期创业立下了汗马功劳。这次曹洪又领受了在大灾之年筹集粮草这一艰巨任务，他将兵在前，先据东平、范县，聚粮谷以继军。兴平元年（公元194年）十月，曹操来到东阿县，向东阿县令枣祗了解其能够提供多少军粮。后来，东阿县令枣祗在提供军粮上也作出了重大贡献。

曹操的兵多了，粮草问题也基本得到解决之后，便开始向吕布、张邈、陈宫等发起反攻。曹操讨伐吕布于濮阳，吕布败走。曹操遂据东阿，转击济阴郡、山阳郡、中牟县（今河南郑州市中牟县境内）、阳武县（今河南新乡市原阳县境内）、京县（今河南荥阳市境内）、密县（今河南郑州新密市）等十余县，并全部拿下。

兴平二年（公元195年）冬，朝廷下诏任命曹操为兖州牧。上次曹操担任兖州刺史并非朝廷任命，这回曹操做兖州牧名正言顺。吕布虽是个冒牌兖州牧，但曹操不把他打败，他是绝不会自动离开兖州这块土地的，他依然拼死固守尚未被曹操吃掉的几座城邑。

同年，曹操率军向固守山阳郡钜野县的吕布手下的别驾从事薛兰等发起攻击。吕布获得消息后，亲自率领骑兵部队前去救援，曹军截击吕布的援军，将其击败。曹军向薛兰等发起攻击，斩杀薛兰等。之后，曹操率军驻扎在乘氏县。在这里，曹操产生了一个新的想法：徐州牧陶谦病逝，刘备继任了徐州牧，应率军再次去攻打徐州，收拾刘备，再回过头来收拾吕布。曹操的谋士荀彧劝谏说，我有三点看法供您决策参考。第一，风险大，胜算小。现在徐州那边正在麦收，听到您要攻打他们的消息后，他们一定会把粮食藏匿起来，您的十万大军因抢不到粮食，还没攻下城池，就可能陷入困境。第二，即使您能攻破城池，老百姓也不会顺服您。上次您讨伐陶谦已经给了徐州人最为严厉的惩罚，他们想到亲人被杀的往事，必然会拼死抵抗，即使将士们拼死作战攻下城池，百姓也会寻机作乱。第三，我们已经击败了薛兰等，如果再分兵去攻打陈宫，就会粉碎他西进的图谋，这样我们趁机搞麦收，储存粮食，有了粮食就能一举击败吕布。然后再向南与扬州刺史刘繇结盟，共同讨伐袁术。如果我们放下吕布去攻打徐州，多出兵则留下的守城兵力不足，只能让百姓放弃麦收而守城，这样做麦收就会受到影响，这个时候如果吕布发起进攻，民心就会动摇，已经夺回的城邑还会失去，少出兵则战斗力受到削弱。曹操认为荀彧的分析很有道理，于是放弃了攻打徐州的打算。

吕布没有坐等曹操的进攻，而是与陈宫一起率领一万多人的军队从山阳郡东缗（今山东济宁市金乡县境内）出发，开赴乘氏县攻击曹操。此时，曹操的将士们大都出去收割小麦了，留守营寨的不足千人。营寨的南面有一大片茂密的森林，西面有一条大堤，曹操安排一半士兵埋伏在大堤的后面，另一半士兵布下阵势，暴露在大堤的前面。当吕布的军队逼近时，曹操命令部队挑战引诱，等到双方交战时，伏兵才一跃而起冲杀上前，敌军摸不清曹操究竟埋伏了多少伏兵，扭头便跑，曹军一直追击到吕布的军营才返回营垒。吕布知道曹操诡计多端，不敢夜宿军营，连夜率军逃窜。不久，曹操又率军攻陷定陶，之后又分兵收复周边各县。吕布终于失去了在兖州的立足之地，只好率领残兵败将逃往徐州投奔刘备。

曹操将吕布打出兖州之后，又率军攻打陈留郡太守张邈。当时，张邈一直跟随吕布，留下弟弟张超带着家属驻守在陈留郡雍丘（今河南开封市杞县）。雍丘居三丘之上，扼险居中，为历代军事战略要地。曹军包围雍丘城数月，未能攻下。张邈知道弟弟张超最终抵抗不住，于是前往寿春（今安徽淮南市寿县）向袁术讨救兵，可是中途就被自己的部下杀死了。

张超孤立无援，犹如暴腮之鱼，能依靠的只有老部下、袁绍所任命的东郡太守臧洪了。臧洪听说曹操大军在雍丘将自己的老领导张超团团包围的消息之后，非常着急，他立即集合东郡郡兵，打算前去救援。但听说曹操大军人多势众，便立即向袁绍请求调拨给他部分兵力，而袁绍不肯答应。几个月之后，曹军终将雍丘攻破，"张超自杀，操夷其三族"。至此，曹操将兖州各城全部收入己手。

臧洪听到张超一家被曹操杀害的消息后悲痛欲绝，他对见死不救、冷酷无情的袁绍恨之入骨，并当即宣布与袁绍断绝关系。袁绍气急败坏，出兵将臧洪所在的东武阳城（今山东聊城市莘县十八里铺一带）包围起来，时攻时停，包围了一年之久，未能攻破。后来，袁绍通过臧洪的老乡、"大笔杆子"陈琳给臧洪写信，"为书八条，责以恩义，告喻使降"。臧洪给陈琳回信说，像你这样有才华的人，博通经典，难道会暗于大道，不了解我的志趣吗？袁公待我，大大超过与我同辈的人。当初我受任本官，志在国家，就是为了扫清外寇叛逆，共同拥护王室。谁知本州被侵，郡城陷入困境，我向袁公请求增兵遭到拒绝，我向他辞行却被拘捕，致使我的老领导因此族灭。而今难道可以恢复友谊，严重地污损我的忠孝之名吗？所以我含着眼泪与他诀别。"绍见洪书，知无降意"，于是"增兵急攻"。袁绍大军对东武阳城长期围困，城中粮食耗尽，臧洪知道死期不远，就对下属们说：我为大义而死，死有所值，你们没有必要跟着我一块去死，在城池未破之前，你们带着家小赶紧逃出去吧。臧洪手下的部众表示要与他同生共死。后来没有什么可吃的了，主簿从内厨找出三斗米来，请为臧洪煮些稀粥，臧洪叹道："独食此何为！"他下令煮成清粥，与全体将士共享。后来实在没办法了，臧洪"杀其爱妾以食将士"，而将士们"咸流涕，无能仰视者"。最后，城中"男女七八千人相枕而死，莫有离叛"。

东武阳城终被袁绍攻破，臧洪被生擒。袁绍很喜欢臧洪，打算在他屈服之后，再加以宽恕。袁绍问他：臧洪，你为何要背叛于我？现在服了没有？臧洪饥饿无力，坐在地上，瞪着眼睛回答说："诸袁事汉，四世五公，可谓受恩。今王室衰弱，无扶翼之意，欲因际会，希冀非望，多杀忠良以立奸威。洪亲见呼张陈留为兄，则洪府君亦宜为弟，同共戮力，为国除害，奈何为拥众观人屠灭！惜洪力劣，不能推刃为天下报仇，何谓服乎！"袁绍"见洪辞切，知终不为己用，乃杀之"。

东郡郡丞陈容与臧洪是同县老乡，臧洪被押到刑场后，袁绍特意命令陈容等人在一旁观看。陈容见袁绍要杀死臧洪，上前求情，袁绍不肯答应，并命人把陈容拉出去。陈容大骂，袁绍气急败坏，把陈容也一块杀了。（据《资治通鉴》第六〇、六一卷，《三国志·魏书·二李臧文吕许典二庞阎传》《三国志·魏书·诸夏侯曹传》《三国志·魏书·吕布（张邈）臧洪传》）

四、刘备遭袁术、吕布两面夹击，损失惨重

兖州之地重新回到曹操手中之后，徐州成为军阀们争夺的热门地区。兴平元年（公元 194 年），曹操血洗徐州时，平原相刘备率军增援，陶谦送给他四千名"丹阳兵"，刘备归附了陶谦。陶谦上表朝廷，推荐刘备担任豫州刺史，并驻扎在小沛。当年底，陶谦得了重病，别驾麋竺和典农校尉陈登等一直守候在病榻旁。陶谦对麋竺说：我不行了，"非刘备不能安此州也"。陶谦的意思很明确，就是他死后应当让豫州刺史刘备接任徐州牧。

麋竺，字子仲，东海郡朐县（今江苏连云港市西南一带）人。麋家世代经商，家中雇佣仆役就达上万人，是徐州非常有名的富商。受徐州牧陶谦征辟，麋竺担任了州刺史的佐官，出巡时别乘一车的别驾从事，简称别驾。

陈登，字元龙，下邳淮浦（今江苏淮安市涟水县）人。他是沛相陈珪之子。陈登从小就有济世安民之志，沉深而有大略。他博览群书，学识渊博，二十五岁时被举荐为孝廉，不久就被任命为下邳国东阳（今江苏淮安市盱眙县东南）县长。陈登赏罚严明，为官清廉，注重体察民情和救助弱势群体，养耆育孤，劝农耕桑，百姓非

常信赖他，畏而爱之。当时，"世荒民饥"，徐州牧陶谦将陈登提拔为典农校尉，主管一州农业生产。陈登考察土田之事，凿渠灌溉，开发水利，使徐州各地"缮稻丰积"。

陶谦死后，别驾从事麋竺和典农校尉陈登等州府官员遵照陶谦的遗嘱，专门去小沛①迎请刘备。见面寒暄之后，陈登对刘备说：如今汉朝已经衰危，天下大乱，如果您打算建功立业，这是一个绝好的机会。徐州殷实富庶，人口有一百多万，伏祈您掌管州事。令人意外的是，刘备谦而不受。刘备手头没有多少兵马，他顾虑自己做了徐州牧之后，屯驻寿春的袁术会与他争夺。他回答说："袁公路近在寿春，此君四世五公，海内所归，君可以州与之。"陈登说：袁公路骄横自负，非治乱之主。现在我们打算为您招募十万步兵和骑兵，这样您进可匡扶朝廷、安民济世，建立五霸功业，退可割地称雄，功垂青史。如果您不答应我们的请求，那么请您不用再操心谁主政徐州了。当时，北海国相孔融也在座，孔融说："袁公路岂忧国忘家者邪？冢中枯骨，何足介意。今日之事，百姓与能，天与不取，悔不可追。"在麋竺、陈登、孔融的劝说下，刘备答应了兼任徐州牧之事。

刘备是有福之人，遇到了陶谦这位贵人，开始喜得四千"丹阳兵"，喜得"豫州刺史"，现在又喜得"徐州牧"。这样，他不仅在豫州有话语权，而且在徐州有决定权和占有权。刘备从过去那个四

---

①汉朝沛县的别称。两汉时为沛郡或沛国的属县，郡守、国相治所均设在相县（今安徽淮北市濉溪县西北），故称沛县为小沛（今江苏徐州市沛县）。

处找"市场"的"小本生意人",变成了名副其实的大军阀了。

兴平二年(公元 195 年),吕布率领残兵败将到徐州投奔徐州牧刘备。吕布初次见到刘备,表现得十分恭敬,他对刘备说:我与您同是边疆出身的人,我看到函谷关以东各路诸侯纷纷起兵,大家都是为了讨伐董卓。可是,我杀死董卓之后来到关东,关东将领没有一个愿意接纳我,还要杀我!吕布还把刘备拉到自己的帐中,"坐妇床上,令妇向拜",这不是明摆着欲使"美人计"嘛!吕布还摆下酒宴,请刘备吃喝,并口口声声称刘备为"贤弟"。刘备表面上对吕布很客气,可心里对他非常厌恶。

盘踞寿春的袁术看到刘备捡了徐州牧这颗"风落枣",妒心大起,他决心要进攻徐州,将刘备取而代之。刘备得知袁术率军来犯,迅速派遣属将张飞把守下邳,自己率军守护盱眙(今江苏淮安市盱眙县)和淮阴(江苏淮安市淮阴区)。

下邳是一个藩属国,治所在下邳县。徐州牧陶谦生前为躲避曹操,将徐州治所搬到这里。下邳国辖十七县,地域范围相对较大,经济和佛教文化都很发达。徐州牧陶谦曾任命有名的豪强笮融担任下邳国相,让他负责运输彭城、广陵和下邳的粮食。笮融是汉末的佛教领袖人物之一,对我国佛教事业发展有较大的贡献。陶谦让笮融管粮运,但没设监督机制和纪律约束,所以笮融就用这些公粮和擅自出售的粮钱,大肆兴建佛寺,铸造金铜大佛,招揽信众万余人。每年四月初八释迦牟尼诞生日时,笮融就在下邳举办大型"浴佛会",耗费钱财数以亿计。后来,笮融为搞扩张,先后杀死广陵太守赵昱、豫章太守朱皓和彭城国相薛礼,引起朝廷高度重视。朝廷命扬州刺史刘繇率军攻打笮融，很快将他打败。笮融逃入深山，被山民杀死。之后，徐州牧陶谦任命手下武官曹豹为下邳国相。陶谦死后，刘备继任了徐州牧，下邳国相曹豹作为陶谦的旧部，与驻守下邳的"张飞相失"，两人关系不好。

刘备率军在盱眙、淮阴与袁术的军队相持一个多月，旗鼓相当，各有胜负。在这种形势下，袁术想出了一个主意，他给投奔刘备麾下的吕布写信说，我紧紧咬住刘备一个月有余，使他动弹不得，您可利用这一有利时机去袭击下邳的张飞。袁术许诺会为吕布提供二十万斛大米。吕布素来"轻狡反覆，唯利是视"，哪里经得起诱惑，于是，他率领军队水路并进攻击驻守下邳的张飞。

此时，"下邳守将曹豹反，间迎布"，张飞发觉后将曹豹斩杀。消息传开后，下邳城内大乱，广大老百姓，特别是佛教信众对张飞杀死曹豹很愤怒，他们对张飞部署抵抗袁术军队也不予配合。

统率徐州地方武装精锐"丹阳兵"的中郎将许耽还以为吕布是去增援他们抵御袁术，当吕布的军队来到距离下邳以西四十里时，许耽便派遣一位名叫章诳的司马去迎接吕布。可是章诳冒冒失失，没等吕布探问什么，就把下邳城的军机全都告诉了吕布，他说："张益德与下邳相曹豹共争，益德杀豹，城中大乱，不相信。丹阳兵有千人屯西白门城内，闻将军来东，大小踊跃，如复更生。将军兵向城西门，丹阳军便开门内将军矣。"

"丹阳兵"是徐州牧陶谦留下的军事遗产。陶谦手下没有令敌人闻风丧胆的名将，但有一支骁勇善战的"丹阳兵"。

吕布听到章诳所泄漏的消息后窃喜，催促军队加速行军，当天夜里就到达城下。天亮后，许耽手下的"丹阳兵"果然打开城门，吕布坐在城门楼上指挥，大破张飞，张飞落荒而逃。吕布将刘备的老婆孩子以及部分将领、官员的家眷全部俘获。

刘备听到吕布占领下邳的消息后，非常后悔当初收留吕布。他赶紧率领军队从盱眙、淮阴撤军，回救下邳。由于与袁术的军队对峙一个多月，刘备的士卒产生了极大的心理压力，他们趁这次转战之机纷纷逃跑。对此，刘备非常着急，他跑前跑后，亲自指挥属将和军官聚拢军队，最终又把散乱的军队集合起来。为防止士卒再生叛逃之心，刘备改变策略：不去救援下邳，而是向东攻打广陵，再次与袁术交战。可惜，刘备又被袁术打得一塌糊涂。刘备再次收拾残兵败将，退守海西县（今江苏连云港市灌云县东南）。此时，刘备军中的粮食已经耗尽，其老婆孩子又被吕布抓走，刘备的情绪异常低落；将士们又饿又累，困顿至极，狼狈不堪。这时，著名富商、别驾从事糜竺出手相救，他将自己的妹妹献给刘备做夫人，同时又献上两千奴仆为刘备补充兵员，还拿出许多金银财宝作为刘备的军需。刘备和他的军队这才不至于崩溃。

吕布拿下下邳之后，袁术根本不提为吕布提供军粮的事，吕布非常愤恨，打算与刘备和解；而刘备因自己的军事力量受到重创，暂时无力与吕布对抗，也打算与他议和。吕布又把刘备召来，任命他为豫州刺史，而他本人自称徐州牧，还将俘获的刘备家眷及其他将领的家眷全部归还。刘备让关羽镇守下邳，自己带着这些家眷回到了小沛。在糜竺的支持下，刘备重新招兵买马，加上原来的败兵，有一万多人。（据《三国志·蜀书·许糜孙简伊秦传》《三国志·魏书·吕布张邈臧洪传》《资治通鉴》第六一、六二卷,《后汉书·刘虞公孙瓒陶谦列传》《三国志·蜀书·先主传》,王粲《英雄记》)

五、孙策初辟江东土

孙吴政权的创建起步于老一代军阀孙坚。自从中平元年(公元184年)孙坚跟随朱儁讨伐黄巾军,到初平三年(公元192年)与刘表交战中被黄祖暗箭射杀,孙坚颇有作为,他骁勇善战的名将之风,对儿子孙策、孙权产生了至关重要的影响。

(一)孙坚"戎马一生不余力",赢得身前身后名

孙坚出生于汉桓帝永寿元年(公元155年)。在中国古代,一位了不起的人物的降生,总会附上神话般的故事,代表着上天的某种预示。史书曾记载说,在孙坚在出生之前,他家祖坟上数有光泽,五色云气,上连于天,绵延数里,附近的人都去观望。孙坚的母亲怀孕时,曾梦见肠子从腹中拖出,环绕吴地阊门。阊门是苏州城八门之一,位于城西北。"阊"是神话传说中的天门;"阊门"的寓意为进出此门的人将会得到天神保佑,日臻强盛。孙母醒来后非常恐惧,就对街坊邻居大嫂、大妈们诉说此梦。她们都说:兴许还是吉兆呢!孙坚出生后,人们发现此婴果然容貌不凡。

1. 孙武之后,沙场成名

孙坚,字文台,吴郡富春人。"盖孙武之后也"。孙坚少年时就在县里做吏员。他行侠仗义,胆识过人。孙坚十七岁那年跟着父亲乘船去钱塘(今浙江杭州市),走到半路碰见胡玉等一群海盗抢

劫了商人财物，正在岸上分赃，路人谁也不敢出面制止。孙坚对父亲说，这帮家伙太疯狂了，请允许我去收拾他们。孙父说，他们这么多人，你能对付得了吗？孙坚见父亲没有阻拦的意思，于是提刀奔向岸边，他一边跑，一边挥手示意作指挥状，好像正在指挥官兵包抄什么。海盗见状，以为官兵要抓捕他们，于是丢弃财物四处逃散。孙坚盯住其中一人穷追不舍，终将此贼追上，并砍下了他的脑袋。从此，孙坚"以骁勇敢为见重于州郡"，并被郡府安排为代理校尉，负责全郡社会治安工作。

熹平元年（公元 172 年），治所在山阴县（今浙江绍兴市）的会稽郡，有一个名叫许昌的人自称"阳明皇帝"，在该郡句章（今浙江宁波余姚市东南一带）与他的儿子许昭一起谋反，他们煽动周边县的几万农民聚集起事。孙坚以郡司马的名义招募勇士千余人，与州郡武装联合讨伐，最终平定了叛乱，抓获许昌、许昭父子，杀死了几千人。时任扬州刺史臧旻将孙坚的功绩呈报朝廷，朝廷任命孙坚为盐渎（今江苏盐城市）县丞。后来，孙坚又被派到盱眙、下邳两个县做县丞。经过三个县丞岗位上的历练，孙坚积累了丰富的基层治理经验，这对其以后的发展打下了良好的基础。

黄巾起义爆发后，朝廷派遣车骑将军皇甫嵩、中郎将朱儁率兵征讨，朱儁上表朝廷，建议任命孙坚为佐军司马，跟随其出征镇压黄巾军，朝廷批准。于是孙坚"与儁并力奋击，所向无前"。一次，孙坚乘胜深入敌阵，于西华（今河南周口市西华县之南）失利。孙坚"被创堕马，卧草中"，由于军众分散，谁也不知道孙坚在哪里。此时，孙坚"所骑骢马驰还营，踏地呼鸣，将士随马于草中得坚"。

孙坚还营后十几天，"创少愈，乃复出战"。朱儁将孙坚在战场上的英勇事迹上报朝廷，朝廷提拔孙坚为别部司马。

中平三年（公元186年），朝廷派司空张温代行车骑将军职权，西征讨伐边章、韩遂叛乱。张温上表朝廷，请求派孙坚为参军。朝廷批准后，孙坚与大部队一起屯守长安，整装待发。张温以皇帝诏书召见随军出征的破虏将军董卓，而董卓对讨伐边章、韩遂心有抵触，过了很久才晃晃悠悠到来。张温批评董卓，董卓回话也很不客气。孙坚当时也在场，他走向前对张温耳语说：董卓本来有罪，反而口出狂言，应该依照军法处死。张温说：董卓在陇、蜀一带颇有名气，现在杀了他，西进讨伐就没有依靠了。对此，孙坚不以为然，他向张温指陈董卓的三大罪状：一是"明公亲率王兵，威震天下，何赖于卓？观卓所言，不假明公，轻上无礼"。二是"章、遂跋扈经年，当以时进讨，而卓云未可，沮军疑众"。三是"卓受任无功，应召稽留，而轩昂自高"。孙坚接着说：古代名将带兵临阵，无不果断地处斩违犯军纪者，以显扬军威，而您却对董卓留情，这必然有损于军威。不管孙坚怎么劝，张温就是不忍心执行军法，还让孙坚避嫌离开。孙坚愤而离去。

边章、韩遂听说张温要率领大军来袭，其党徒纷纷离散，很多人请求投降。张温听说叛军纷飞鸟散，便率领军队返回京师。朝廷要赏赐将领，但很多大臣认为，军队并未与敌军交战，没有理由赏赐他们。可当大臣们听说孙坚曾指陈董卓三大罪状，并力劝张温按军法处死董卓时，他们纷纷对孙坚表示赞赏。在大臣们的共同建议下，孙坚被提拔为秩比六百石的议郎，职掌顾问应对、参与议政、指陈得失，成为皇帝近臣。

后来，长沙农民起义领袖区星自称"将军"，聚众万余人，围攻长沙郡治所临湘县（今湖南长沙市），朝廷决定任命孙坚为长沙太守，进行镇压。孙坚到任后亲率将士，广施方略，不到一个月就攻破区星等人，使当地社会恢复了稳定。区星在长沙发动起义时，周朝、郭石也在零陵、桂阳两郡举兵起事，以响应区星。孙坚认为，如果不把这些叛乱集团镇压下去，那么长沙郡的盗贼团伙很有可能重整旗鼓，再次聚集捣乱，于是孙坚率军越境寻讨，"三郡肃然"。朝廷鉴于孙坚的前后功劳，赐封他为乌程侯。（据《三国志·吴书·孙破虏讨逆传》）

2. 大义起兵，攻打董卓

汉灵帝去世后，董卓擅乱朝政，横恣京城。关东各州郡纷纷兴起义兵，意欲讨伐董卓，孙坚也在讨董前列。他除掉了荆州刺史王睿和南阳太守张咨之后，便率领义兵开赴鲁阳。在鲁阳，孙坚见到了被董卓任命的后将军、被刘表推荐为南阳太守的袁术。袁术让孙坚统领荆、豫两州的部队，从此孙坚就成为袁术麾下的将领。随后，孙坚奉袁术之命，做好讨伐董卓的有关准备。孙坚派长史公仇称以从事的身份，领兵回府督办军粮。公仇称出发前，孙坚在城东门外搭起帐篷，与诸将领一起为他设宴钱行。正在此时，董卓派遣步兵、骑兵数万人突袭孙坚，数十名轻骑兵先锋已到达。孙坚镇定自若，他一边与将士们碰杯饮酒，一边命令部队排好军阵，不得散乱。不一会儿，敌军骑兵逐渐增多，孙坚才不慌不忙地站起身来，指挥大家不紧不慢地进入鲁阳城。入城之后，孙坚才说，刚才情况紧急，我之所以坐在那里没有立即起身，就是担心军队慌乱，一旦乱起来，大家争前恐后、互相拥挤，那就无法入城了。我们没有设防，如果在城外与董卓大军交战，没有城池屏障，那是很危险的。当董卓的军队看到孙坚的军队井然有序地撤回城内，吓得没敢攻城，退军而走。

初平二年（公元 191 年），孙坚移师到河南郡梁县（今河南平顶山汝州市临汝镇一带），不料在这里被董卓的名将徐荣包围。孙坚率军突围，士兵死伤惨重，他只带领少量骑兵突围而出。因孙坚平时常戴红色头巾，此时他把头巾摘下来，让自己的将领祖茂戴上，骑快马引开敌人。董卓的骑兵都去追击祖茂，孙坚等人这才得以逃脱。

孙坚逃出之后，将自己的残兵败将聚集起来，进攻并占领了阳人县（今河北邢台市临西县）。在这里，孙坚严加戒备，休整军队，招募新兵，准备寻机再战，一雪前耻。董卓得知孙坚占领了阳人，立即派遣被称为"凉州大人"的时任东郡太守胡轸和中郎将、都亭侯吕布率领五千兵马去攻击孙坚。可是，胡轸与吕布有矛盾，他们的军令不一、队伍散乱。孙坚针对敌军软肋组织反攻，兵锋所指，所向披靡，很快就将敌军打败，并将敌军都督华雄等人斩首，取得了"阳人大捷"。此时，孙坚的名誉恢复，声望又起，军队士气高昂。有人趁机在袁术面前挑拨说：倘若孙坚占据洛阳，发展势力，您就很难制约他了，如果任其发展，岂不是除一狼，又得一虎吗？

袁术听信挑拨之言，便对孙坚产生了怀疑。他下令切断了孙坚的粮草供应。当时孙坚驻军阳人，距离袁术驻地仅一百多里，孙坚骑马奔驰去见袁术。他以刀划地，生气地对袁术说：我之所以奋不顾身与董卓打仗，并不是为了自己的私利，我同董卓没有什么个人私怨。我只是上为国家讨伐奸贼，下为将军您报被董卓灭族之仇。您竟然听信谗言猜忌我！袁术满面羞愧，无言以对，迅速恢复了对孙坚部的粮草供应。

董卓知道孙坚猛锐冠世、胆略过人，打不败他就改用拉拢。董卓派遣他最宠信的属将李傕前去阳人，与孙坚谈判和亲事宜，又让孙坚"列疏子弟任刺史、郡守者"，并许诺上表用之。

孙坚生气地说：董卓无法无天、大逆不道，荡覆王室，我不灭他三族，不把他的首级展示天下，死不瞑目，岂能与他和亲，岂能让我的子孙在他手下做贪官污吏！

李傕碰了一鼻子灰，灰溜溜地离开阳人。孙坚继续进军，抵达距离都城洛阳九十里的大谷（今河南洛阳偃师市西南一带）。此时，汉献帝已经西迁长安，董卓率领部分军队负责断后。为阻止孙坚进攻洛阳，董卓亲自率军出击，双方在诸皇陵之间展开大战，董卓兵败逃走，屯驻渑池。接着，孙坚乘胜进军洛阳，将守城的董卓属将吕布打跑。孙坚率军入城之后，命令士兵整修和清理皇家宗庙，用猪、牛、羊各一头进行祭祀。孙坚在清理和打扫宫殿与皇陵破砖烂瓦时，在城南甄官署的水井中发现了丢失多年的传国玉玺。他还分兵到新安县（今河南三门峡义马市境内）和渑池县向董卓施加军事威慑，董卓非常畏惧孙坚，他对曾经担任过陕县县令，后为长史的皇族成员刘艾说，关东军阀屡屡失败，都是因为他们害怕我，因此不会有什么出息。只有真豪杰孙坚不知死活，他还挺会用人。应该告诉我们的诸位将领，一定提防孙坚，千万不能麻痹大意！为防范孙坚的进攻，董卓安排中郎将牛辅驻守河东郡安邑（今山西运城市夏县西北）、中郎将段煨驻守华阴、东中郎将董越驻守渑池，其他将领分布在有关各县。董卓安排完之后就回长安了。孙坚在修复历代皇陵之后回到鲁阳。

自从袁术上表朝廷任命孙坚为破虏将军、豫州刺史以来，孙坚对袁术一直心存感激，因此他诚心诚意地为袁术效劳。尽管发生了袁术切断对孙坚军粮供应这一事件，但两人的关系并没有受到影响。袁术安排孙坚攻打董卓，孙坚从来没有向袁术提出过任何条件，立即领兵出战。可是，孙坚还没有回师，袁术的同父异母哥哥袁绍就任命会稽人周昂为豫州刺史，偷袭并占领了孙坚的屯兵地阳城。袁绍这一手把孙坚给整蒙了。孙坚的豫州刺史一职被周昂顶替，阳城根据地被周昂侵占，气得孙坚摇首顿足，长吁短叹，他说：大家都为大义而起兵，目的就是拯救国家，眼看董卓就要被打败了，我们内部却起了矛盾，我该与谁同心勠力呢？袁术命令孙坚去攻打周昂，并派遣公孙瓒的从弟公孙越予以协助。在与周昂交战中，公孙越被周昂军队的流箭射中而死，孙坚将周昂打败，周昂率军溃退。袁术与同父异母哥哥袁绍的矛盾进一步加剧。（据《资治通鉴》第五九、六○卷，《三国志·吴书·孙破虏讨逆传》）

2. 攻打刘表、黄祖，英雄遭难

初平二年（公元 191 年），袁术派孙坚去攻击荆州刺史刘表，刘表派江夏太守黄祖在樊城和邓县的中间地带（今湖北襄阳市樊城区和河南南阳市代管邓州市交界之处）与孙坚交战。

黄祖，江夏郡安陆人。他出身于官宦世家，系原尚书令黄香之后。刘表任荆州刺史后，对名门望族高看一眼，于是就推荐出身于高门大户的黄祖担任江夏郡太守。江夏郡是战略要地，辖境相当于今湖北潜江市、荆门钟祥市、咸宁赤壁市和嘉鱼县以东；武汉市新洲区、黄冈市红安县、蕲春县、黄石市阳新县以西；咸宁市崇阳县、通山县以北；孝感安陆市，河南信阳市及其罗山县、光山县以南的地域。建安初（约公元196年），黄祖担任江夏太守后，将该郡治所迁到夏口城（今湖北武汉市汉口城区）。

孙坚向黄祖发起猛攻，势如破竹，打得黄祖节节败退。孙坚步步紧逼，穷追猛打，黄祖抱头鼠窜，逃之夭夭。孙坚渡过汉水，包围了刘表镇守的南郡襄阳城（今湖北襄阳市）。刘表闭门不战，传令黄祖趁夜偷偷调集士兵，以解襄阳之围。黄祖调兵回来时，孙坚率领部队迎战黄祖，黄祖又被击败，逃入岘山（今湖北襄阳城南四五公里）。孙坚乘胜追击，黄祖命令部将埋伏在竹林丛中，用暗箭将孙坚射死。

孙坚走了，却留下了传家之宝——英雄的精神，留下了传承英雄精神的后代——孙策、孙权、孙翊、孙匡四个儿子，一个女儿（后嫁给刘备）。当时，长子孙策虚岁十七岁，次子孙权十岁，三子孙翊八岁，四子孙匡一岁。

孙坚常年在外面打仗，就把老婆孩子留在寿春。受孙坚的影响，孙策十几岁时就开始结交当地知名人士。舒县（今合肥市庐江县）人周瑜与孙策同岁，二人同属少年早熟的英武豪迈之士，当周瑜听说孙策的名声之后，从一百多里的舒县前往寿春去见孙策，两人一见如故，那份默契注定了他们将携手前行，共度风雨。当时，周瑜劝孙策将家搬到舒县，"策从之"。于是，"瑜乃推道旁大宅予策"，并"升堂拜母"，两家人互通有无，亲如一家。孙策将父亲的棺木送回会稽郡曲阿（今江苏镇江丹阳市），入土为安。办完父亲的丧事后，孙策就去了江都（今江苏扬州市），并在那里居住下来，他"结纳豪俊，有复仇之志"。（据《资治通鉴》第六〇、六一卷，《三国志·吴书·孙破虏讨逆传》《后汉书·刘焉袁术吕布列传》《三国志·魏书·董二袁刘传》）

（二）孙策夺得江东土，如若生尘便扫除

"多难已如此，良朋今是谁？"在江都，孙策结交了一位头脑睿智、秉性正直的朋友，这位朋友的名字叫张纮。良禽择木而栖，贤臣择主而事。从此，张纮竭尽心力辅弼孙策，为他开创基业做出了重要贡献。

张纮，字子纲，广陵（今江苏扬州市广陵区）人。青年时期他在京城游学，入太学府读书，并被举荐为茂才。外戚大将军何进、司空荀爽等都曾征召他担任属官，张纮皆称病不去就职。

张纮没有应从大将军府和司空府的征召，是因为他另有志向。以前，他对爱国将领孙坚非常崇拜，但孙坚不幸早逝，张纮就带着礼物登门看望孙坚的长子孙策。当时孙策正在谋划创业，经过交谈，两人很快成为推心置腹的好朋友。兴平元年（公元194年），孙策把寡母和弟弟、妹妹暂时托付给张纮照管，自己到寿春去见袁术。孙策十分虔诚地对袁术说：我父亲当年讨伐董卓，他老人家与

您在南阳相会，共结盟好。可是，他中途遇难，未能完成功业。我作为他的长子，感念您对家父的旧恩，愿意继续为您效力。袁术表面上对孙坚遇难感到惋惜，但就是不肯交还孙坚原来统率的军队。他说，我已经任命你的舅父吴景做丹阳郡太守、你的堂兄孙贲做都尉，丹阳是出精兵的地方，你可以依靠你的舅舅招募一些新兵。孙策离开袁术以后，把母亲接到曲阿居住，自己依靠舅父吴景在丹阳郡募集兵员数百名。

当时在丹阳郡泾县（今安徽宣城市泾县一带）有一股山越势力，它的头领是被称为"泾县大帅""丹阳宗帅"的祖朗。祖朗见有人征兵，以为是要剿灭他们，于是率领一群山越人向孙策的新兵队伍发动突然袭击，孙策"几至危殆"，差一点被杀。这次被山越偷袭，孙策深感没有一定的军事实力，只会任人欺负，岂能在这乱世建功立业！于是，孙策再次去找袁术，请求他把孙坚原来的兵马调拨给自己，袁术只好将孙坚旧部中的一千余人交还给孙策，并上表推荐孙策担任军中武官。当时，正赶上"太傅马日磾持节安集关东，在寿春以礼辟策，表拜怀义校尉"。从此，怀义校尉孙策手下有了不到两千人的武装，"小本生意"正式开张。

受家庭环境的熏陶，孙策带兵非常老道。他军纪严明，敢抓敢管。一次，有一个骑兵违法犯罪之后逃入袁术大营，隐藏在营区的马厩里，这个骑兵推测孙策不敢到袁术大营里抓他。然而，孙策立即派人把那个骑兵抓住处斩，然后，他拜见袁术表示谢罪。袁术说：我同你一样痛恨士兵违法乱纪，你用不着谢罪，你做得很对！从此，袁术军中士卒再也没人敢不拿"少帅"孙策当回事了。可是，袁术见孙策年少，老是欺骗和捉弄他。袁术许诺让孙策做九江太守，但是后来却任命了他的部将陈纪。不久，袁术准备攻打徐州，要求庐江太守陆康提供三万斛大米，用于军需，陆康严词拒绝。

陆康，字季宁，吴郡吴县（今江苏苏州市）人。他年轻时被推举为茂才，不久被朝廷任命为高成县（今河北沧州市盐山县）县令。由于该县地处偏远，多盐碱地，百姓贫困，社会治安非常混乱。每有新县令上任，都要征发农民加固城墙，只图自己安宁，而不顾百姓死活。陆康到任后，不筑城墙，不征发劳役，在税赋征收上也不搞层层加码，深受百姓欢迎。州郡官府上表朝廷，汇报陆康的政绩。据此，朝廷提拔陆康到武陵郡（治所在临沅县，今湖南常德市）担任太守，后来又调任他到治所在郴县的桂阳郡（今湖南郴州市）做太守。过了一段时间，陆康又被调到治所在高菀县（今山东滨州市邹平县东北苑城）的乐安郡担任太守。在他担任此职期间，在宦官张让、赵忠的唆使下，汉灵帝为修缮南宫玉堂殿，铸造铜人、大钟、天禄和蛤蟆，向全国百姓大幅加征税收。陆康听到这一消息后，第一时间上表劝谏，被宦官诬陷为诽谤主上，罢官返乡。不久，陆康被重新起用为议郎。光和三年（公元 180 年），杂居在江夏郡一带的少数民族联合发动武装起义，且越闹越大，起义队伍很快发展到十万余众，并攻占了四个县，引起了朝廷的高度重视。朝廷任命陆康为庐江太守，让他去"灭火"。陆康临危受命后，坚持打击、安抚两手抓，赏罚分明，击败了起义军首领黄穰等，其残余势力纷纷归降。汉灵帝表彰了陆康的功绩，封他的孙子陆尚为郎中。汉献帝继位后，尽管天下大乱，但陆康仍然冒险派遣孝廉赴朝廷进贡，朝廷加封陆康为忠义将军，官秩达到中两千石，成为"九卿"级别的高官。袁术占据寿春后，向陆康索要三万斛米，具有丰富政治斗争经验的陆康认为，袁术索要这么多米粮，是为了打内战，扩充地盘，于是陆康坚决予以拒绝。

袁术碰了钉子，非常愤怒，便派遣孙策去攻打陆康，并再次许诺说，如果这次你能打败陆康，庐江郡就归你了！年轻的孙策领受任务后就率领部队包围了庐江城。陆康指挥郡兵顽强固守，部队中有休假或外出的，闻讯之后都返回庐江。陆康坚守了近两年，孙策才攻下庐江。可是，袁术又自食其言，任命自己的老部下、青州琅邪人刘勋做了庐江太守。孙策对袁绍深感失望。

袁术一而再，再而三地欺骗孙策，使在孙坚手下担任校尉的朱治看不下去了。他对孙策说，袁术对待下属苛刻，无情无义，且把军务、政务搞得一团糟，你跟着他干等于白干，你应该回到你的故乡江东去，到那里发展自己的事业。朱志的话对孙策触动很大，孙策开始琢磨如何离开袁术、离开寿春的问题。

寿春以前是阜陵藩属国的都城，也是扬州州府所在地。袁术占据寿春后，废掉了藩属国，设立淮南郡，寿春又成为淮南郡的治所。新任扬州刺史刘繇认为，"州旧治寿春，术已据之"，打算把州府设在长江以南。

刘繇，字正礼，东莱牟平（今山东烟台市牟平区）人。刘繇的伯父刘宠官至太尉，兄长刘岱官至兖州刺史。刘繇十九岁那年，强盗将他的叔父刘韪劫走作人质，刘繇凭着胆识和武功将叔父抢了回来，由此声名鹊起，被举荐为孝廉。刘繇初为郎中，不久被任命到下邑县（今安徽宿州市砀山县）做县长。这期间，刘繇因不满上司以权谋私弃官而去。后来，刘繇先被州府征辟为济南丞，后被朝廷征辟为司空掾。刘繇赴任司空掾后不久，又被任命为侍御史，但刘繇没有受命，便去沿淮地区躲避战乱。朝廷知道刘繇在江淮一带，于是下发诏书，任命他为扬州刺史。

当时，扬州辖庐江、丹阳、吴郡、会稽、豫章、庐陵、阜陵国（淮南郡）等十来个郡（国）。孙策的舅父、丹阳太守吴景和孙策的堂哥、丹阳都尉孙贲听说刘繇欲把州府迁到江南的消息后，"迎置曲阿"。刘繇听说袁术曾派孙策去攻打陆康，且孙策将陆康打败这件事之后，便认为吴景、孙贲本为袁术所任命的人，他担心被袁术、孙策兼并，就对吴景、孙贲产生了敌对思想，并把他们二人赶出了丹阳。吴景、孙贲只好退守历阳（今安徽马鞍山市和县）。刘繇又害怕袁术集团实施报复，兴平元年（公元194年），他安排部将樊能、于麋驻守横江，张英驻守当利口。横江系古渡名，位于今安徽马鞍山市和县东南，与马鞍山采石矶隔江相对，为古代长江下游重要津渡；当利口也位于和县东南，是当利浦入江口，长江下游北岸滨江要地。

袁术获知朝廷任命的扬州刺史刘繇将自己任命的丹阳太守吴景、都尉孙贲赶走的消息后，便采取了反制措施，他任命老部下、青州琅邪人惠衢为扬州刺史，吴景为督军中郎将。惠衢受任后，率领军队向张英驻守的当利口发起了攻击，可是，打了一年多也没取胜。

孙策看到这种情况，觉得在袁术手下待下去很没意思，越来越觉得朱志劝他去江东发展的意见是正确的，于是他向袁术请求说：我愿意协助舅父吴景去进攻横江，拿下横江之后，我就回江东老家去招兵买马，我对家乡父老很有感情，在那里我可以集结起三万兵员，用这支军队来辅佐和支持您平定天下。袁术闻听此言，非常高兴，不仅"许之"，而且还向朝廷请封孙策为折冲校尉。

兴平二年（公元195年）冬，折冲校尉孙策率领步兵一千余人、骑兵数十人，由寿春南下，一路招兵买马，到达历阳时，其军队已增加到五六千人。这是孙策最初建军的全部家底，也是他建军之后首次独立出战。孙策的"铁哥们"周瑜倾囊相助，在其叔父、新任丹阳太守周尚的支持下，周瑜率领部分人马，携带大批粮秣来到历阳迎接孙策，于是孙策实力大增。孙策激动地对周瑜说："吾得卿，谐也。"孙策有了一定规模的兵马和粮草，进一步增强了他出战必胜的信心和勇气。

孙策率领他的部队以排山倒海之势、雷霆万钧之力，向樊能驻守的横江和张英驻守的当利一并发起猛烈进攻。袁术的老将惠衢打了一年多都未能拿下横江，二十岁的孙策一举攻破，"樊能、张英败走"。

接着，孙策"渡江转斗，所向皆破，莫敢当其锋者"。老百姓听说孙策将要到达，吓得失魂落魄，一些地方官员弃城出逃，躲进大山里面。孙策率军到来后，老百姓发现"军士奉令，不敢掳掠，鸡犬不惊，一无所犯"，于是，"民乃大悦，竟以牛酒劳军"。孙策既骁勇善战，又治军严明，还能够虚心听取大家的意见和建议，因此，无论是士大夫还是普通百姓，"见者莫不尽心，乐为致死"。

孙策没有直接进攻扬州刺史刘繇的主力，而是攻击他布防相对薄弱的军需仓库牛渚（今安徽马鞍山市西南长江边上的牛渚矶）。孙策没费多大劲就攻破了牛渚，获得大量的粮食和兵器，充实了军需，全军士气高昂，战斗力得到很大提升。而后，孙策采取各个击破的战略，先后攻破了下邳国相笮融驻守的秣陵城南、彭城国相薛礼驻守的秣陵城。拿下秣陵之后，孙策又挥师攻取了刘繇的其他三个重要据点：梅陵（今南京市雨花台区）、湖熟（今南京市江宁区湖熟镇）和江乘（今江苏镇江句容市北）。孙策的攻势犹如狂风之袭、骤雨之击，将曲阿城外的守军全部冲垮，最后直逼刘繇的心脏曲阿。刘繇大败而逃，孙策趁机占领了曲阿。军队进城后，孙策一方面慰劳奖励有功将士，另一方面向曲阿城及其周边各县发布文告，明确宣布凡是刘繇、笮融等人的乡亲、故友和部下，主动前来归降的，一律既往不咎；愿意当兵的，一家只出一人，免除全家的赋税徭役；不愿意当兵的，也不强迫。文告下发后，应募入伍者多达两万余人，获得战马一千多匹。"曲阿之战"对孙氏集团来说，具有开创性战略意义，他们在江东终于有了一块根据地，从此，孙策声名鹊起，声威大震，受到江东父老的拥戴。（据《三国志·吴书·孙破虏讨逆传》《后汉书·郭杜孔张廉王苏羊贾陆列传》《三国志·吴书·张严程阚薛传》《三国志·吴书·刘繇太史慈士燮传》，《资治通鉴》第六一卷）

3

军阀争夺汉献帝　曹操赢得战略先机

自从中平六年（公元 189 年）年仅九岁的刘协被军阀董卓扶上帝位的那一天起，他就成了军阀和权臣手中的香饽饽，被军阀们争来争去、抢来抢去，他们都想把汉献帝刘协控制在自己手中。因为献帝不仅是个政治傀儡，而且还是当时最高权力的象征，谁能把献帝抢到手，就意味着谁能登上中国政治舞台的核心。

一、李傕集团内部勾心斗角，矛盾重重

鹬蚌相争，渔翁得利。董卓被杀后，其原来的部将李傕、郭汜、樊稠等人反攻倒算成功，杀死了在朝廷当家作主的司徒王允。李傕取代王允，控制了汉献帝，掌握了朝政大权。当时，各路豪杰并起，你争我夺，整个国家陷入了一片混乱之中。李傕等人挟天子而令诸侯，已经"令不动"任何人。但他们都觉得自己很了不起，到处夸耀自己的功绩；而在炫耀和卖弄的过程中，又相互贬损、相互拆台，争权夺利，甚至动枪动刀干了起来。此时，有一位智者对他们之间的矛盾和斗争多次进行调解。这位智者就是贾诩。

贾诩，字文和，武威郡姑臧县人。贾诩祖上是西汉长沙王太傅贾谊。贾谊是西汉初年著名的思想家、政论家、战略家和文学家，

143

二十多岁就成了皇帝的高级顾问官。他所著的《过秦论》《治安策》《陈政事疏》《论积贮疏》等，都是脍炙人口的史论。

受贾谊遗传基因和文化传承的影响，后世贾家出了不少人物。贾诩的曾祖父贾秀玉为东汉武威太守，祖父贾衍系兖州刺史，父亲贾龚官至轻骑将军。贾诩少年时并不出名，但他的同乡、曾经做过县令的凉州名士阎忠认为贾诩与众不同，具有张良、陈平那样的智慧。贾诩精通兵法，曾为《吴起兵法》作注，擅长军事谋略。后来贾诩被地方官府推举为孝廉，朝廷任命他为郎官。没多久，贾诩因病辞官，在返乡的途中遇到一群反叛朝廷的氐人（氐人是我国历史上的少数民族之一，曾分布在今陕西、甘肃、四川边区）。当时，与贾诩同行的几十个人都被氐人抓了起来。贾诩对氐人说，我是太尉段颎（段颎早年长期守卫边防，在氐人中颇有威名）的外孙，你们可别活埋我，我家一定会出重金来赎我，如果你们把我埋了，不仅得不到钱财，而且还会引来官军。氐人闻听此言，不仅没有杀他，还与他"交朋友"，并将他护送回家。其实，贾诩并非段颎的外孙，这只是他在情急之下所用的计谋。由此来看，贾诩是一个很有智慧且善于随机应变的人。《三国志》的作者陈寿也评价说："贾诩，庶乎算无遗策，经达权变，其良、平之亚欤！"大意是说，贾诩所谋划的计策，没有任何遗漏和失算，还能根据发展变化的形势灵活变通，其智慧和能力一点儿也不亚于张良和陈平。

中平六年（公元 189 年），董卓进入洛阳后，贾诩以太尉掾的身份担任了平津都尉，后升任讨虏校尉。当时，董卓的女婿、中郎将牛辅屯兵于陕县，贾诩在牛辅的军中担任辅军。

初平三年（公元 192 年），董卓、牛辅先后被杀，部将们担心王允等人会诛杀他们，李傕、郭汜、张济等人认为应该解散队伍，让大家各自返回故乡。辅军贾诩不同意他们这一决策，他说："诸君弃众单行，即一亭长能束君矣。不如率众而西，所在收兵，以攻长安，为董公报仇，幸而事济，奉国家以征天下，若不济，走未后也。"大家都认为贾诩的计策高明。于是，李傕率军西打长安，获得了成功。

一个好的谋略能够改变很多人的命运。贾诩因献策有功被任命为左冯翊，李傕还想为他封侯，贾诩极力推辞不肯接受。李傕又让他担任尚书仆射。贾诩说，这个职位是百官之长，为天下人所瞩目，我素来没有威望，不能使众人信服。即使我被荣誉和利益冲昏了头脑愿意当这个官，但对国家也没有任何好处。于是，李傕将贾诩改任为尚书，主管官员选拔任命之事。贾诩在这个职位上做了很多有利于国家、有利于大局的工作。后因母亲去世，贾诩辞去官职，被授任为掌顾问应对的光禄大夫，官秩为二千石。后来，李傕又任命贾诩为宣义将军。

不久，李傕、郭汜等人因明争暗斗发生矛盾，互相拆台。但不管他们怎么斗，对贾诩既亲近又忌惮。在贾诩的斡旋调和之下，李傕、郭汜集团虽然内部不团结，但表面上保持了和气。后来，马腾又与李傕发生了矛盾，彼此之间的冲突已经到了不可调和的地步。

马腾，扶风茂陵（今陕西咸阳兴平市）人，伏波将军马援的后代。马腾的父亲曾在天水郡兰干县（今甘肃定西市通渭县境内）做县尉，后因失官而留居陇西，娶羌女为妻，生下马腾。马腾青年时期家里贫穷，州郡官府征募勇士时他应征入伍，因被州郡官员看重，被任命为军从事，统领部队，后因征战有功，被提拔为军司马，不久升迁为偏将军。后来，马腾联合韩遂等人，与汉阳人（有说狄道人，也有说金城人）王国合兵，他们共同推举王国为主帅。王国自号"合众将军"，率领叛众寇掠"三辅"，侵逼园陵，后来在陈仓（今陕西宝鸡市陈仓区）被官军击败，被斩首一万余级。马腾、韩遂等人遂废掉王国，胁迫凉州名士、前信都县令、汉阳人阎忠为新主，号"车骑将军"，统领三十六部叛军。阎忠不愿助纣为虐，耻于被叛军劫持，积愤而死。阎忠死后，马腾、韩遂等人相互争权夺势，自相戕贼，"其诸部曲并各分乖"，势力逐渐衰弱。

　　董卓进入长安之后，马腾、韩遂接受董卓的招安。董卓、王允先后被诛，李傕等人把持了朝政大权，任命马腾为征西将军，屯于郿地（今陕西宝鸡市眉县），任命韩遂为镇西将军，遣还金城（今甘肃兰州。一说韩遂、马腾率兵救天子，韩遂屯郿县，马腾屯鄠县）。马腾因私事有求于李傕，但李傕没有给他办，于是马腾恼羞成怒，调集军队，欲攻击李傕。汉献帝曾派遣使者进行劝解，没有成功。韩遂又与马腾纠合在一起，共同向李傕发起进攻。李傕派遣樊稠、郭汜和李利（李傕的侄子）与马腾、韩遂交战，打败了马、韩联军。马腾、韩遂率领败军落荒而逃，樊稠等人率军追到陈仓。韩遂勒住马缰，扭过头来大声向樊稠喊话说：天下之事反覆无常，不可预料，双方相争本不是个人私怨，皆因王家之事。我与足下是同州人，今天虽然有些小摩擦，今后恐怕还会走到一起，所以我想和你谈一谈。于是樊稠、韩遂各自命令手下士兵后退数百步，两个人"骑前接马，交臂相加，共语良久"。交谈之后，樊稠对韩遂等网开一面，韩遂得以率领残部退回凉州。樊稠、郭汜、李利率军回到长安之后，李利向李傕报告说：樊稠与韩遂骑在马上交谈了很久，不知道他们谈了些什么，只看到他们非常亲近。从此，李傕对樊稠有了戒心。朝廷因郭汜、樊稠攻击马腾、韩遂有功，特许他们具有开府置僚的权力，从此他俩与"三公"、李傕并称为"六府"。对此，李傕也心生嫉妒。

兴平二年（公元 195 年），李傕、郭汜、樊稠等人之间的矛盾进一步升级，樊稠准备率军东出函谷关，要求李傕为他增拨兵力。但李傕打算借机除掉樊稠，于是就对樊稠说：咱们开会商量一下。当樊稠一进入会场，李傕便命令其外甥、骑都尉胡封将樊稠杀死，并兼并了他的军队。李傕杀死樊稠后，与郭汜的矛盾也迅速加剧。过去，李傕经常邀请郭汜到家里饮酒交谈，有时还留他过夜。李傕的老婆发现，郭汜同她的侍女混得很熟，经常眉来眼去。为此，李傕的老婆设法阻止郭汜来家里吃喝。一次，郭汜又来家里吃饭，李傕的老婆趁李傕暂离之机，便从饭菜里挑出豆豉给郭汜看，她说：你看，这东西好像是毒药。鸡群里容不下两只公鸡，我实在不明白将军您为什么如此信任我家先生？又有一天，李傕请郭汜喝酒，郭汜因饮酒过量而有醉意，他疑心酒里有毒，便跑到厕所里，以"粪汁饮之"，把吃进去的酒肉全都吐了出来。从此，李傕与郭汜的关系有了裂痕，后来矛盾加深，甚至到了动用军队相互攻击的地步。

汉献帝发现李傕与郭汜之间的矛盾和对立之后，便派遣侍中、尚书先后几次进行劝解，但李、郭二人内持定力，说谁谁不听、劝谁劝不下。郭汜计划将汉献帝劫持到自己的军营，由自己一人控制，但这个计划被李傕获知。于是，李傕抢先行动，他派自己的侄子、掌领兵征伐和奉命出使的副车中郎将李暹率领数千名士兵围住皇宫，并用三辆马车将献帝、皇后等拉往自己的军营，群臣徒步跟在献帝车后出宫。随后，李傕的士兵趁机冲进宫殿，大肆抢劫宫女和御用器物。献帝到达李傕的营垒之后，李傕又将御府仓库里所储藏的金银、绸缎等都搬进自己的大营，而后放火焚烧宫殿、官府以及附近老百姓的房屋。

献帝再次派遣公卿大臣去劝说郭汜，欲靠集体之力调解他与李傕之间的矛盾。但郭汜不仅不听从调解，还将太尉杨彪、司空张喜、卫尉士孙瑞、尚书王隆、廷尉宣璠、太仆韩融、大司农朱儁、大鸿胪荣郃、屯骑校尉姜宣、将作大将梁邵等扣为人质，留在他的军营。郭汜扣押这些大臣的目的是胁迫献帝和大臣们都支持他，反对李傕。为拉拢这些大臣，郭汜设宴款待他们。太尉杨彪严肃批评郭汜：你和李傕都是朝廷的大臣，却互相勾心斗角，一个劫持天子，一个扣留公卿，目无王法，成何体统！郭汜闻听此言，怒不可遏，欲杀死杨彪。杨彪说：你连皇帝都不放在眼里，难道我会向你求生吗！太尉杨彪遍历"三公"各职，在权臣董卓意图迁都时，他都敢于据理力争，所以不会屈服于郭汜的威压。中郎将杨密等极力劝阻，郭汜这才作罢。一贯刚正不阿、性格刚猛的大司农朱儁对郭汜的行为气愤不已，"即日发病卒"。曾在交州平叛镇压汝南、陈国和颍川黄巾军，在河内为击退黑山军首领张燕立下大功的朱儁，没有死在战场上，却死在朝廷权臣的内斗中。悲乎！

在李傕那边，他召集胡人、羌人士兵数千人，给他们逐一发放赏品。李傕将御用物品和绸缎等赏赐给士兵，同时还许诺说：等收拾掉郭汜，还要将宫女和民间妇女赏赐给你们。士兵们听后非常兴奋。

在郭汜那边，他吸取了劫持汉献帝失败的教训，因而不惜重金收买和发展内线——把李傕的中郎将张苞等人拉拢过来，作为内应，并约定时间，向李傕的军队发起攻击。张苞打算趁着夜色放火焚烧李傕军队的营房，但由于紧张，始终没有把火点着。郭汜命士兵朝李傕的营房射箭，其中有一支箭穿伤了李傕的左耳，射到了献帝御床的帷帘上。李傕的部将杨奉率领士兵在营房外与郭汜的部队激战，最后将郭汜军队打败。郭汜仓皇逃窜，内奸张苞也在混乱之中率领他的部下投奔郭汜而去。

鉴于不断恶化的形势，当天李傕又把汉献帝转移到北坞，并派士兵死守坞门，断绝了内外交通。因忙于内斗，这一天谁也顾不上为汉献帝及其身边的人员做饭，他们都饥肠辘辘。献帝派人去向李傕讨要五斗米和五具牛骨，让他和左右之人饱餐一顿。李傕顾不上抓后勤供应，就派人把以前剩下的几具稍有变质的牛骨送过去。身边人员告诉献帝肉骨变质一事，献帝大怒，想要责备李傕。出身于弘农杨氏、太尉杨震的玄孙、侍中杨琦立即劝谏：现在正处于战争状态，物资匮乏，李傕事先准备不足。他没有仔细检查，就把前几天存储的牛骨送来了，现在他知道自己犯下了大罪，所以打算把陛下转移到池阳（今陕西咸阳市三原县）的黄白城（今三原县县城东北十五公里），伏请陛下暂且忍耐和包涵。献帝这才息怒消火，没再说什么。

蜀郡成都人、司徒赵温（前司空赵谦之弟）给李傕写信，劝说他与郭汜和解。赵温在信中说：你最初攻下长安，烧杀抢掠，诛杀大臣；如今为了一些鸡毛蒜皮的小事，却与郭汜积怨成仇；献帝让你们和解，而你却不遵从皇帝的诏书，现在你又想把献帝转移到黄白城，这实在令我不解。《易经》上说，第一次过分尚能够原谅，第二次就陷入水中，第三次将被大水淹没，这是大凶啊！你不如早点儿与郭汜和解，有什么大不了的事，而延续仇恨呢！大权在握的李傕看完赵温的信之后火冒三丈，打算杀死赵温，但在其弟李应的反复劝说下，这才息怒。

李傕的倒行逆施，不仅激起了朝中大臣和将领们的反对，也引发了他所统领的军队内部将领们的不满。原白波军将领，后跟随李傕，引军救援李傕、击退郭汜军队的杨奉，竟然也与李傕手下的军吏宋果等人合议谋杀李傕。由于消息泄露，杨奉率领部队出走，李傕的军事实力受到严重削弱。后来，原为董卓部将，后与李傕、郭汜等攻破长安，被任命为羽林中郎将，后升任镇东将军、屯兵于弘农郡的张济，从弘农郡陕县来到长安，打算调解李傕与郭汜的争端，并迎接汉献帝前往弘农郡。献帝听后非常高兴，于是就派遣使者先后到李傕、郭汜的军营传达命令二人和解的诏书。使者前后去了十次，李傕、郭汜才答应讲和，并且打算相互交换爱子作为人质。由于李傕的老婆疼爱儿子，不肯让儿子去作人质，所以和约没有谈成。就在这段时间里，李傕军中的羌人和胡人经常到献帝住所的大门外窥探，并询问：献帝在里面吗？李傕将军许诺赏赐给我们宫女，现在这些宫女住在什么地方，能让我们看一眼吗？对此，献帝很感不安，他派遣皇室成员、以前为董卓手下的长史、现为侍中的刘艾，对已由光禄大夫提拔为宣义将军的贾诩说：你以前对国家忠心耿耿，恪尽职守，因此得到了提拔重用，享受荣宠。现在羌人和胡人到处频繁活动，甚至骚扰汉献帝的住处，你应该谋划一个对策，让他们赶紧离去。于是，贾诩大开酒宴，大肆款待羌人和胡人的首领，许诺赏赐他们财宝和爵位。在贾诩的物质刺激和爵位诱惑下，这些羌人和胡人全都离去。少了胡人和羌人，李傕的军事力量再次削弱，手中的筹码大为减少。待到再有人提出和解建议时，李傕便爽快地答应与郭汜讲和。于是，双方相互交换女儿作为人质。（据《三国志·魏书·荀彧荀攸贾诩传》《后汉书·皇甫嵩朱儁列传》《三国志·蜀书·关张马黄赵传》《后汉书·董卓列传》《三国志·魏书·董二袁刘传》，《资治通鉴》第六一卷）

二、献帝东归坎坷路，九转功成回洛阳

李傕和郭汜实现了表面上的和解，但是，他们内心深处的疙瘩并未真正解开。看到这种情况，其他一些小股势力也都跃跃欲试，他们都想趁机把献帝抢到自己手中，以便获取政治上的支配权。兴平二年（公元 195 年），年满十四周岁的汉献帝怀念旧都洛阳，镇东将军张济顺应献帝旨意，率先提议献帝东归的问题，但这要得到李傕的"批准"并不是一件容易的事。献帝先后多次派人向李傕"申请"，才被许可。于是，当年七月，献帝终于走出长安城，踏上

东归之路。但献帝的东归之路一点儿都不亚于唐玄奘西天取经，也历尽了千难万险。那些大大小小的军阀像妖魔鬼怪那样，都把献帝当成在政治上可以长生不老的"唐僧肉"了。然而，他们并未发现"曹猴子"已经有了"妖为鬼蜮必成灾"的政治认识。最终，"曹猴子"控制了汉献帝，并开发和利用他的政治价值，完成了统一北方的大业。

扬烈将军郭汜、镇东将军张济，以及董卓原部将杨定、杨奉、董承等作为护卫将领，随献帝东行。

张济，武威郡祖厉县（今甘肃白银市靖远县东南）人。他原为董卓部将，董卓被杀后，与李傕等一同率军攻破长安，被任命为中郎将。初平三年（公元 192 年）九月，升任镇东将军，封平阳侯。由于李傕、郭汜、樊稠掌控朝政，张济力量弱小，他便屯兵于弘农郡（治所在今河南三门峡市代管灵宝市故函谷关城），其侄子张绣一直跟随着他。李傕与郭汜剑拔弩张时，张济专门赶回朝廷进行调解。后因率先提议献帝东归，受到献帝的宠信，被提拔为骠骑将军，可置府僚，如同"三公"。

杨定，字整修，安定郡临泾县（今甘肃庆阳市镇原县）人。他初为董卓部将，与胡轸（字文才）同为凉州知名人士。董卓被杀后依附王允。李傕、郭汜、张济等率领凉州兵进攻长安时，王允安排杨定与胡轸一起去劝阻李傕等人进入长安，结果适得其反，等于把李傕的军队引入长安。兴平元年（194 年），杨定由镇南将军迁任为安西将军，开府如同"三公"。这次张济提议献帝东迁洛阳，杨定积极支持，于是献帝将杨定提拔为后将军，参与本次护驾行动。

杨定与宁辑将军段煨素有积怨。

杨奉，河东郡杨县（今山西临汾市洪洞县）人。他初为白波军将领，后跟随凉州军阀李傕。兴平二年（公元195年）春，李傕杀死樊稠，并与郭汜举兵相攻。杨奉见势不妙，引兵救援，将郭汜的军队击退。后来杨奉与李傕发生矛盾，曾与宋果等合谋诛杀李傕，不料事情泄露，杨奉率兵投靠了郭汜。这次东归，献帝任命杨奉为兴义将军，让他参与护驾。

董承，冀州河间人，汉灵帝母亲董太后的侄子，汉献帝的舅父。董承的女儿是汉献帝的嫔妃，被封为贵人。董承原为董卓的女婿牛辅的下属。献帝车驾驶出长安，董承被任命为安集将军，与其他将领一并护驾东行。

（一）郭汜胁迫献帝定都郿地，"薄云菲菲不成雨"

郿地位于关中平原西部，地处秦岭主峰太白山下，在今陕西宝鸡市眉县以东七八公里的渭河北岸，东距长安一百二十公里左右。人们将这里的地形地貌概括为"七河九原一面坡，六山一水三分田"。当年，董卓曾在这里建积谷三十年的"万岁坞"。

这次献帝东归洛阳，李傕没有护驾，他引兵去了池阳①。郭汜欲趁李傕驻军池阳和献帝东归的机会，把献帝劫持到郿地。于是郭汜暗自安排自己的军队寻机下手，而自己却若无其事地同大家一起护驾东行。

---

① 汉献帝初平三年（公元192年），西凉军阀李傕被封为车骑将军、开府、领司隶校尉、假节、池阳侯，后来李傕就把池阳黄白城作为屯兵之地。

兴平二年（公元 195 年）七月，在将领们的护卫之下，献帝的车马出了长安城东的宣平门，正在通过护城河木桥时，郭汜手下的士兵数百人手持武器，冲到桥上拦住了献帝车马，并问车里是不是皇帝。危急时刻，出身于皇族的侍中刘艾大声喊道：车上就是皇帝！刘艾还让杨震的玄孙、侍中杨琦把献帝乘坐的御车门帘撩起来，献帝厉声说：你们竟敢这样来逼近至尊！郭汜事先没有料到天子会直接发话，而士兵们见到天子的龙颜，听到天子的金口玉言，都吓蒙了，不知道下一步该怎么办，于是赶紧后退，并为车马让路。此时的郭汜看到护驾的将士们一个个手持武器，瞪着一双双愤怒而警惕的眼睛，便假装什么也不知道。郭汜企图在护城河桥上劫持献帝的计划失败，他与护驾将士们一道，继续跟随献帝的车马前行，但他并没有放弃劫持献帝的想法。到了晚上，车队到达距离长安未央宫百余里的霸陵，也就是汉文帝刘恒和窦太后的陵地一带。此时，随行的大臣和护驾的将士以及家属、宫女等都饥肠辘辘，骠骑将军张济根据官职和级别的不同供给他们食品。饭后，郭汜想让献帝前往左冯翊治所高陵县（今陕西西安市高陵县）过夜，但张济和大臣、将领们认为应该前往弘农郡，双方争执不下，"大会议之，不决"。献帝愿意去弘农，而不愿去高陵，所以他派使者对郭汜说：朕只是因为弘农郡距离祭祀祖先宗庙比较近，没有别的意思，将军不要猜疑。但郭汜不同意献帝前往弘农郡。献帝拧不过郭汜，于是"帝遂终日不食"，以示抗议。郭汜获知献帝绝食的消息后，便发话说：可以暂时到附近的县城住下，以后再作商议。就这样，献帝及其随行人员到达了京兆尹新丰县（今西安市临潼区新丰镇西南）。

郭汜仍然"复谋胁帝"西行，欲继续实施定都郿地的计划。洛阳人、司徒种嵩的后代、侍中种辑获得情报后，立即传令董承、杨奉、杨定调遣兵力，火速赶到新丰会合，以防不测。郭汜"自知谋泄"，便将军队交给属将夏育、高硕统领，自己仅带领几个护卫逃入位于秦岭山脉中段的终南山。夏育、高硕继续执行劫持献帝去郿地的意图，他们偷偷在献帝住地放火，以扰乱人心，企图达到迫使献帝西行的目的。侍中刘艾看到燃烧的大火，便请献帝去其他军营避火。董承、杨定率军去接献帝，欲将其接到杨奉的军营，但遭到夏育、高硕的阻拦。杨定、杨奉的军队与夏育、高硕的军队干了起来，夏育等失败逃走，献帝才得以逃出，并去了弘农郡华阴县。这里距长安大约一百二十公里。至此，郭汜图谋在郿地建都的计划彻底失败。

驻守华阴县的是宁辑将军段煨。

段煨，字忠明，武威姑臧（今甘肃武威市）人，东汉太尉、新丰县侯段颎的弟弟，与贾诩、张济、张绣是同乡。段煨原为董卓的部将。董卓迁都长安时，因担心途中遭到袭击，便沿途布防，其中命令段煨屯兵华阴县，从此段煨在华阴县驻扎下来。他勤修农事，抚恤百姓，军民关系比较融洽。当他获知献帝一行将要到达华阴县时，为献帝、大臣以及所有随行人员准备好了日常生活用品和物资，想让献帝进驻他的军营。当献帝一行到达时，段煨以隆重的礼仪迎接献帝。段煨与后将军杨定有矛盾，因此在迎接御车时没有下马，只在马上作揖行礼。杨定的铁哥们种辑、左灵向献帝诬告说，段煨蓄意造反。献帝说，段煨那么热情地欢迎和接待我们，岂能说人家谋反？种辑回答：段煨迎不到界，拜不下马，脸色大变，定有异心。太尉杨彪、司徒赵温、侍中刘艾和尚书梁邵都认为这一定是杨定耍的鬼把戏，段煨根本不会谋反，于是都站出来力挺段煨。他们都说：段煨绝对不会谋反，我们几个人甘愿以性命担保，入驻段煨的军营是绝对安全的，请陛下放心！几位大臣这么一说，献帝便在段煨的大营住下。

杨定一计不成又生一计，他和董承一起威胁弘农郡督邮，让他向献帝报告说，郭汜今天已率领七百名骑兵入驻段煨的军营。献帝认为弘农郡督邮与杨定等人没有什么瓜葛，所以就信以为真。献帝惊恐不安，不敢继续住在段煨的大营，就在道南打地铺露天而卧。第二天，后将军杨定不再在暗处煽风点火，而是打算与兴义将军杨奉、安集将军董承一起率军进攻段煨的军营。他们先派遣侍中种辑和左灵向献帝请求下发讨伐段煨的诏书。十四岁的献帝已经不太好糊弄了，他说，段煨并没有任何谋反的迹象，你们无缘无故去进攻人家，还要逼迫朕下发诏书吗？种辑仗着献帝年少，死缠烂磨，一直磨叽到半夜，献帝就是不肯下诏。于是，杨定、杨奉等人直接率军向段煨的军营发起攻击，可是"十余日不下"。即便在这种情况下，段煨依然供应着献帝的膳食以及文武百官和其他随行人员的饭菜。献帝下发诏书，派侍中、尚书等官员责令杨定、杨奉等与宁辑将军段煨和解。他们这才收兵回营，罢兵休战。

在献帝起身东归之前，宣义将军贾诩看到李傕、郭汜等人内部矛盾重重，不可调和，便投奔了屯驻华阴县的老乡段煨。这次献帝东归洛阳路过华阴县，贾诩看到护驾将领们依然勾心斗角、互相攻许，他担心献帝的安全问题，于是就从华阴上路，护送献帝东归。（据《资治通鉴》第六一卷，《后汉书·孝献帝纪》《后汉书·董卓列传》）

（二）李傕、郭汜、张济联手打败杨奉等，献帝抵达安邑

郭汜在新丰县"复谋胁帝"去郿地建都失败后，仅带几个护卫逃到终南山，后来其属将夏育、高硕也被杨定、杨奉打跑。夏育、高硕找到了郭汜，他们又与老搭档兼老冤家李傕汇合。李傕和郭汜在此前已交换女儿作人质，再加上又都成为潦倒落魄之人，同病相怜，于是又展开了合作。他们都非常后悔当初放行献帝东归洛阳，又听说杨定等人攻击段煨，就"相召共救之，因欲劫帝而西"。后将军杨定听说李傕、郭汜将率军而至，打算还灞河中游北岸的蓝田，路上正好被郭汜拦住，于是杨定丢下军队，自己单人匹马逃往荆州。

此时，骠骑将军张济与兴义将军杨奉、安集将军董承也发生了矛盾，于是张济出走，再次与李傕、郭汜等会合。献帝一行尚未走出弘农郡地界，李傕、郭汜、张济便一同率军追至。护卫献帝的杨奉、董承率领其部众，在弘农郡东涧（今河南商丘市睢县之东）迎战李、郭、张联军，结果杨奉、董承惨败，李、郭、张斩杀朝廷文武百官和士兵很多人，随从献帝东归的女眷以及皇家车队所运载的御用物品、典册符信、档案图书等，几乎全部失落。

由于护驾的将领们各怀鬼胎，少年献帝弄不清谁是好人、谁是坏人，因而谁也不敢得罪、谁也不敢相信。当皇家车队抵达曹阳

（今河南三门峡灵宝市东北）时，献帝在夜宿时坚持露宿在田野中。董承、杨奉被打败后，表面上假装与李傕、郭汜、张济和好，答应他们可以参与护卫献帝东归，而暗地里却派出使者前往治所在安邑的河东郡，引来了原黄巾军余部白波军将领韩暹、胡才、李乐以及南匈奴右贤王（也有史料记载为"左贤王"）去卑。他们各自率领数千骑兵前来支援，与董承、杨奉等合击杨、郭、张的联军，斩杀数千人，李、郭、张兵败逃跑。

在新引入的韩暹、胡才等军事力量的支持下，杨奉、董承把献帝牢牢控制在手里。杨奉、董承等人认为，打败了杨、郭、张的联军，车驾可以继续前行了。于是，董承和白波军将领李乐一左一右护卫着献帝的车驾，由杨奉和另外两位白波军将领韩暹、胡才以及南匈奴右贤王去卑率领的军队作为后卫，浩浩荡荡向东行进。然而，没走多远，李、郭、张又率领军队向他们发起了袭击，这次，护卫献帝的联合部队被打败，杀死和俘虏的文武百官、战死的士兵比弘农郡东涧之战还多。如廷尉宣璠、光禄勋邓渊、大司农张义、少府田芬等全被斩杀，司徒赵温、司隶校尉管郃、卫尉赵忠、太常王绛等被俘。李傕要将俘获的这些大臣全部杀死，关键时刻，宣义将军贾诩挺身而出，他对李傕说：这些人都是朝廷的重要大臣，你怎么能杀死他们！由于贾诩对李傕有恩，李傕对贾诩很尊重，于是李傕手下留情，放了几位重臣。有人向献帝建议说：目前形势非常危急，陛下可下车骑马先行。献帝说：朕不能丢下百官而自己逃命。于是，皇家车队和随行的官员、士兵等"连缀四十余里"，终于抵达了陕县。在这里，他们筑起营寨驻扎下来。

当时，随身护驾的皇家卫队不到一百人。李傕、郭汜的士兵绕着献帝驻扎的营寨大声呼喊，营寨里的大臣和将领惊慌失色，甚至产生了分散逃跑的想法。白波将领之一的李乐认为，此地不能久留，他想让献帝赶快乘船沿黄河而下，到达孟津之后再上岸，那儿有李乐的军营，只要到达孟津，献帝的安全就有保障了。于是，他向太尉杨彪汇报了自己的想法，杨彪认为黄河水路艰险，必须有安全可靠的大船才行。杨彪命令李乐夜间渡河，把大船准备好之后，以举火把为信号。到了夜间，李傕和郭汜的士兵都撤走了，杨彪等看到李乐的火光信号之后，就与公卿大臣一起护卫着献帝徒步走出营寨。伏皇后的哥哥伏德一只手扶着伏皇后，一只手臂下夹着十匹绢，慌慌张张地往前走。到达岸边后大家才发现，由于船身较大，而河边水浅，大船无法靠岸，距离堤岸有十多丈。献帝无法上船，侍从人员就用董承拿来的绢结成软椅，把献帝抬上船去，近臣和将领们都蹚水上船。与献帝同在船上的只有伏皇后和太尉杨彪等重要官员数十人，跟随的其他官员以及宫女等都没能过河。献帝乘船离开后，那些没能上船的人遭到了李、郭、张联军的抢劫，连身上穿的衣服都被扒光了，在寒冷的冬季，不少人被冻死，连"九卿"之一、统领卫士守卫宫禁的士孙瑞也被乱兵杀死。

献帝一行上船时，李傕等人看到黄河北岸有火光，就派遣骑兵去侦察，发现献帝和一帮人正在慌慌张张渡河，于是就大声喊话：你们要把天子弄到哪里去？董承害怕他们射箭，就把随身携带的被子撑开，以掩护献帝。大船运行一段时间后，抵达陕县老城西北，一个古名为"大阳"的地方。献帝一行在此上岸，后进入李乐的军营，不久乘坐牛车抵达安邑。此时，献帝终于摆脱李傕、郭汜的围追堵截，随行大臣和将领们这才真正放下心来。（据《资治通鉴》第六一卷，《后汉书·孝献帝纪》）

（三）献帝历经千难万苦终于回到洛阳

献帝一行到达安邑后，生活和安全已不再是问题。与河东郡相邻的河内郡太守张杨派遣数千名役夫背着大米来到安邑，向献帝进贡；河东郡太守王邑奉献了许多丝绵和绸缎。献帝将这些东西全部赏赐给公卿大臣及其他随员。为表彰张杨、王邑在关键时刻的重要贡献，献帝任命张杨为安国将军，赐封王邑为列侯，还任命随军护卫的白波军将领胡才为征东将军。他们都持符节，并享有开府置僚的权力。此前，献帝已将李乐提拔为安义将军。看到这些人都被献帝封官授爵，他们的部下也争相请求官职，献帝也都一一赐官。因任命的官员太多，一时刻不出那么多印章，于是因陋就简，用铁锥子来画印章。献帝担心那些在陕县黄河边没有登上船的官吏和宫女的安危，所以又派"九卿"之一、掌皇帝舆马和马政事务的太仆韩融返回弘农郡，与李傕、郭汜等人议和，李傕、郭汜这才释放了所俘获的人员并归还了御用物品。这些人来到安邑之后，由于人多嘴多，时间不长就把粮食吃光了，宫女们全都以野菜充饥。此时，河内郡太守张杨又从野王县（今河南焦作沁阳市）来到献帝驻地朝见。张杨想护送献帝返回洛阳，献帝非常乐意，但护驾的将领们不同意，所以张杨只好原路返回。

建安元年（公元 196 年）正月，董承和河内郡太守张杨再次打算护送献帝回归洛阳，以实现献帝的心愿。可是，杨奉和李乐死活不同意。于是，护驾的将领们又相互猜疑，分成了两派展开斗争。韩暹系杨奉的心腹，他按照杨奉的旨意，向董承发起进攻。董承败走，投奔了张杨。这样，护卫献帝的只剩下杨奉和韩暹这两位原黄巾起义军余部白波军将领了。

董承投奔张杨之后，就被张杨派遣到洛阳去修缮当年被董卓毁坏的皇宫。为解决修缮所用人力和物资不足的问题，太仆赵岐作为朝廷的使者去说服荆州牧、镇南将军刘表，请他派遣一些兵力和支援一批物资。刘表愉快地答应并迅速落实到位。五月初二，献帝派遣使者到杨奉、李乐、韩暹等人的军营，要求他们护送自己到洛阳，杨、李、韩等又回到了献帝身边。经过近两个月的缓慢行走，献帝等人终于到达了洛阳。

从兴平二年（公元 195 年）七月到建安元年（公元 196 年）七月，献帝历经千难万险，才回到离别六年的故都。由于宫殿修缮尚未完工，献帝暂时住在中常侍赵忠的家里。八月初八，献帝搬进洛阳南宫杨安殿居住。杨安殿是张杨主持修建的，他认为献帝返回旧都是自己的功劳，所以就把这座宫殿命名为"杨安殿"。献帝在杨安殿住下之后，张杨就对诸位将领说：天子是全国百姓的天子，自然有公卿大臣来辅佐。我作为地方官员，应该离开京城，去做抵御外敌的屏障。于是，张杨返回野王县，杨奉也率军出京，屯驻在梁县。董承、韩暹二人留在洛阳，负责保卫洛阳及皇宫的安全。随后，献帝任命杨奉为车骑将军，韩暹为大将军兼司隶校尉，安国将军、河内郡太守张杨为大司马。这是献帝回到洛阳之后建立起来的政治体制。

董卓离开洛阳之前对皇宫的破坏非常严重，而张杨只为献帝修建了杨安殿这一座宫殿，所以文武百官无处居住，他们只好自己动手，清除破砖烂瓦，依托残墙断壁搭棚子居住，生活条件自然很差。当时，各路诸侯都供养着自己的军队，谁也不肯拿出钱粮来向朝廷进贡，文武百官的衣食问题没有着落，"群僚饥乏，尚书郎以下自出采稆，或饥死在墙壁间，或为兵士所杀"。（据《后汉书·孝献帝纪》，《资治通鉴》第六一卷）

三、袁绍两次拒迎献帝，错失政治先机

袁绍控制着冀州、幽州、青州、并州四个州，在各路军阀和割据势力中实力最为强大。袁绍能够走到今天这个地步，他的大谋士沮授功不可没。兴平二年（公元 195 年），当沮授得知献帝在安邑的困境时，就为袁绍出主意：将军几代都是国家重臣，世传忠义。现在，天子流亡在外，皇家宗庙也遭到严重毁坏。虽然各路军阀都号称义兵，但实际上各有图谋。如今，将军的领地辽阔，物产丰富，兵强马壮，如果将军去迎接天子迁都鄄城（今山东菏泽市鄄城县），那么就可以挟天子而令诸侯，到时天下有谁敢与将军对抗？袁绍打算接受沮授的计策，可是，他的另一位谋士郭图和将领淳于琼却极力劝阻：汉朝衰败已经很久了，现在想要重振汉朝，岂不是太难了吗？再说，各路诸侯同时兴起义兵，各自占领州郡，聚集人马，动辄上万人，如同秦朝失去皇位，谁先得到天下谁就是天子。

现在把献帝接过来，凡事就要上疏奏报，如果一味服从，自己什么权力也没有了，如果不服从，就是违抗皇命。这不是一个好计策。沮授争辩道：现在去迎接天子，既符合君臣大义，又是最为有利的时机，如果不能早日决定，必定会有人抢先下手。缺乏政治谋略和长远眼光的袁绍觉得郭图、淳于琼的话很有道理，于是拒绝采纳沮授的建议。就这样，袁绍错失了极好的政治资源和政治机遇。

不久，曹操把汉献帝迎到许县（今河南许昌市），袁绍才明白了汉献帝的政治价值，于是产生了将献帝迎接到自己所控制的鄄城的想法。建安三年（公元198年），袁绍派遣使者去游说曹操，说献帝居住的许都地势低洼潮湿，洛阳城又残破不堪，不如迁都到鄄城，靠近富裕的地区，便于后勤供应。曹操自然是拒绝了袁绍的这一提议。

袁绍虽然错失了"初一"，却赶上了"十五"。当袁绍派遣使者游说曹操迁都鄄城失败后，他的谋士田丰建议：迁都的提议既然被拒绝，就该早日安排武力进攻许都，把汉献帝抢过来。现在就军事实力而言，曹操根本不是将军您的对手，举手之劳就可以攻破许都。这样，我们就可以用皇帝的诏书号令全国，这可是上策。如果不这样做，最终会受制于人，届时后悔就没用了。

袁绍自从成为天下第一号霸主之后，唯我独尊、骄傲自满情绪急剧膨胀，他目空一切，傲视群雄，甚至对曾经帮助他攻城略地的谋士沮授、田丰的建议都很不屑。他拒绝了田丰的建议，又失去了一次政治机遇。（据《资治通鉴》第六一、六二卷，《后汉书·袁绍刘表列传》《三国志·魏书·董二袁刘传》）

四、曹操迎接献帝，赢得政治优势

建安元年（公元 196 年），曹操打算把献帝迎接到许县，而他的将领们大都认为，兖州一些地方尚未完全平定，面临的形势还很严峻，任务也很艰巨；杨奉、韩暹自认为护驾有功，骄横跋扈，军事实力不容小视。曹操的首席谋士荀彧却说，自从献帝流离在外以来，奋武将军曹操率先兴起义军，但由于忙着平息东部一些地方叛乱，顾不上远行迎驾。而今献帝已返回洛阳，可是那里破烂不堪，天下忠义之士都希望能够保全汉朝这个根子，庶民百姓也很念旧。在这样的形势下，奉迎献帝既顺民心，也合天意。杨奉、韩暹之辈，有什么值得忧虑的呢？如果不及时决策，使别人萌生奉迎献帝的念头，让他们抢了先机，后悔就来不及了。曹操深感此话很有道理，所以，他立马派遣自己的堂弟、掌护卫和征伐的扬武中郎将曹洪率军西行，开赴洛阳迎接献帝。但曹洪在行进途中遇到了麻烦，献帝董贵人之父、卫将军董承率军扼守险要，阻拦曹洪的部队通行。曹洪无奈，只能滞留在那里。当曹操获知曹洪中途受阻之后，立即召集将领商议对策。议郎董昭也参加了这次重要会议，并在会上提出了重要的意见建议。

董昭，济阴郡定陶县（今山东菏泽市定陶区）人。他初为孝廉，先后担任县长和县令，袁绍担任冀州牧时，任命他做了参军，辅佐主将参谋军事。当时，袁绍正在位于今河北邢台市威县境内的界桥与公孙瓒交战，冀州巨鹿郡太守、河内郡野王县人李邵等认为公孙瓒兵力强盛，准能打败袁绍，于是打算归附公孙瓒。袁绍听说后，便派遣参军董昭兼任巨鹿郡太守，去收拾李邵。在赴任之前，袁绍与董昭谈话：我任命你为巨鹿郡太守，你将采用什么办法来制服李邵等人呢？董昭回答：凭我一个人的力量，不能消弭众人的预谋，我想与李邵等人打成一片，引诱他们说出实情，然后再根据情况设计制服他们，现在无法做出预案。董昭到达后，一方面与李邵等人和谐相处，另一方面深入了解内情。他发现巨鹿郡大姓孙伉等几十人力主归降公孙瓒，并竭力鼓动当地的官员和百姓支持公孙瓒。掌握到这一情况后，董昭便伪造了一份冀州牧袁绍的檄文，将孙伉等人抓捕斩首。这一突发举措使全郡吏民惶恐不安，于是董昭找领头人挨个做思想工作，很快让全郡安定下来。董昭向袁绍汇报此事，袁绍十分赞赏。后来，魏郡太守栗攀被士兵杀害，袁绍又让董昭担任了魏郡太守。当时该郡社会秩序非常混乱，几股叛乱势力互派使者，互相贸易，以乱获利。董昭寻找机会对他们进行挑拨离间，激发他们互斗，而后乘他们孤弱之时，出兵征讨，一一平息。两天之内，董昭三次发出紧急文书向袁绍告捷，袁绍大喜。当时，董昭的弟弟董访在张邈的军中任职，而张邈与袁绍发生了矛盾，袁绍听信谗言要治董昭的罪。董昭非常伤心，欲逃到汉献帝那里，当走到河内郡时，被张杨留下。通过张杨，董昭被朝廷任命为骑都尉。后来，正在兖州开辟根据地的曹操派使臣来见张杨，打算向张杨借路西去长安，开始张杨不同意，经董昭苦口婆心地做工作，张杨才同意借路，并上表朝廷为曹操说好话。董昭又以曹操的名义写信给长安的权臣和将领，并根据他们的地位轻重、权力大小，分别表示殷勤友好。汉献帝到达安邑时，董昭跟从张杨前往拜谒，被献帝任命为议郎。张杨向曹操举荐董昭，自此董昭成为曹操的谋士，屡屡为曹操献计献策，曹操对董昭非常信任。

在如何解决曹洪受阻问题的军事会议上，董昭献计：从目前朝廷当权派的实际情况看，杨奉的军事势力最为强大，但他有两个明显的劣势，一是没有外援，二是他与董承、韩暹勾心斗角，内部矛盾错综复杂，因此可以利用杨奉来压制董承。曹操同意董昭的分析和建议。于是，曹操授权董昭以自己的名义，给杨奉写了一封热情洋溢的信。信中说，我曹操对杨将军闻名慕义，杨将军在艰难危险之中救出皇上，并一路护驾回到洛阳，翼佐之功，盖世无双。当今，各路军阀野心勃勃，他们扩充实力，扰乱中原，天下不得安宁。在这种形势下，皇上的安全问题至关重要，而皇上的安全主要靠辅佐大臣，但这不能靠一人之力，所有的贤明之士都应该尽一份责任，共同扫除保护君主道路上的障碍。将军您在朝堂上主持朝政，我曹操作为外援给您打外场。现在，我有粮草，您有兵马，咱们应该互通有无，相辅相成，生死与共，福祸同当。杨奉看到这封信后高兴坏了，他对属将们说：兖州的军队近在许县，他们有兵有粮，朝廷完全可以依靠他们。于是，杨奉和将领们联名上表献帝，推荐曹操担任了镇东将军，并让他继承了父亲曹嵩的费亭侯爵位。这样，曹洪率军进入洛阳的问题也就迎刃而解了。

董承看到献帝对曹操又是封官，又是授爵，他的政治态度也发生了改变。董承私下里派人去召请曹操，曹操大喜，立即亲率大军进入洛阳。曹操到达后，拜见献帝，并向献帝奏报韩暹、张杨的不法行为。韩暹听到消息，害怕被处死，单人匹马匆忙去河内郡投奔张杨。献帝认为，韩暹、张杨护驾有功，他下发诏书，对他们过去的一切不当行为一律不再追究。随后，献帝任命曹操兼任司隶校尉，并主持尚书事务。从此，曹操既是朝廷负责官吏任免的重要大臣，又是监督朝廷文武百官、京城洛阳及周边地区高官的监察官，成为朝廷最有权势的人物。于是，曹操利用得到的权力干了以下几件事。

（一）以各种借口打击政治异己，赐封护驾有功的大臣

经献帝同意，曹操以处罚旧罪的名义，将现任太尉杨彪（杨震的曾孙）、司徒淳于嘉（济南国人，今山东济南市人）和司空张喜（汝南郡细阳县人，今安徽阜阳市太和县人）予以免职。免去了"三公"，等于排除了他们对朝政的干扰，曹操就可以完全按照自己的意图开展工作。与此同时，曹操还以司隶校尉的身份，处死了议郎侯祈、尚书冯硕、侍中台崇三名政治异己分子；以献帝的名义，赐封卫将军董承等十三人为列侯，以表彰他们的护驾之功；下发诏书褒奖在献帝东归路上被李傕杀害的射声校尉沮俊[1]，追任他为弘农郡太守。通过奖惩措施，曹操稳住了那些跟随献帝一路而来的大臣和将领的心。

---

[1] 兴平二年（公元 195 年）冬，汉献帝车驾东归，遭李傕、郭汜追击，并在弘农东涧交战，沮俊与杨奉等人率军奋战，汉军大败，百官士兵死者无数，沮俊受伤落马，被追兵擒获。李傕问左右：此人还能活命吗？沮俊冲着李傕骂道：你们这些恶贼，胆敢逼迫天子，致使公卿遇害、宫人流离。从没有像你这样过分的乱臣贼子！随即李傕将沮俊杀害，这时沮俊年仅二十五岁。

（二）迎献帝入许县，改许县为许都

曹操成功到洛阳朝见献帝，使他对董昭的计策非常满意，他向董昭咨询下一步的策略。董昭说：将军兴起义兵讨伐暴乱，进京朝见皇上，辅佐王朝，这是春秋五霸之功业。如今，洛阳的各位将领和大臣都有自己的小算盘，虽然他们表面上对您恭恭敬敬，但未必都听您的指挥。如果您留在洛阳控制朝政，会有许多不利因素，唯有将献帝迎接到许县才是上策。当然还应该看到，献帝在外流离了很长时间，刚刚回到旧都，广大吏民都殷切盼望安定，如果再移驾他处，是不符合民心的。不过，这个问题也容易解决。只有做出不寻常的事情，才能建立不寻常的功业，希望将军能够做出利多弊少的安排。曹操说：我本来就有这样的考虑，只是杨奉就在附近的梁县，听说他兵强马壮，我担心他阻扰我的计划。董昭说：杨奉虽然有一定的实力，但他没有外援。从他内心来讲，他也愿意与将军您结交。上回献帝任命您为镇东将军、封费亭侯，都是杨奉提出的建议。您应该派使者带着重礼前去感谢，这样就会使他安下心来。可以让使者告诉杨奉：洛阳现在没有粮食，镇东将军想让献帝暂且移居鲁阳，鲁阳靠近许县，交通运输十分方便，这样就不用为粮食问题而发愁了。杨奉这个人有勇无谋，他肯定不会起疑心。就在使者来回沟通双方意见期间，您足可以完成大计，杨奉怎会阻扰呢？曹操非常赞赏董昭的主意，他派遣使者带上重礼去见杨奉，一切果然如董昭所言。于是曹操就把汉献帝和朝廷文武百官都迎接到自己的根据地许县，并将许县更名为许都。在许都，汉献帝摆脱了董承和韩暹的控制，他非常高兴，下诏任命曹操为大将军，并封他为武平侯，又下令在许都建设祭祀先祖的宗庙和作为国家象征的祭祀载育万物的土神、养育民众的谷神——社稷。献帝打算在许都安安稳稳地过日子。就在此时，车骑将军杨奉才回过味来，但为时已晚。于是，杨奉和韩暹引军到颍川郡定陵县（今河南漯河市舞阳县北二十五公里）劫掠，曹操不予理睬。次月，曹操袭击杨奉设在梁县的军营，一举攻破，杨奉、韩暹失去了立足之地，率军东奔投靠了袁术。曹操随即占领了梁县。

献帝迁都许都之后，曾下诏批评袁绍：你虽然地广兵多，实力强大，但专门结党营私，专干一些不利于朝廷的事，未经朝廷同意，擅自讨伐，成何体统！袁绍上疏献帝，在做自我批评的同时，也为自己辩解。献帝为安抚袁绍，在批评他的同时，任命他为太尉，并封爵邺侯。袁绍对自己的官位排名在曹操之后非常生气，因为曹操几次面临危险，都是他救了曹操。现在曹操竟然挟持天子对他发号施令，他岂能受得了！袁绍拒绝接受献帝对自己的任命。曹操也明白，袁绍实力雄厚，不可硬碰，所以他向献帝建议，可以将大将军职务授给袁绍。献帝没有听从曹操的意见，改任袁绍为司空，代行车骑将军的职务。袁绍这才没有说什么。

（三）重用谋士荀彧为侍中并代理尚书令

是年，曹操将自己的首席谋士荀彧提拔为侍中，并代理尚书令，由荀彧把朝廷的日常工作和官吏任免等事抓起来，自己腾出手来推进统一大业。他还让荀彧推荐优秀谋士。早年荀彧给曹操推荐了一位名叫戏志才（颍川郡人，今河南许昌禹州市人）的优秀谋士，曹操每次征伐，皆与戏志才一起讨论研究，"皆称其举"。曹操对戏志才非常器重，然而他于建安元年（公元196年）病逝。曹操非常痛惜，他写信给荀彧说："自志才亡后，莫可与计事者。"他要求荀彧推荐有真才实学、足智多谋的谋士。为此，荀彧推荐了两个人：荀攸和郭嘉。

荀攸，字公达，颍川郡颍阴县（今河南许昌市）人，荀彧的侄子。荀攸很小的时候父亲就去世了，十三岁时，其祖父、广陵郡太守荀昙去世。有个名叫张权的官吏，是荀昙生前的老部下，他向荀家提出，愿为荀老太守守墓。荀攸对张权的行为感到疑惑，经过细心观察后，便对叔父荀衢说：我看到那个人的脸色很不正常，可能有什么阴谋。荀攸的话提醒了叔父荀衢，荀衢就向张权询问其守墓的缘由，得知张权系杀人之后的逃犯。荀衢对荀攸小小年纪竟然有如此观察、判断问题的能力感到惊讶，认为他非同寻常。外戚大将军何进掌权时，征召了二十多位天下名士，荀攸便是其中之一。荀攸被任命为黄门侍郎，侍从皇帝左右，听命受事。何进被杀后，关东各路诸侯纷纷起兵讨伐董卓，董卓被迫迁都长安。荀攸对董卓的倒行逆施非常厌恶，于是串通议郎何颙、郑泰和越骑校尉伍琼、侍中种辑等人，准备谋杀董卓，但因消息泄露被捕入狱。不久，董卓被杀，荀攸幸免于死，出狱后回到了家乡。后来，他又被官府征召，因考试成绩优等，被提拔为任城（今山东济宁市微山县境内）相。但荀攸没有赴任。他发现虽然人们都说蜀道难，但蜀地的百姓生活殷实、社会安定，于是他向朝廷请求担任蜀郡太守，朝廷批准了他的请求。因蜀道不通，荀攸便停驻在荆州办公。荀攸处事低调，计谋百出，他以灵活多变、克敌制胜战术闻名于世。

荀彧向曹操介绍了侄子荀攸的情况之后，曹操便亲自给荀攸写信：如今国家四分五裂，天下大乱，正是有谋之士费心劳神之时，而您却在蜀地静观时局变化，不是太保守了吗？于是曹操征召荀攸为汝南郡太守。不久荀攸入京，被任命为尚书。曹操对荀彧说：荀攸不是平庸之人，我能够与他谋事，天下没有什么事可值得忧虑的了！后来曹操又安排荀攸为军师。实践证明，荀攸在协助曹操征伐和活捉吕布、平定冀州、官渡之战等重大事件中提供了许多锦囊妙计，做出了重要贡献。

郭嘉，字奉孝，颍川郡阳翟县人。郭嘉少年时就能深谋远虑，且懂得用人、用兵之道。因政治腐败和社会动乱，二十岁后他便隐居起来，但又不甘心苟且偷安，于是秘密结交英雄豪杰，与一批有思想、有文化的士人结为好友。二十七岁时，被征辟到司徒府为吏。后来又独自北行去面见袁绍，袁绍非常热情地接见了他。郭嘉通过近距离观察，对袁绍有了更加理性的认识，于是就对两位同乡、袁绍的谋士辛评和郭图说：明智的人应该审慎选择自己为之效命的主子，这样才能保全自己，并建立功业。袁公只想效法周公礼贤下士，但不懂用人之道；做事头绪太多，把握不住重点；喜好谋略，却又优柔寡断。与这样的人共事，实在难以成就大业。我将另投明主，你们为什么不离开呢？辛评、郭图说：袁氏家族有恩德于天下，人们多归附于他，且他的势力也最为强盛，还要去投奔谁呢？郭嘉知道他们执迷不醒，便独自回到家乡。荀彧把郭嘉推荐给了曹操。曹操召见郭嘉，与他讨论天下大事。讨论完之后，曹操对人说："使孤成大业者，必此人也。"郭嘉离开之后也笑着说："曹公乃真吾主也。"于是，曹操任命郭嘉为军师祭酒，为司空府属官，位在左、右军师之下。建安十三年（公元208年），曹操担任丞相后，郭嘉属丞相府，参掌军律。郭嘉为曹操征战四方出谋划策、尽忠效力，可惜，英年早逝。曹操赤壁兵败之后说过一句非常怀念郭嘉的话，他说："郭奉孝在，不使孤至此。"

曹操重视谋士，与谋士人选谈心谈话、深入考察谋士才略的做法，以及他慧眼识人的眼光，都是值得称道的。

（四）支持新任许都地方官公正执法

曹操定都许都之后，为加强都城社会治安管理工作，将具有治理能力和执法公平公正的满宠任命为许都令。

满宠，字伯宁，山阳郡昌邑人。十八岁时在郡府担任督邮，代表郡太守督察属县、宣达政令，兼掌查办案件、打击盗贼、催缴税赋等事宜。当时，郡内大户李朔等人私拥兵士，经常横行霸道，欺压和危害百姓，郡太守派遣督邮满宠前去纠察。满宠在当地颇有威严，李朔等人闻讯后赶紧前来谢罪，表示今后不再作恶。从此，该郡社会秩序明显好转。后来，满宠又被提拔为山阳郡高平县（今山东济宁邹城市境内）县令。他到任后发现，郡督邮张苞贪赃枉法，经常扰乱属县政务，以谋取私利。不久，满宠得知张苞来到高平县，住在驿站客房，于是立即率领部下将张苞逮捕并处死。此后满宠弃官回乡。曹操担任兖州刺史后听说了满宠的事迹，便征召他为从事，让他掌管一方事务。满宠在岗位上干得很好，深受曹操器重。当时，袁绍在冀州的势力非常强大，他的家乡汝阳县属于兖州刺史曹操的延伸地域范围。而曹操的实力比较弱小，不敢轻易得罪袁绍，但当他听说袁绍的很多亲友、门徒仗着袁绍的权势在汝南郡多县都拥有私人武装，且横行乡里，百姓痛恨、官府也无可奈何之时，便决定予以惩治。经过反复思考，曹操任命满宠为汝南郡太守，要求他解决该郡社会秩序混乱等问题。满宠到任后，在摸清底数的基础上，招募了五百名左右的郡兵，攻下二十多个私人营垒，又设计吸引那些没有投降的武装首领出席酒宴，在席间杀死十余人，形成强大的震慑力，之后又俘获私兵二千多人，不法民户二万余户。满宠责令他们都归田耕作，不得侵扰百姓，否则严惩。从此，该郡所属各县社会秩序大为好转，汝南人民有口皆碑，对满宠歌功颂德。

曹操出任大将军后，征召满宠为西曹属，又任命他为许都令。满宠上任后，敢抓敢管，秉公执法，深得民心。曹操的堂弟、时任谏议大夫曹洪以曹氏宗室自居，其门客依仗曹洪的势力在许都屡次侵民犯法，满宠将其逮捕审讯。曹洪派人向满宠递条子求情，希望他网开一面，予以赦免。满宠对此置之不理。于是，曹洪向堂兄曹操告状。曹操通知满宠到大将军府开会，满宠猜测曹操很可能以开会之名，要求自己释放曹洪的门客，所以就在参加会议之前将门客处死。会上，曹操得知满宠已经处死了曹洪的门客时，便高兴地说：对国家和百姓负责任的官员，难道不应该这样做吗？曹操因坚持公平公正的施政原则得到了广大吏民的拥护，满宠因不畏权势、依法惩处罪犯受到老百姓的赞扬。

曹操将原太尉杨彪等"三公"免职后，关进许都的监狱，时任尚书令荀彧和少府孔融等叮嘱满宠：只许审问，不要拷打。满宠照旧依法严审。几天之后，满宠请求拜见曹操，他报告说：经过严审杨彪，没有发现任何罪证。杨彪的祖父、父亲都官至太尉，他们祖孙三代清廉爱民，海内闻名，如果证据不足而杀了他，会失去民心，伏请三思。于是，曹操当即下令释放了杨彪。荀彧、孔融等得知处理杨彪的结果后，对满宠更加友善了。

（五）抓好农业生产，增加粮食储备

曹操说："夫定国之术，在于强兵足食。秦人以急农兼天下，孝武以屯田定西域，此先代之良式也。"其大意是，安定国家的关键在于兵力强盛、粮食充足。过去秦国人把发展农业作为当务之急，终于统一了天下；汉武帝实行屯田，后勤物资有了可靠保证，最终平定了西域。这些都是过去的好经验啊！

当年，枣祗在担任东阿县县令时，正值董卓之乱、军阀混战和自然灾害频发时期。针对当时"田无常主，人无常居"等突出问题和广大老百姓的穷苦状况，枣祗动员和组织农民发展农桑，开渠引水，改善生产条件，劝导和督促百姓家家户户植桑养蚕，种植粮食，使农业生产获得了丰收。这为曹操创建兖州根据地提供了物质保障。曹操击败了颍川、汝南等郡的黄巾军，夺得了一大批耕牛、农具和劳动力之后，熟悉农业、农村和农民的枣祗就向曹操建议：利用这些资源，在许昌一带开垦土地，实行屯田，以解决粮食问

题。曹操采纳了枣祗的建议，并任命他为掌管屯田区农业生产、民政事务和田租等事宜的屯田都尉，还任命任峻为掌管屯田地区行政事务、职如郡太守的典农中郎将。他们二人负责屯田之事。

任峻，字伯达，河南郡中牟县（今河南郑州市中牟县）人。董卓乱政时，任峻的家乡也是鸡犬不宁。该县县令杨原忧愁恐惧，打算弃官走人。任峻劝谏他：董卓倒行逆施，天下人没有不怨恨的。人们都有讨伐他的愿望，但迫于形势不敢发动。如果您能挑头，定会一呼百应。杨原问他如何操作。任峻回答：如果您暂行河南尹的权力，调遣所属十多个县能打仗的人，集中起来应该不少于一万人，那就没有什么问题了。杨原听从了任峻的建议，任命任峻为主簿，具体负责此事。任峻替杨原发布代理河南尹的文告，命令所属各县在坚守好自己领地的同时，出兵讨伐董卓。正当他们紧锣密鼓地推进之时，却赶上曹操在陈留起兵，并进入中牟县界。任峻与同乡张奋一起率领新征集来的兵马，归顺了曹操。任峻又召集自己宗族、宾客以及家丁共几百人，也加入了曹操的军队。曹操非常高兴，上表朝廷任命任峻为骑都尉，并将自己的堂妹嫁给了他，对他十分亲近。任峻待人宽厚，且思维缜密，每次提出的建议总是令曹操满意。曹操每次出征，总让任峻留守后方，负责部队的军需供给。当羽林监枣祗建议实行屯田时，曹操便任命任峻为典农中郎将，与枣祗一同抓屯田工作。

枣祗、任峻到任之后招募流离失所的百姓在许都周边开展民屯，第一年就收获谷物一百万斛。曹操大喜，认真总结许都屯田积谷的成功经验后在统治区各州、郡大力推广，设置主管屯田的官员，大量招募流民，不仅有效地解决了老百姓的吃饭问题，而且各地的存粮都装满了仓库。从此，曹操出兵征战四方，一般不用调运军粮，节约了大量的劳力和军费。曹操利用这一优势，兼并了北方一些割据势力，军队数量和根据地面积逐步扩大。

（六）实力不济缓出手，暂且安抚筹良策

曹操担任大将军、主持朝政之后，一方面大力发展统治区内的农业生产，招募兵员，积蓄经济和军事实力，另一方面对一些实力较强的军阀进行暂时安抚，为他集中力量攻击袁绍、统一北方做好战略准备。

1. 扶植刘备，牵制吕布

兴平元年（公元 194 年）陶谦死后，刘备利用兼任徐州牧的机会，在徐州发展壮大自己的实力，同时还收留了吕布。但吕布偷偷摸摸与袁术联合，内外夹击刘备，将刘备打得一败涂地。刘备迫不得已，只好向吕布投降，吕布这才将俘获的刘备家属等归还给刘备，并让他回到了小沛。建安元年（公元 196 年），在糜竺的支持下，刘备重整旗鼓，东山复起，军队很快发展到一万多人。吕布担心刘备的崛起对自己造成威胁，于是率军再次攻打刘备，刘备败走后投奔曹操。

曹操非常热情地收留了刘备，并以朝廷的名义将刘备任命为豫州牧，试图将刘备拉到自己的麾下。曹操的属将劝谏说，刘备这个人胸有大志，野心勃勃，如果不除掉他，将来肯定会成为后患。曹操就此征询军师祭酒郭嘉的意见，郭嘉说：这种说法是对的，但

是，您兴起义兵除暴安良，诚心诚意地招募天下英雄豪杰，即使这样还怕他们不来。而刘备具有英雄之名，因走投无路才投奔于您，您如果现在把他杀掉，就会落下残害贤良的骂名。那些具有才智而又飘摇不定的人，看到您把刘备杀了，就会对您的招贤纳士之策产生看法，从而另选主人。因除去一人之祸而失去天下人的期望，这是得不偿失的事情，请您三思。曹操笑着说：你分析得很有道理。所以，曹操又为刘备增补兵马、提供粮草，并让刘备带着这些兵马和辎重回到小沛。刘备回去之后，又把被吕布打散的那些残兵败将聚拢起来，形成一支具有一定规模的军队。这样，刘备就有能力与吕布对峙了。从此，吕布害怕刘备抄他的后路，就不敢贸然北攻曹操了。

2. 派遣钟繇常驻长安，安抚西部割据军阀

正当曹操把徐州的事情安排妥当时，北方盟主袁绍给曹操送来了一封具有羞辱性、挑战性的书信，曹操气愤不已，便招来尚书令荀彧和军师祭酒郭嘉一起商议。曹操对两位谋士说，我打算讨伐背离君臣大义的袁绍，但我的兵马不如袁绍强大，应该怎么办呢？郭嘉回答：在楚汉战争中，刘邦的实力比不上项羽，但刘邦靠谋略战胜了项羽，这您是知道的。紧接着，郭嘉从道、义、治、度、谋、德、仁、明、文、武十个方面，分析了袁绍的十大劣势和曹操的十大优势。郭嘉说，袁绍繁礼多仪，而您有大格局，不纠缠细枝末节，此道胜一也；袁绍以逆天时、地利、人和而动，而您奉顺以率天下，以民之所欲而从之，此义胜二也；汉末政失于宽，袁绍以宽济宽，故没有威慑力，而您纠之以严，制度法令上下皆知，此治胜

三也；袁绍外宽内忌，用人而疑之，任人唯亲，而您用人不疑，唯才是用，人岗相宜，此度胜四也；袁绍多谋少断，经常错失大好机遇，而您谋略得当，遇事不乱，应变无穷，此谋胜五也；袁绍因累世之资，沽名钓誉，而您推诚而行，赏赐有功者毫不吝啬，那些忠正而有真才实学之士皆愿为您所用，此德胜六也；袁绍见人饥寒，面露怜悯之色，看不到的就不管不问了，而您对小事，时有所忽，至于大事，与四海接，恩之所加，皆过其望，虽所不见，虑之所周，无不济也，此仁胜七也；袁绍的大臣和将领争权夺利，互相诬陷，而您领导有方，御下以道，此明胜八也；袁绍是非不分，薰莸同器，而您泾渭分明，惩恶扬善，此文胜九也；袁绍善于虚张声势，不懂用兵之要，而您用兵如神，此武胜十也。最后，郭嘉说："今绍有十败，公有十胜，绍虽强，无能为也。"

曹操听完郭嘉的分析，高兴地说：照你的分析，我有什么德行能担当得起呀！曹操又提出：我最为担心的是袁绍扰乱关中，如果他向西与羌人、胡人实现联合，向南勾结蜀汉之地的武装势力，那我仅以兖州、豫州这两个地方来对抗全国六分之五的地区，有胜算可能吗？荀彧回答：关中的十多个军阀各怀鬼胎、各自为政；西部军阀中只有韩遂、马腾实力最为强大，当他们看到崤山以东地区发生战争，必然拥兵自保，如果我们用恩德去安抚他们，派遣使者与他们谈判联合，虽然不会长久安定，但足以维持到您拿下崤山以东地区。尚书仆射钟繇足谋多智，如果您派他去处理关中事务，那片土地您就不用操心了。

曹操采纳了荀彧的意见，上表献帝任命钟繇为侍中兼司隶校尉，负责监督关中地区各路军阀，还授予他先斩后奏的特权。

钟繇，颍川长社（今河南许昌长葛市）人。年少时相貌不凡，聪慧过人，曾与叔父钟瑜一起去洛阳，途中遇到一个相面先生，说白了就是靠耍嘴皮子忽悠人、骗钱之人。此人开始说这个孩子有大富大贵的相貌，但因钟瑜给他的钱少，很不高兴，又改口说虽然这孩子有富贵相，但也有被水淹的厄运，请小心行走。碰巧，叔侄二人走了不到十里路，在过桥时钟繇所骑的马突然受到惊吓，钟繇被掀翻落到水里，差点儿被淹死。钟瑜以为相面先生的话应验了，实际上只是巧合而已。于是钟瑜越加欣赏钟繇，让他专心学习。钟繇长大后，被察举为孝廉，不久被任命为尚书郎，又被下派到阳陵县（今陕西咸阳市附近）做县令。后来，钟繇因病离职。病愈后，他被"三公"府征召，朝廷任命他为高级审判官廷尉正，代表廷尉参加诏狱会审或独立决断疑狱等。之后，钟繇又担任黄门侍郎，主掌侍从皇帝左右、领受任务、关通内外等事。李傕当权时阻断了献帝与关东各州郡的联系，兖州牧曹操遣使与朝廷沟通，李傕、郭汜却拒绝接受曹操的诚意，打算将使者扣留下来。时任黄门侍郎的钟繇晓之以理，进行苦口婆心的劝谏，终于使李傕、郭汜改变了主意。曹操曾多次听到荀彧称赞钟繇的话，又听说他力劝李傕、郭汜善待自己的使者，因此对钟繇这个名字印象深刻。

兴平二年（公元 195 年），钟繇与尚书郎韩斌等谋划献帝东归，为实现献帝愿望起了一定的促进作用。后来，献帝将他提拔为御史中丞，又先后任命他为侍中、尚书仆射。朝廷还根据钟繇的功劳，赐封他为东武亭侯。这次钟繇被曹操任命为司隶校尉，并赋予特权，再次受到重用。

钟繇受命后，立即前往长安。他以文书的形式为割据势力头目韩遂、马腾等分析当前形势，陈述祸福利害，劝说他们早日归附朝廷。韩遂、马腾表示愿意臣服，并派遣儿子到朝廷任职，以充当人质。钟繇卓有成效的工作，为曹操平定北方创造了良好的外部环境。

3. 安抚和拉拢孙策

西部军阀不再给曹操捣乱了，曹操又抚慰和笼络孙策。建安二年（公元 197 年），曹操派遣议郎王誧携带献帝诏书去江东，任命孙策为骑都尉，并让他承袭其父孙坚的乌程侯爵位，还任命他兼任会稽郡太守。同时，诏书还命令孙策和吕布以及吴郡太守陈瑀共同讨伐袁术。孙策在接受了朝廷的任命、封爵和交办的任务之后，便向使者提出希望能得到将军名号的要求，以抬高自己的军事地位。使者就以献帝代表的名义，任命孙策为明汉将军，孙策当即表示愿意听命于朝廷。

曹操将上述安抚工作做好之后，便开始"出拳头"了，那么，他的头一拳将打向谁呢？（据《资治通鉴》第六二卷，《三国志·魏书·程郭董刘蒋刘传》《三国志·魏书·董二袁刘传》《三国志·魏书·荀彧荀攸贾诩传》《三国志·魏书·满田牵郭传》《三国志·魏书·武帝纪》《三国志·魏书·任苏杜郑仓传》《三国志·魏书·钟繇华歆王朗传》及裴松之引《傅子》）

4

曹操发起战略总攻　受降张绣擒杀吕布

　　曹操暂时安抚了西部一些军阀割据势力和江东军阀孙策之后，便开始考虑实施统一北方的大战略了。但在正式实行这个大战略之前，他还必须把护送献帝东归后留下来的那些西部军阀和割据宛城的张绣拔掉，因为他们就在许都的家门口。在轻松解决掉这两个问题之后，曹操便发起了统一北方的战略总攻。

一、收拾护送献帝东归的西部军阀

　　曹操将献帝接到许都之后，最不放心的就是原来控制献帝的那帮西部军阀——李傕、郭汜、杨奉、董承、韩暹、胡才、李乐等人，他担心这些人指不定什么时候进攻许都，抢走献帝。于是，建安元年（公元196年）十月，曹操率先攻打驻守在梁县的杨奉、韩暹，可他们不敢同曹操交战，一听到信儿便率军遁逃，投奔割据淮南一带的军阀袁术。

　　袁术看到杨奉、韩暹带领军队前来归降非常高兴。不久前，袁术曾派遣使者与吕布商谈和亲事宜，但吕布不仅拒绝将自己的女儿嫁给袁术的儿子，而且还将使者斩杀。袁术恼羞成怒，正在紧锣密鼓地部署军队攻打吕布。现在杨奉、韩暹投奔过来，袁术想让他们帮自己去攻打吕布。

建安二年（公元197年），袁术安排车骑将军杨奉、司隶校尉韩暹的部队与自己的大将张勋、桥蕤的部队共数万人，分七路向吕布主力部队所屯驻的下邳发起攻击。

吕布在下邳的步兵仅三千人、骑兵四百人，当他听说张勋、桥蕤和杨奉、韩暹的联军分七路来攻打下邳的消息后，以赠送钱粮为诱饵，诱使杨奉、韩暹的军队在下邳战场上临阵倒戈。当杨奉、韩暹和张勋、桥蕤的联军向吕布的军队发起攻击时，杨奉、韩暹却突然调转枪头，由进攻吕布转变为反击袁术。在内外夹击之下，张勋、桥蕤的军队一败涂地，遭受重创，桥蕤也被吕布活捉。袁术以前坑吕布的办法，现在吕布又返还给了袁术和他的盟军杨奉、韩暹。

吕布曾经许诺为杨奉、韩暹提供钱粮，但打垮袁术之后并没有兑现。杨奉、韩暹找吕布讨账。吕布说：不是我放着钱粮故意不给你们，我的军队也缺钱粮，一旦我把钱粮征集上来，宁可不供应我的军队也要先给你们。同时，吕布还唆使他们去抢劫刘备的军需物资。于是，杨奉、韩暹的军队就在周边地区大肆抢劫，并抢劫了刘备在小沛的军需仓库，但靠抢掠并不能真正解决军队的吃饭问题，吕布画的饼又不能充饥，于是，他们打算去荆州投靠刘表。对此事，吕布坚决不同意。杨奉知道吕布与刘备有积怨，就暗中与刘备联络，意欲与刘备联合起来攻打吕布。此时，刘备也耍了一个花招，他表面上假装很乐意与杨奉等联合，而实际上就想借机把抢掠自己军用物资的杨奉等干掉。

车骑将军杨奉率军来到沛县，刘备请杨奉进城喝酒，为他接风洗尘。酒宴开始后，刘备就把杨奉捆绑起来杀掉了。

杨奉死了，司隶校尉韩暹孤立无援，只好带领十几名骑兵逃往并州，走到杼秋县（今安徽宿州市砀山县东南一带）时，被该县县令张宣逮住并杀死。

留在河东郡的两位将领先后离世，征东将军胡才被自己的仇人所杀，征北将军李乐病逝。

建安二年（公元 197 年），车骑将军郭汜被部将伍习杀死。

建安三年（公元 198 年），朝廷派遣河东郡闻喜县（今山西运城市闻喜县）人，谒者的长官、掌管朝廷礼仪和传达命令的谒者仆射裴茂去关中传送献帝的诏书，命令段煨等将领联合起来讨伐大司马、车骑将军李傕。段煨等在黄白城（今陕西咸阳市三原县东北）击败李傕，并将李傕及其三族全部杀光。段煨将李傕的头颅送往许都，因此被朝廷任命为安南将军，后又改任镇远将军，领北地太守，封闅乡侯。

至此，原先护卫献帝的一行人员中，除了董承因其女儿董贵人受献帝宠爱，仍在朝廷担任车骑将军外，其他人全都"黄叶无风自落"。曹操虽然不用担心那些护驾之人了，但距离许都二百公里左右、割据南阳、驻守宛城的军阀张绣，依然是他的心头之患。（据《资治通鉴》第六二卷，《后汉书·刘焉袁术吕布列传》）

二、三次讨伐张绣，终将张绣收入麾下

张绣是骠骑将军张济的侄子。兴平二年（公元 195 年），张济

与郭汜、杨定、杨奉、董承等人在护送献帝东归的途中产生矛盾，后离开护送团队，与先后离开献帝的李傕、郭汜搞在了一起。当年腊月，李傕、郭汜、张济率军与董承、杨奉在弘农郡东涧展开大战，董承、杨奉兵败逃走。张济与李傕、郭汜将护送团队丢下的物资等分光之后，便分道扬镳，张济率其部众屯驻弘农。建安元年（公元196年），因"士卒饥饿"，张济率部众从弘农进入荆州地界，攻打和抢掠南阳郡穰城（今河南南阳邓州市）。在战斗中，张济不幸被流箭射中而死。对此，"荆州官属皆贺"。荆州牧刘表对他们说：张济因穷途潦倒来到荆州，我作为主人，未尽到礼节，以至于双方交战，这并非本官的旨意，本官只接受哀悼，不接受祝贺！刘表派人"纳其众"，而张济的部众"闻之喜，皆归心焉"。张济的侄子、建忠将军张绣"代领其众"，驻守在宛城，为刘表守卫北藩。

新军阀张绣本为凉州豪族，早年在安定郡祖厉县（今甘肃白银市会宁县境内）做县吏，在县长刘隽手下干一些跑腿打杂的工作。当时，"边章、韩遂为乱凉州"，金城（今甘肃兰州市）人麴胜袭击并杀死了祖厉县长刘隽。县吏张绣对麴胜袭杀与自己朝夕相处的刘隽县长气愤不已，于是他寻找机会杀死了麴胜。安定郡广大吏民都认为张绣大仁大义，忠肝义胆，张绣由此扬名。为防范死者方伺机报复，张绣在当地募集了一批青少年，拉起了一支队伍，成为"邑中豪杰"。后来，张绣率其部众追随叔父张济，因作战勇猛被任命为建忠将军，封宣威侯。叔父张济死后，张绣接掌了他的兵权，并率领部队驻守宛城，"与刘表合"。张济的遗孀邹夫人跟随侄儿张绣在军中生活。

建安二年（公元 197 年）正月，曹操亲率大军讨伐张绣。张绣知道曹操的兵马数倍于己，与曹操交战，无疑是以卵击石，所以当曹操大军抵达郦县淯水一带时，张绣便率领部众向曹操投降。曹操在纳降时见到了张绣的婶婶邹夫人，立即被她那美丽的容貌、独特的魅力、曼妙的身姿所吸引，于是"操纳张济之妻"。对此事，"绣恨之"。他觉得曹操这样做，是对叔父的侮辱和对他的蔑视。而就在此时，曹操派人向张绣手下的猛将胡车儿送去了金子，"绣闻而疑惧"，怀疑曹操收买胡车儿是想对自己下毒手。于是，张绣发动了对曹操的突然袭击，杀死了曹操的长子曹昂、侄子曹安民、猛将典韦，曹操也被流箭射中，只好率领军队逃至南阳郡舞阴县（今驻马店市泌阳县西北二十九公里）。张绣率领骑兵追击，却被曹军打败，张绣退回穰城，与刘表联合。不久，曹操率军返回许都。

同年冬，曹操第二次进攻张绣，引军攻破了湖阳县（今南阳市唐河县），活捉了刘表部将邓济。曹操再次占领了舞阴县。

次年春，曹操回到许都，打算再次进攻张绣，军师荀攸劝谏说：目前张绣虽与刘表联合，力量大增，可是，张绣是外来的，其粮草供应完全依赖刘表，而刘表无力长期供给，久而久之两人必定闹翻，所以暂不出兵，以等待变化。我们可采取软招，吸引张绣来投靠我们。如果进军紧逼张绣，刘表一定会拼死相救，这会增加我们进攻的难度。曹操没有采纳荀攸的意见，他发兵包围了张绣驻守的穰城。刘表果然出兵相救，把曹军打败。曹操对荀攸说：没有听您的话才造成这样的局面。正在此时，袁绍手下有人来投奔曹操，向曹操提供了袁绍正在为进攻许都做准备的消息。曹操得到此消息后，赶紧从穰城撤军，欲赶回许都布防。张绣得知曹操撤军，就对曹操大军穷追不舍，刘表也率军在曹军必经之路南阳郡安众县（今河南南阳邓州市境内）进行拦截。曹操腹背受敌，处境非常危险。在这种情况下，曹操表现出一副从容淡定的神态，他给荀彧写信说：我到达了安众，一定能击败张绣。曹操命令士兵连夜挖掘坑道，埋设伏兵，而后假装逃跑。等张绣和刘表率军追至，伏兵万箭齐发，骑兵、步兵前后夹击，将张绣、刘表的军队打得溃不成军。荀彧询问曹操，您是怎么知道敌军必败的？曹操回答：敌人阻止我军退路，将我们置于死地，我们不想死，就得豁出来拼命，所以，我知道我们必胜无疑。穰城之战充分显示出曹操高超的指挥才能。

在张绣方面，也有一位料事如神的大谋士，他就是贾诩。贾诩在护送献帝东归的路上发现段煨对他充满疑心，于是向同乡张济、张绣叔侄表达了愿意到他们阵营效力的意思。张济叔侄非常高兴，并表示热情期待和欢迎。贾诩护送献帝回到洛阳后，便投奔了张济、张绣。

贾诩成为张绣的谋士之后，在张绣抵抗曹操的战役中发挥了重要作用。当张绣想乘胜追击曹操时，贾诩阻止张绣：不能去追，追则必败！但张绣没有采纳贾诩的意见，结果大败而归。贾诩登上城墙，对因败而撤回的张绣说：现在再去追击，必胜！张绣问贾诩：上回没有听从您的话，导致失败，现在为什么还要再追？贾诩说：战场形势瞬息万变，现在赶紧去追，不要耽误时间！张绣立即收拾残兵败将再度追击，果然得胜而归。张绣非常高兴，问贾诩：用胜军去追击敌人败兵，您说必败；用败兵去追击敌人胜军，您说必胜。这是怎么回事呢？贾诩说：这个道理是明摆着的，将军您善于用兵，但不是曹操的对手。曹操大军刚开始撤退时，他必然亲自断后，所以，您同他交兵，我就知道将军您必败。曹操进攻将军，既没有失策之处，也没有把力量用尽，他忽然率兵撤退，一定是后方发生了什么变故。曹操打败了您的追兵，必然轻装速行，他一定会让其他将领断后。其他将领虽然勇猛顽强，但不是您的对手，所以，虽然将军率领败军去追击曹操胜军，也必能获胜。张绣听了贾诩的分析之后，对贾诩佩服得五体投地。

建安四年（公元 199 年），袁绍派人去招降张绣，他写信给贾诩，请求结盟。张绣想答应下来，但贾诩却当着张绣的面回绝了袁绍的来使，并劝告张绣："不如从曹公。"但张绣对投降曹操顾虑重重，因他第一次向曹操投降时，曹操不仅霸占了他的婶婶，还拉拢腐蚀他的爱将胡车儿，为此他发起突然袭击，射伤了曹操，斩杀了曹操的儿子、侄子和一些将士，如果再次投降曹操，肯定会遭到他的报复。贾诩告诉张绣：曹操志向远大，是个干大事的人，他要立信于天下，一定不计前嫌。在贾诩的分析和劝说下，张绣再次投降了曹操。正如贾诩所说的那样，曹操不仅不计前嫌，而且还非常热情地迎接他，并专门为张绣设宴，两人在酒桌上谈笑风生，犹如故友。曹操还与张绣结成儿女亲家，让儿子樊安公曹均（母为周姬）娶张绣之女为妻，并把张绣封为杨武将军。后来因张绣屡立战功，曹操又多次提拔他。张绣成为曹军阵营中的名将和高官。曹操对贾诩力劝张绣率众归服深表感谢，他拉着贾诩的手说：让我的信誉播扬天下的人就是你啊！于是曹操任命贾诩为保卫许都的总头执金吾，封爵都亭侯，又提拔他担任冀州牧。

张绣投降曹操后，荆州南阳郡就划入了曹操的地盘。(据《资治通鉴》第六三卷，《三国志·魏书·二公孙陶四张传》《三国志·魏书·荀彧荀攸贾诩传》)

三、袁术不攻自破，逆势称帝后不久病死

自命为"徐州伯"、盘踞寿春的袁术，早就觊觎徐州这块大肥肉。徐州牧陶谦健在时袁术就谋划过攻打徐州，为此他曾向庐江太守陆康索要米粮三万斛，目的就是为进攻徐州筹集军粮。但陆康是条汉子，一粒米也没有给他，因此袁术只好暂时搁置进军计划。陶谦死后，刘备担任了徐州牧。袁术知道刘备走马上任不久，兵马不足，于是亲自率军攻打徐州。双方在盱眙、淮阴对峙一个多月，互有胜负。后来袁术诱使吕布与自己合作，共同打败了刘备，吕布趁机夺取徐州，袁术也占领了徐州广陵等地，并任命吴景为广陵太守。袁术打了胜仗，又扩大了地盘，其政治野心急剧膨胀，进一步加快了称帝的步伐。

(一)逆势称帝，不得人心

古人认为，天地是万物之主，而皇帝秉承天地之意来治理百姓。袁术早就有称帝的打算，但他还需要显示父天母地的授命。于是就有人顺应袁术的旨意制造谶文说："代汉者当涂高。"而袁术

"自以名字应之"。他认为，谶文中"涂"字与其名字的"术"字和表字"公路"相应，并认为他的祖先生活在春秋时代的陈国，袁姓出自陈，是舜的后裔。舜是土德，黄色；汉是火德，赤色；以黄代赤，符合五行运转的顺序。经他这么一解释，就好像取代汉朝的人非他莫属了。初平元年（公元 190 年），关东各路军阀组成联盟军讨伐董卓，董卓逼迫汉献帝迁都长安后，焚烧宫殿，挖掘皇陵，抢掠珍宝，洛阳城内一片狼藉。孙坚率军攻击董卓，打跑洛阳城守将吕布，率先进入该城。孙坚军"城南甄官井上，旦有五色气，举军惊怪，莫有敢汲。坚令人入井，探得汉传国玺"，于是孙坚将它包裹好后借口江东有事打道回府，交给妻子吴夫人收藏。袁术得到消息后，心心念念想得到它。孙坚死后，袁术"拘坚夫人而夺之"。袁术有了传国玉玺，更是"帝迷心窍"，满脑子都是"皇帝梦"。

兴平二年（公元 195 年）冬，献帝东归洛阳途中遭到李榷、郭汜等人追击，逃亡到曹阳。袁术听到这一消息后兴奋不已，他认为时机已到，于是召集部属开会，他说：当前，"今刘氏微弱，海内鼎沸"，我袁家连续四代都是公卿宰辅，德高望重，百姓归附，我想顺应天命和民心，现在登基称帝，各位觉得怎么样？部属谁也不敢说什么，只有主簿阎象说，从历史上看，自黄帝的玄孙姬弃一直到周文王姬昌，世代累积功业和恩德，并且已经占有了全国三分之二的土地，但仍然臣服于殷商。虽然明公家族四世都有高官，也恐怕比不上姬氏家族那样昌盛；再者，汉朝虽然衰弱，但没有像商纣王那样残暴苛刻，恐怕也不能与殷纣王相提并论！袁术听了阎象这番话，虽然没想到合适的语言来反驳，但心里非常恼怒。

袁术知道，若称帝，需要得到众人的赞同和支持，特别是需要有名望的人站出来为他摇旗呐喊，进而影响人们的政治倾向。为此，他邀请陈珪和张范为他站台。

陈珪，字汉瑜，徐州下邳人。他是原太尉陈球之侄，吴郡太守陈瑀、汝阴太守陈琮的堂兄，陈登、陈应之父。陈珪出身于名门世家，与袁术都是公卿子孙后代，"少共交游"。陈珪最初被推举为孝廉，不久被任命为北海国剧县（今山东寿光市之南）县令。后来，陈珪弃官，赋闲一段时间后，又担任了沛国（今安徽淮北市境内）国相。

袁术图谋称帝，希望沛国国相陈珪来给他捧场，于是便写信召陈珪至淮南。他在信中说，从前秦王朝政治混乱，天下的英雄豪杰竞相起事，只有智勇双全的人最终取得天下。目前国家政局混乱不堪，天下再现土崩瓦解之势，又到了英雄横空出世的时候了。您是我的老朋友，难道不肯助我一臂之力吗？如果我干成大事，您就是我最亲近和最得力的人。袁术又担心陈珪不肯顺从，于是就将当时在下邳的陈珪次子陈应抓为人质。然而，陈珪始终没有应召，他只是给袁术回了一封信，信中说：秦朝末世，皇帝严酷残暴，百姓痛苦不堪，所以才土崩瓦解。现在虽说处于衰败时期，但尚未出现秦朝苛政暴虐所引起的动乱。曹将军英明神武，顺应时代潮流，正在恢复国家法度，相信凶残邪恶之人必将扫除，天下清平必将到来，目前已经显示出预兆。我以为您会与曹将军同心协力、共辅汉室，而您却暗地里图谋不轨，自招灾祸，岂不让人痛心！如果您迷途知返，尚可以免祸。您是"吾备旧知，故陈至情，虽逆于耳，骨肉之惠也。欲吾营私阿附，有犯死不能也"。袁术想拉拢陈珪的计划落空了，陈珪不仅不支持他的称帝活动，还给他上了一堂思想政治教育课。

袁术在陈珪那里碰了钉子，于是又打算征召张范到他即将建立起的"朝廷"为官。

张范，字公仪，河内修武（今河南新乡市获嘉县）人。他出身于名门世家，西汉留侯张良之后，司徒张歆之孙，太尉张延之子。其家族声望在当时无人不晓。张范性情恬淡，安于守道，喜欢帮助穷人，善待孤寡老人，鄙视名利，不追求升官发财，对朝廷和豪杰的历次征召，均未应从，一直隐居在家。面对袁术的征召，张范自称有病不肯应从，他派遣弟弟张承去向袁术说明情况，并表示歉意。袁术就其称帝一事询问张承的意见。张承说，称帝之事在于德，而不在于强，用德来顺应天下大势和百姓愿望，即使用一个人的力量去建立霸王之业，也不难；如果篡位，违背天时而动、逆势而行，就会被众人所抛弃。袁术听后很不高兴。当时，传言说曹操即将征伐袁术，袁术又问张承：听说曹操想用几千个疲惫士兵来与我十万大军对抗，真是以卵击石，自不量力啊！对此，你怎么看？张承回答：虽然汉朝整体实力衰弱了，但天命还在。现在曹操挟天子而令天下，即使同百万大军交战，也能够取胜。袁术听后更不高兴。由于张范、张承兄弟名闻遐迩，袁绍才没敢加害于他们。

孙策听到袁术打算称帝的消息后，便给袁术写了一封长信，进行规劝。他在信中说，当今天子并没有对天下百姓犯有什么过错，即使朝政存在一些问题，也只是年龄幼小而被强臣所迫。像董卓那样贪婪残暴、野心勃勃的人，都没敢废黜天子而自立为帝，您家中几代连续出任汉朝的"三公"或其他重臣，任何一个家族都无法与袁家相比，作为袁家后代，您应该忠心耿耿、严守臣道，以报答汉朝的厚恩。现在，有的人常常被谶纬之类的预言所迷惑，那些所谓能预知未来事的人，望文生义，牵强附会，只是为了讨主人欢心罢了，他们并不考虑事情成败及其后果。"天子之贵，四海之富，谁不欲焉？义不可，势不得耳"，"帝王之位，不可横冀"，称帝之事古今所慎，"不可不深择而熟思"。袁术本以为孙策会支持自己，没想到他也持反对意见，而且还教训了自己一番。袁术十分沮丧，不久大病一场。病愈后，袁术没有听从孙策的劝告，依然紧锣密鼓地张罗称帝之事。于是孙策在江东宣布脱离袁术而自立，与袁术断绝一切关系，从此不再往来。孙策还赶走了袁术所任命的丹阳太守，即袁隗之子、袁术从弟袁胤。袁术所任命的广陵太守吴景、都尉孙贲在收到孙策的书信之后，也都与袁术断绝了关系，归从孙策。这就使得袁术丧失了徐州广陵和江东的大片土地，经济和军事实力大为削弱。

袁术失去孙策等人之后，打算加强与吕布的"和亲"关系，将吕布作为自己的外援。此前，袁术运用计谋，诱使吕布在下邳将徐州牧刘备打垮，吕布自任徐州牧。当时，袁术就想与吕布和亲。此事得到吕布同意。袁术认为，与吕布这个"准亲家"结成统一战线，就能弥补失去广陵和江东的损失，也有利于支撑自己称帝。

建安二年（公元197年），河内人张鲂为袁术卜卦，说他有做皇帝的命。袁术以此为由，大张旗鼓地在寿春举行登基仪式，公开宣称自己为皇帝，建号仲氏，自称"仲家"，置公卿，在南北郊建祠；将九江郡改为淮南尹，作为京都地方行政长官。从此，袁术就把自己当成了真皇帝，生活荒淫奢侈、挥霍无度，后宫妻妾竟达数百人。在"仲家"袁术所统治的江淮地区，人口、土地等资源有限，经不起他挥金如土般的瞎折腾。袁术为了满足他和妻妾们的高消费，一方面大力压缩和裁减军队开支，另一方面大肆向老百姓加征税赋。当时正赶上灾荒，军队士兵处于饥寒交迫之中，经常下乡抢掠，老百姓承受着灾荒、重赋、掳掠等多重压力，无奈之下，他们只好背井离乡，四处逃亡。（据《后汉书·陈王种陈列传》《后汉书·刘焉袁术吕布列传》《三国志·魏书·董二袁刘传》《三国志·吴书·孙破虏讨逆传》,《资治通鉴》第六二卷）。

（二）与吕布结亲失败，与杨奉、韩暹合击吕布被策反

袁术称帝后，便派部下韩胤前往徐州，向吕布通报他登基称帝和更换年号之事，同时迎娶吕布的女儿到寿春与其儿子成婚。沛国国相陈珪获得消息后，担心袁术与吕布结成亲家之后徐州和扬州联为一体，会大大增加曹操统一全国的难度，于是去离间吕布与袁术的关系，劝说吕布解除婚约。陈珪对吕布说，曹公逢迎天子、辅佐朝政，将军您应该与曹公同心协力、共商大计才是正道。如果您与自称为帝的袁术结成儿女亲家，必然会落下不义的名声，将来会陷入危险的境地。经陈珪这么一说，吕布又想起当年他与李傕等人在长安交战失利后投奔袁术，袁术不愿接纳自己

的往事，深感与袁术做儿女亲家是不妥的。这时，吕布的女儿已随韩胤上路，吕布派人快马加鞭将女儿追了回来。吕布不仅拒绝了这门亲事，还把袁术的使者韩胤捆起来，拉到许都街市上处斩示众。

陈珪为曹操办了一件大事。趁此机会，陈珪想让长子陈登去见曹操，向曹操当面汇报这件事的来龙去脉，但吕布坚决不同意陈登去曹操那里。恰在此时，献帝下发诏书任命吕布为左将军，曹操也给吕布写来了亲笔信，对吕布大加安抚、慰勉和拉拢。吕布非常高兴，改变了不让陈登去见曹操的主意，并让陈登带上自己谢恩于献帝的奏章和给曹操的复信，委托陈登请求朝廷任命自己为徐州牧。此前，吕布与袁术联手打败了徐州牧刘备，吕布自任徐州牧，这次他想让朝廷下诏正式任命他为徐州牧，这样就合法化了。哪知陈登见到曹操之后说，吕布这个人有勇无谋，已经定下的事儿经常变卦，应该尽早去收拾他。曹操说，吕布的狼子野心，确实难以长期豢养，除了你，没有人能够洞察他的虚伪。曹操因陈登的父亲陈珪的忠心和功绩，将陈珪的官秩提到二千石，并任命陈登为广陵郡太守。

徐州广陵郡地处徐州南部，长江下游东岸，自汉顺帝开始辖广陵、江都、高邮等十一个县。曹操任命陈登为广陵郡太守，意味着广陵郡又为曹操所控制。此地对曹操非常重要和关键，是曹操在南方的又一个桥头堡。

曹操在与陈登任前谈话时，紧紧拉着陈登的手，动情地说，南方那边的事情，就拜托给你了。曹操还交代陈登要暗中联络部众，发展势力，作为他下一步攻打南方的内应。

　　吕布得知陈登父子都升了官，而他托付陈登游说曹操下诏任命自己为徐州牧的事情没有办成，一下子就火了，他拔出戟来猛击桌面，厉声说：你父亲劝我与曹操联合，要我拒绝与袁家的婚事，如今，我要求曹操任命我为徐州牧，却被曹操拒绝，而你们父子却升官拜爵，我被你们父子出卖了！陈登慢条斯理地对吕布说：我见曹操时对他说"养将军就如同养老虎，必须让他吃饱，否则他就会吃人"，但曹操却说"你说得不对，实际上就像养鹰一样，只有让他饿着，他才会服从命令；如果让他吃饱，他就会展翅高飞，再也回不来了"。吕布闻听此言，认为陈登为他努力争取了，是曹操有意吊着自己的胃口，所以，也就不再记恨陈登了。

　　袁术获知吕布出尔反尔，不仅撕毁了婚约，而且把自己的使者韩胤斩首示众，气得肺都要炸了。于是，他命令大将张勋、桥蕤去攻打吕布。此时，正好杨奉、韩暹被曹操打出梁县而来投奔袁术，袁术便安排他们与张勋、桥蕤合兵，分七路进攻吕布。吕布得知张勋、桥蕤和杨奉、韩暹组成联军来攻打自己，担心抵挡不住，便埋怨陈珪：你让我与袁家解除婚约，结果得罪了袁术，如今招来袁术的部队，我该怎么办？陈珪回答：杨奉、韩暹与袁术联合只是权宜之计，没有永久的利害，不可能长期合作。我儿子陈登预料，他们就如同几只好斗的公鸡，不可能同时住在一个窝里，很快就会分崩离析。陈珪又给吕布出主意，让他给杨奉、韩暹写信，说两位将军护送天子功标青史，而我亲手杀死董卓也是有功之人，咱们都是为国家立了大功的人。现在，你们为什么与自称为帝的袁术搞在一起呢？依我之见，不如咱们合兵打败袁术，为国除害，再立新功。吕布还在信中承诺，将自己的粮草全部拨给杨奉和韩暹。杨奉、韩暹接到吕布的信后非常高兴，立即与袁术决裂，并与吕布合作。当吕布的军队距离张勋的大营只有一百来步时，杨奉和韩暹的部队立即倒戈杀向张勋。张勋及其部众始料未及，被这突如其来的内讧和外敌吓得四处逃散。吕布的军队趁机斩杀袁术十名将领，"余众溃走，其所杀伤、堕水死者殆尽"，袁术大军受到重创。

由于袁术称帝之后一直忙于后宫，再加上他的军队中缺乏战略谋士，当战场上杨奉、韩暹临阵倒戈时，袁术的军队除了被动挨打之外，一无所措。袁术在建安元年（196 年）率军攻打徐州牧刘备时，曾写信给投奔在刘备麾下的吕布，许诺赠送二十万斛大米，策反了吕布，使吕布临阵倒戈，调转枪头攻打刘备。袁术没有想到吕布竟然会效仿自己——用同样的方式策反投奔在自己麾下的杨奉、韩暹，使他们也把枪头调转过来攻打自己，真可谓是"以其人之道还治其人之身"，"一报还一报"啊！（据《资治通鉴》第六二卷，《后汉书·刘焉袁术吕布列传》）

（三）袁术把家底折腾光后穷困潦倒而死

建安二年（公元 197 年）秋，曹操率军讨伐袁术。袁术听说曹操大军来袭，非常恐惧。在攻打吕布的战争中，袁术的大将桥蕤被吕布活捉，但后来吕布把他放了。袁术派遣桥蕤等据守蕲阳城（今湖北黄冈市蕲春县），以抵抗曹军攻击，自己却弃军逃跑了。袁术这一跑，军队的士气转瞬即逝。曹操大军不费吹灰之力攻破了蕲阳城，斩杀了袁术的大将桥蕤、李丰、梁纲、乐就等人，几乎把袁术的军队收拾干净。

袁术渡过淮河，逃到淮北。当时，南方地区发生了多年未遇的旱灾，蝉喘雷干，饿殍遍野，沛相舒邵力谏袁术散粮济民。袁术大怒，欲斩杀舒邵。舒邵从容地说：我知道自己一定会死，才这么劝您。我愿意以一人之命，而使众多饥民得到救助。袁术闻听此言，拉住舒邵的手，动情地说：舒邵啊，你只想获得天下的好名声，为什么不愿意与我分享呢？

袁术又向陈国索要粮草，但如同庐江太守陆康那样，陈王刘宠和国相骆俊也把袁术顶了回去。袁术气愤不已，派遣刺客杀死刘宠和骆俊，陈国从此衰败下去。

建安三年（公元 198 年），袁术任命周瑜为居巢县（今安徽合肥巢湖市东北）县长，鲁肃为东城（今亳州市利辛县境内）县长。周瑜、鲁肃"知术终无所成""皆弃官渡江从孙策"。袁术急红了眼，派遣密使将印绶授予"泾县大帅""丹阳宗帅"祖朗，要求祖朗联合山越势力袭击孙策。孙策亲自率军在陵阳（今安徽九华山东南麓一带）将祖朗生擒，祖朗向孙策投降。

此时，袁术靠墙墙倒、靠人人跑，连过去跟随自己多年的将领也公开叛逃了，如他的猛将陈兰、雷薄率领部队在当地抢夺了一些粮食之后逃往灊山（今安徽六安市霍山县东北一带）。袁术连吃败仗，再加上将领叛逃，他的军队数量少得可怜，统治区内的老百姓户口也连年下降。袁术破罐子破摔，放弃了所有的希望，其奢靡荒淫的程度比以前更加厉害，时间不长，就将储存的粮食和其他物资消耗殆尽。于是，他命人烧毁宫殿，率领寥寥可数的近臣，去投奔在灊山一带落草为寇的陈兰、雷薄，可是二位下属拒绝相见。袁术带着仅有的三十斛麸子、糠皮，犹如一只丧家之犬，到处流浪。在流浪途中，跟随他的官兵不断有人逃走。无奈之下，袁术只好派人把"皇帝的尊号"送给他同父异母的哥哥袁绍，并给袁绍捎口信说，汉王朝的气数已尽，"袁氏受命当王"，符命、祥瑞都已显示。现在，您拥有四个州的地盘，人口一百多万户，"以强则无与比大，论德则无与比高，曹操欲扶衰拯弱"，然而已经中断的天命岂能轻易接上！因此，我谨将上天授予的使命奉献于您，请您振兴袁家大业！

袁绍看到弟弟已落到这个地步，怜悯之心油然而生，同意接纳他。但袁术还是决定去投奔袁绍的长子、时任青州刺史的袁谭。袁谭获悉后，从青州出发去迎接袁术。袁术原打算从下邳城北面通过。曹操获得这一情报后便派遣刘备、朱灵率军前去拦截，袁术无法通过，只好退回寿春。

建安四年（公元 199 年）六月，正值盛夏时节，穷困潦倒的袁术到达了江亭（今湖北荆州市松滋县北十八公里）。他坐在只铺着一张破竹席的旧床上，厌烦无语，愁多病也多，浑身上下都不舒服。此时，他最想喝一碗蜂蜜水来解渴化烦，可是手下的人跑了半天也没有弄到蜂蜜。

残蝉噪晚，月色淡阴。袁术叹息：真没想到我袁术竟然沦落到这个地步！往事重游，浑如乱梦。他感慨、骄傲、气愤、懊丧、追悔，各种思绪像一团乱麻在他的脑海里搅来搅去，终于这团乱麻化为一口鲜血，被吐了出来——自欺欺人做了两年"皇帝"的袁术就这样死了。罗贯中在《三国演义》中专门为袁术赋诗一首："汉末刀兵起四方，无端袁术太猖狂；不思累世为公相，便欲孤身作帝王；强暴枉夸传国玺，骄奢妄说应天祥；渴思蜜水无由得，独卧空床吐血亡。"（据《资治通鉴》第六二、六三卷，《后汉书·刘焉袁术吕布列传》《三国志·魏书·董二袁刘传》）

四、曹操率军攻打吕布，吕布兵败被处死

兴平二年（公元 195 年），吕布背叛刘备，偷袭下邳，将刘备打败，控制了徐州。次年，袁术派手下猛将纪灵等率领三万人向尚未恢复元气、屯驻小沛的刘备发起进攻，刘备招架不住，向吕布求救。吕布手下的将领们说，将军您一直想除掉刘备，如今可借袁术之手达成自己的目的，不能救他。吕布说，如果袁术打败刘备，占据了小沛，那么他一定会联合泰山一带的武装势力，那我们就会处在袁术的包围之中，因此，我们必须救援刘备。于是，吕布率领步兵千人、骑兵二百人，火速赶往小沛。纪灵等人听说吕布来救援刘备，不敢轻举妄动，暂时休兵。吕布在距离小沛西南一里的地方安营扎寨，并派人请纪灵等将领来吃饭。吕布对纪灵等人说：刘玄德是我的贤弟，如今他被诸位所围，我特意赶来救他。我生性不愿看见别人争斗，而喜欢替别人化解纷争。吕布命令看守营门的小吏竖起一支戟，然后对大家说：诸位看我射戟上的小支，如一发射中，诸君要立即停止进攻，离开这里；如射不中，那你们就与刘备决一死战。吕布随即引弓向戟射出一箭，正好中了小支。诸将大为震

惊，纷纷赞扬：将军您真是神武啊！第二天，吕布又设宴与诸将欢饮，然后各自退兵。

袁术的军队退去之后，刘备抓紧时间发展壮大自己势力，很快就集结起一万多人的军队。看到刘备东山复起，吕布心生嫉妒，认为刘备重新做大必然会对自己构成威胁，于是率军去攻打刘备。刘备很不经打，很快就失败了。刘备逃跑，北投曹操。曹操任命刘备为豫州牧，并资助军粮、增拨兵马，让他回到小沛，再把失散的兵卒收集起来，以牵制吕布北攻。

吕布见刘备得到了曹操的军援，并替曹操牵制自己，于是在建安三年（公元198年）与袁术通好。在袁术的支持下，吕布派遣高顺和张辽率军再次攻打驻军小沛的刘备。

高顺，系吕布手下的中郎将，为人廉洁，不饮酒，有威严，治军有方。其统领的部队只有七百多人，号称千人，虽然人少，但都是善骑射的精兵，武器也非常精良，士卒们作战勇猛顽强，被人们称为"陷阵营"。吕布性情不稳，反复无常，高顺经常劝谏他。吕布虽然知道高顺忠心，但既不采纳他的意见，也不重用他。建安元年（公元196年）夏，吕布的属将河内人郝萌在袁术的挑拨下发动叛乱，率兵攻打吕布驻守的下邳，因城池坚固，未能攻破。吕布不清楚缘由，带着老婆孩子逃到中郎将高顺的营垒。高顺问吕布，那个叛乱者是谁？吕布说，听那人说话的口音，极有可能是河内人。高顺判断一定是郝萌（河内人，吕布手下的"八健将"之一）干的，于是率领陷阵营前去平叛。郝萌的副将曹性（吕布的八健将之一。曹操征讨吕布时，曹性一箭射中了曹操属将夏侯惇的左眼）反对郝萌叛乱，便与他对战。在战斗中，郝萌刺伤了曹性，曹性砍下了郝萌一只胳膊，最终高顺斩杀了郝萌。吕布问曹性，谁是主谋？曹性回答：陈宫同谋！当时，陈宫也在座，瞬间脸色大变。而吕布仍然以陈宫为大将，对其同谋造反一事不闻不问。可是，高顺眼里容不得沙子，遂与陈宫交恶，结下仇怨。不知吕布是受陈宫的挑拨，还是他猜疑，他对高顺更加疏远了，并将高顺统领的"陷阵营"交给自己的亲戚魏续管理。每有战事发生，吕布命令魏续把兵符和"陷阵营"交还给高顺，让高顺领兵出战。对此，"顺亦终无恨意"，还像过去一样维护吕布的形象和声誉。

建安二年（公元 197 年），徐州地盘上的琅邪国相萧建驻守在莒城（今山东日照市莒县）。自从吕布自任徐州牧之后，萧建从未与吕布这个顶头上司联系过。吕布写信批评萧建，萧建赶忙准备了一批物资，还写了一封解释信，打算让主簿去向吕布进贡。不巧，独立军阀臧霸率领部众将莒城攻破，缴获了萧建为吕布准备的那些贡物。吕布得知后，欲率兵讨伐臧霸。高顺劝谏吕布：将军亲手杀死董卓，连华夏以外的夷狄都受到震慑，有您坐镇，远近之人自然畏服。将军您有这么大的名声，所以不能轻易出军，万一失利，损害自己的名誉可不是小事。吕布拒绝高顺的建议，坚持出兵讨伐。结果，臧霸据城不出，吕布攻城不克，无功而返，回到下邳。"霸后复与布和"。尽管吕布拒纳高顺的忠言，但高顺没有因此而挫伤自己的积极性和忠心。这次吕布安排高顺与张辽一起攻打刘备，高顺二话没说，拉起"陷阵营"就与张辽所部一起出发了。

张辽，字文远，雁门郡马邑（今山西朔州市）人。马邑是北方边塞重镇，匈奴人屡次侵犯该邑，朝廷征伐匈奴也多从马邑出兵。张辽自幼就经历了边塞战乱，所以在少年时便开始习武强身，长大后在雁门郡府做史。中平五年（公元188年），并州刺史张懿在抗击匈奴时战败被杀。出身于贫寒之家、善骑射的丁原被朝廷破格任命为并州刺史。丁原听说张辽臂力过人、武艺高强，便征调他到州府担任了从事。灵帝末期，天下大乱，掌握朝廷兵权的大宦官蹇硕欲充实朝廷兵力，遂征召各地勇士。丁原把并州从事张辽、武猛从事张杨派到京城洛阳任职。蹇硕被何进诛杀后，张辽归顺了外戚大将军何进。不久，何进派张辽到冀州招募士兵，得千余人，在返回时赶上何进被宦官诛杀，于是张辽就带着这批新兵归附了董卓。董卓被诛杀后，司徒王允主持朝政，张辽领兵归附了吕布。朝廷任命张辽为北地郡太守，但他没有上任；吕布提拔他为骑都尉。不久，董卓部将李傕、郭汜、樊稠率领董卓旧部攻入长安，吕布抵御失败之后与张辽等人一起逃往中原。在中原，张辽跟随吕布东投西靠，最后去了兖州。曹操将吕布赶出兖州后，张辽又随吕布到了徐州。建安元年（公元196年），吕布夺得徐州，自领徐州牧，二十八岁的张辽被任命为鲁相，但他仍未赴任。张辽虽然在军事上隶属于吕布，但他仍然以北地太守或鲁相的身份保持相对独立，不愿过多介入军事。这次吕布命令他与高顺一起攻打刘备驻守的小沛。

刘备听说吕布派遣两位猛将率领精兵来袭，担心自己抵挡不住，便向曹操求救。曹操派遣河南尹夏侯惇率军增援刘备。

夏侯惇作为曹操任命的东郡太守，在吕布占领兖州时，与荀彧、程昱等力保三城，在反攻吕布时被曹性击伤了左眼，从此被人称为"盲夏侯"。年轻的夏侯惇非常在意自己的容貌，每当照镜子看到自己的盲眼，就非常愤怒。他讨厌别人称他为"盲夏侯"或"瞎夏侯"，谁若是对着他说一个"盲"字或"瞎"字，他就跟谁急。建安元年（公元196年），曹操迎接献帝到许县，夏侯惇被任命为河南尹。

夏侯惇接到曹操命令后，立即率领部队去增援刘备。正如刘备所担心的那样，他的军队果然招架不住吕布精兵强将的进攻，战斗打响不久，刘备就被高顺、张辽打得一败涂地。此时，夏侯惇率领的军队尚未到达。刘备败逃，他的老婆孩子又被吕布所俘。刘备在梁国（今河南商丘市境内）与曹操相遇，他建议曹操发兵消灭吕布，自己愿意跟随。但曹操的部将们都认为，攻打吕布应该慎重行事，理由是刘表、张绣看到曹操率军袭击吕布，很可能会突袭曹操的根据地。军师荀攸则不以为然，他分析说，面对强大的曹军，刘表、张绣不敢轻举妄动；吕布骁勇善战，如果他纵横于淮河、泗水之间，一定会有其他武装势力起来响应，这样他就会越来越强大。现在，应该趁他刚刚背叛朝廷、众心未定之时前去进攻，可一举将他击破。曹操采纳了荀攸的意见。

建安三年（公元198年），曹操亲率大军攻打吕布。当时，臧霸已与吕布言好，为了依附和力挺吕布，他串联泰山郡的武装势力孙观、吴敦、尹礼、吕豨等支援吕布，使吕布的实力迅速增强。吕布获悉曹操亲率大军来战的消息后心里发怵，因为他在兖州攻夺战中多次领教过曹操用兵的厉害。此时，曹操在东郡做太守时的谋士，后来背叛曹操，将吕布引入兖州，并一直为吕布出谋划策的陈宫为吕布打气：应该迎战曹军，我们是以逸待劳，一定能够成功。吕布说，我们不宜主动迎击，应等待曹军来进攻，到时我就把他们赶到泗水淹死。

当年十月，曹军袭击彭城后开赴下邳。之前曹操任命的广陵郡太守陈登派上了用场，他率领广陵郡兵作为先锋部队，带领曹军直达下邳城下。曹军屡次与吕军交战，均将吕军打败，后吕军只好退回下邳城中固守。曹操给吕布写信，为他分析形势、陈述利害，明确指出投降是唯一出路。吕布看到曹操的信后，打算投降。陈宫自感负罪深重，害怕投降之后曹操不会饶他，所以极力反对吕布投降曹操。陈宫对吕布说，曹操亲率大军远征，不会在这里久留。将军可率领步兵和骑兵屯驻城外，我率领剩下的军队坚守城内。如果曹操进攻将军，我就率兵出城攻击他们的后背；如果曹操攻城，将军就率军救援。不出一个月，曹军粮食耗尽，届时我们组织反击，就可以打败他们。吕布赞同陈宫的建议。但吕布的老婆说，陈宫与高顺有矛盾，将军一出城，他们不会同心协力守城。万一发生什么不测，将军将去什么地方立足？况且曹操对待陈宫犹如父母对待怀抱中的婴儿，陈宫会舍弃曹操而死心塌地跟你吗？即使你把整个城邑都给了他，也不一定能拴住他的心。吕布认为老婆的提醒不无道理，于是取消了原来的计划，并偷偷派遣部将许汜、王楷向袁术求救。此时的袁术还对吕布不和自己做亲家怀恨在心，他对许汜、王楷说，吕布不肯把女儿送来与我儿子成亲，活该失败，为什么又来求我？许氾、王楷说，您如果不救吕布，也等于自取灭亡。在许氾、王楷的劝说下，袁术打算去支援吕布。此时，吕布又担心自己不把女儿送过去，袁术不肯发兵救援，于是就用丝绵把女儿绑在马背上，趁着夜色亲自送女儿出城。但吕布刚一露头，就与围城的曹军相遇，曹军箭弩齐发，吕布只好退回城中。

吕布在下邳被曹操大军围困的消息传到河内郡太守张杨那里，因吕布和张杨关系不错，张杨打算出兵救援，但苦于兵力不足。于是，张杨将军队拉出野王城，驻扎在东市，遥作声援。虽然张杨声援吕布，但是他手下将领杨丑却心向曹操，于是杨丑把张杨杀死。虽然杨丑心向曹操，但是另一位部将眭固又心向袁绍，于是，眭固又将杨丑杀死，然后率领部众投奔北方的袁绍。

张杨被部将杀死的消息传到吕布的耳朵里，吕布感到惋惜和失望。此时的曹操又向吕布施压：他命令士兵围绕下邳城挖掘一圈壕沟，实行更加严密的封锁和围困。这对城内的吕军产生了很大的心理压力。同时，由于长期围城且久攻不下，曹军中也出现了厌战情绪，曹操犹豫是否撤军。此时，军师荀攸、军师祭酒郭嘉发挥了关键作用，他们都劝谏曹操：吕布有勇无谋，现在又连战连败，锐气受挫。三军打仗全看主将，主将失去锐气，三军斗志全消。陈宫虽有智谋，但不善于随机应变。目前，应该乘吕布锐气未复、陈宫计谋未定之机发起猛攻，完全可以消灭吕布。于是，曹军根据下邳城地势低洼的情况，加大了开凿沟渠的力度，把沂水、泗水引来灌城。引水灌城这一招相当厉害，致使下邳城中吕军食无干粮、饮无净水、烧无干柴，城中军民生活在"水深火热"当中。

当初，吕布的属将侯成派遣门客"牧马十五匹"，但"客悉驱马去，向沛城，欲归刘备"。侯成得到消息后立即追击，"悉得马还"。其他将领都为侯成找回战马而高兴，大家凑上份子钱，给侯成送礼，以示祝贺。侯成很是感激，自"酿五六斛酒"，又"猎得十余头猪"，设宴招待大家，以示答谢。在开宴之前，侯成"先持半猪、五斗酒"敬献吕布。他跪在吕布面前说："间蒙将军恩，逐得所失马，诸将来相贺，自酿少酒，猎得猪，未敢饮食，先奉上微意。"而吕布看见酒肉火冒三丈，大声喝斥侯成：我早就下过禁酒令，而你却违令，一帮人聚集起来大吃大喝，你们是不是想算计我，把我除掉？侯成又气又怕，他将所酿的酒倒掉，把诸位将领送的贺礼全部退回。随后，他联络与吕布有亲戚关系的魏续和宋宪两位将领，将吕布的高参陈宫和"陷阵营"统帅、中郎将高顺捆绑起来，率领部众向曹操投降。张辽看到吕布的败势已不可逆转，也向曹操投降。吕布得知手下将士全都叛变了，便率领左右亲兵登上白门楼观看，他看到曹操大军将下邳城围得水泄不通，便绝望地坐到地上。吕布命令亲兵把他的脑袋砍下来，让他们提着去向曹操投降。亲兵不忍下手，吕布也不愿意自杀，于是他走出城向曹操投降。

昔日趾高气扬的吕布，向曹操投降时依然如故。他对曹操说的第一句话是：从今以后，天下可以平定了！曹操问吕布：为什么这样说？吕布说：您所顾忌的人不就是我吗？现在我已归顺于您，如果您让我率领骑兵，您统领步兵，则天下无敌！吕布说完一转脸看见了刘备，对刘备大声喊道：刘玄德，你是座上宾，我为阶下囚，绳子把我捆得太紧，难道你就不能帮我说句话吗？曹操笑着说：捆绑猛虎不能不紧。然后，他下令为吕布松绑。刘备说：不能给他松绑！难道曹将军不知道他侍奉丁原和董卓，把两位主子都残忍杀死的情形吗？曹操点点头。吕布瞪着眼睛冲着刘备骂道："大耳儿最叵信！"曹操又对陈宫说：你平生自以为智谋高超，现在有什么感受？陈宫指着被五花大绑的吕布说，这人太任性，他不用我的计策，才落到这样的下场。如果他听我的话，未必被你捉住。曹操笑着说：那今日之事又当如何？陈宫说："为臣不忠，为子不孝，死自分也。"曹操问陈宫道：那你的老母亲以后该怎么办呢？陈宫回答：我听说以孝道治天下者不害人之亲，我老母的生死在明公，而不在我。曹操又问：那你的老婆孩子以后又该怎么办呢？陈宫再次回答：我听说实施仁政于天下者不绝人之祀，我老婆孩子的生死也在明公，而不在我。曹操沉默不语。陈宫自知曹操不会饶恕自己，请求受刑，他说："请出就戮，以明军法。"于是士卒们押着陈宫走出大门，"操为之泣涕"，并下令将陈宫处死，将吕布绞死。曹操问高顺：你投降吗？高顺一言不发。曹操大怒，将高顺斩杀。随后，吕布、陈宫、高顺三人的脑袋被送往许都，挂在城门之上示众。

吕布"有武勇，善骑射"，"便弓马，膂力过人，号为飞将"。当时流传着这样一句话："人中有吕布，马中有赤兔。"在军阀混战的东汉末期，吕布作为一名职业军阀，"一年三百六十日，多是横戈马上行"（戚继光《马上作》）。在兵戎相见的战场上，吕布绝对是一把好手，一员无可争议的猛将。但正如《三国志》作者陈寿所评价的那样："吕布有虓虎之勇，而无英奇之略，轻狡反复，唯利是视。自古及今，未有若此不夷灭也。"（据《资治通鉴》第六二卷，王粲《英雄记》，《三国志·魏书·吕布（张邈）臧洪传》，《三国志·魏书·张乐于张徐传》）

5

曹操平定北方

曹操消灭吕布之后，开始琢磨如何击破最大的军阀袁绍，而袁绍也在考虑如何消灭曹操。袁绍控制着北方四州，拥兵数十万，号称百万。随着军事实力的不断增强，袁绍的政治野心也越来越大，进献皇帝的贡品愈来愈少。他手下掌管文书的主簿耿包揣摩到袁绍有称帝打算，便以为如果此时上一奏疏，迎合袁绍的意图，自己就可行得春风望夏雨。于是耿包给袁绍上秘密奏疏曰：汉朝"赤德衰尽，袁为黄胤，宜顺天意。"意思是，汉朝赤德衰败将尽，袁氏是虞舜黄德之后，以黄代赤，顺应天意和民心。袁绍以此为由头，想试探一下臣属们的反应，于是他将此事告知了府中的将史。令袁绍没有想到的是，文武官员群情激奋，一致认为耿包胡说八道，罪当诛杀。袁绍看到这种情况，为掩盖其心迹，不得不将耿包处斩。

袁绍认为，曹操挟持着日落西山的汉献帝，这是他称帝道路上最大的障碍，如果灭掉了曹操，依附在曹操身上的东汉王朝也就自然脱落，自己称帝就顺理成章了。于是，袁绍开始谋划攻打曹操一事。

一、袁绍攻打曹操前的战略谋划和准备

建安四年（公元 199 年），袁绍挑选了十万精兵和一万匹良马，由审配、逢纪统管军事，以颜良、文醜为将帅，以田丰、荀谌、许攸为谋士，打算攻打许都。

（一）攻打曹操前，谋士班子发生争执

当袁绍拉开架势准备攻打许都时，他手下的几位重要谋士发生了意见分歧，有的赞成，有的不赞成，并由此分成了两派。老谋士沮授认为，应该先发展壮大自己，待经济、政治和军事条件都成熟之后，再攻打曹操。他说，我们刚刚消灭了公孙瓒，出兵长达一年，赋税征收和劳役征发太多，统治区内的老百姓还没有缓过劲来，他们贫困不堪，而官库中又没有多少积蓄。因此，目前不宜出兵，当务之急是大力发展农业生产，让老百姓休养生息。可以派遣使者将我们消灭公孙瓒的捷报呈报给汉献帝。如果捷报被曹操扣留，我们可以上疏控告和对外宣传曹操中断我们与朝廷的联系，然后出兵进驻黎阳（今河南鹤壁市浚县东），从那里逐渐向黄河以南发展势力。同时，要多造船只，整修武器，不断派遣精锐的骑兵骚扰曹操的边境，使他不得安宁，而我们却以逸待劳，这样就可以顺利统一天下。而谋士郭图、审配则认为，现在各方面条件已经成熟，应该速战速决，一举拿下许都，消灭曹操。他们说：兵书上说，十倍于敌将其包围，五倍于敌发起进攻，力量相当可以交战。袁将军用兵如神，率领北方的强兵去讨伐曹操，三下五除二就可以

解决问题，何必那么费事？沮授进一步阐述说：用兵治乱除暴，被
人称为义兵，依仗人多势众去攻打敌人，被人称为骄兵。义兵无
敌，骄兵先亡。曹操打着天子的旗号号令天下，名正言顺，而我们
没有皇上的诏书就举兵南下讨伐，就等于违背了君臣大义，而且克
敌制胜的谋略不在于强弱，曹操的兵力虽然比我们弱，但他的法律
严明，士兵训练有素，不是公孙瓒那伙坐等挨打的主儿。如今出师
无名，我真为袁将军担忧。郭图、审配说：周武王讨伐商纣王并非
不义，何况我们是讨伐曹操，怎能说出师无名呢？郭图、审配继续
说服袁绍：完全可以利用将军您今天强盛的实力、将士们急于疆场
立功的激情来奠定大业，不乘此时，还等何日！

　　袁绍被郭图、审配彻底说服了，他拒绝了沮授的意见，赞赏和
支持郭图、审配的主张。郭图、审配还借机打压沮授，他们说：沮
监军的计策过于慎重，不是随机应变的策略。于是，袁绍决定亲率
大军讨伐曹操。

　　骑都尉崔琰得知袁绍发兵进攻许都的消息后，劝说袁绍慎重行
事，他说：天子在许都，民心在那边，千万不能贸然进攻。但袁绍
根本听不进去。

　　在许都那边，当将领们听说袁绍将要亲率大军攻袭许都的消
息后，都很恐惧。曹操立即出面做思想工作，他说：袁绍没有什么
可怕的，此人志向远大而计谋短浅，外表英勇而内心恐惧，猜忌苛
刻而威信很低，兵马虽多而指挥无方，将领高傲而政令不一，土地
虽广、粮食虽多，但都是为我们准备的。曹操这一席话，解除了将
领们的担忧。孔融也对袁绍将要攻击许都深感忧虑，他去找曹操的

大谋士荀彧询问能否战胜袁绍。荀彧对孔融说：袁绍兵马虽多，但军纪不严；审配专权，缺乏谋略；逢纪处事果断，但自以为是；田丰刚直，经常犯上；许攸贪婪，治理无方。这几个人一定会发生内讧。颜良、文醜只有匹夫之勇，可一战而擒也。

（二）争取外援犹如水底捞月

为打赢这场进攻许都、消灭曹操的战争，袁绍广交朋友，争取他们的鼎力支持和配合。为此，袁绍派出两路使者寻求外援。

一路去拉拢张绣。使者带着袁绍写给谋士贾诩的信来到宛城。袁绍在信中表示愿意与贾诩结交，云云。但贾诩不是随便改变自己立场的人，他有自己的政治见解。而张绣知道自己的实力有限，打算答应袁绍的请求，走与袁绍合作之路。张绣接见并宴请袁绍的使者，贾诩作陪。在酒宴上，贾诩故意提高嗓门对使者说：请你回去代我们好好谢谢袁将军的好意，他连自己的亲兄弟都容不下，还能容下天下英雄豪杰吗？张绣没有想到贾诩会说这种话，他又惊又怕地看了贾诩一眼，说：怎么这样说话！张绣悄悄地问贾诩：在目前的形势下，咱们究竟应该依靠谁？贾诩说：依靠谁也不如依靠曹操。张绣又说：当今袁绍势力雄厚，曹操力量单薄，而且我们与曹操结过怨，为什么非要归附他呢？贾诩说：正因为如此，我们才要归附曹操。接着，贾诩向张绣讲了三条理由：一是曹操尊奉天子，以汉朝正统号令天下，名正言顺，民心在曹操那边；二是袁绍强盛，我们以不多的兵马去投靠他，自然不会受重视，而势单力薄的曹操得到我们必然十分高兴；三是具有宏图大志的人，一定不会计较小节，以便向天下展示他的恩德和胸怀。因此，希望将军不要疑虑，当断则断，不断则乱。经过反复权衡，张绣最终采纳了贾诩的意见，率领部队投降了曹操。

另一路向荆州牧刘表求援。袁绍的使者到达荆州说明来意后，荆州牧刘表口头上答应了袁绍的请求，但始终不派援军。刘表既不支援袁绍，也不帮助曹操。此时，刘表手下的两位官员向刘表进谏。一位是义阳（今河南南阳市桐柏县）人韩嵩，另一位是零陵郡（今湖南永州市）人刘先。他们劝谏刘表：当前袁绍、曹操两军相持，主动权掌握在将军您手里。如果您想干大事，可以乘他们两败俱伤的时候出手；如果没有宏图大志，应选择下一步将要归附的对象进行援助。怎么能坐拥十万大军观虎斗，遇到求援而不予相助、看到贤人而不归附呢？如果这样，袁绍和曹操都会怨恨于您，最终您也很难保持中立。依我们的观察和判断，曹操善于用兵，天下贤能俊杰多为他效力，曹操一定会战胜袁绍。战胜袁绍后，曹操肯定会向长江、汉水一带进军，届时将军您恐怕干不过曹操。所以，当前最好的办法是把荆州送给曹操，曹操一定会感激您，到时候，不但您这辈子享受福运，而且还可以传承给后代，这可是万全之策啊。刘表犹豫不决，派遣韩嵩去许都观察形势。

在韩嵩出发前，刘表告诉他：目前我看不准究竟谁能最后得到天下，曹操拥戴天子并在许县建都，请你为我跑一趟许都，观察一下那里的情况。韩嵩是个有头脑的人，他说，圣人可以通达权变，次者只能严守节操。我是个严守节操的人，君臣名分一旦确定，就会以死相守。现在，我作为将军您的属僚，只服从您一人的命令，赴汤蹈火，万死不辞。据我观察，曹操一定会统一天下。如果您能上尊天子、下归曹操，那您就派我出使许都；如果将军犹豫不决，我到了许都，万一天子授予我什么官职，而我又无法推辞，那么我就成了天子之臣。既然成为天子之臣，就必须尊奉天子的命令，就不能为将军您效命了。请将军三思，不要辜负了我的一腔忠诚。刘表以为韩嵩害怕出使许都，就强迫他走。

韩嵩到达许都后，曹操立即洞察并掌握了刘表遣使的政治意图，于是他上表献帝，建议献帝下诏任命韩嵩为官秩二千石的侍中兼零陵郡太守。零陵郡辖八个县、五个县级侯国，治所在泉陵县（今湖南永州市零陵区）。这样，韩嵩成了既在朝廷有话语权的朝官，又是地方大员。韩嵩从许都返回荆州后，盛赞朝廷和曹操的恩德，并建议刘表把儿子送到朝廷去做人质。

对于韩嵩的建议，刘表很生气，认为韩嵩对他产生了异心。刘表立即召集全体属僚，打算公开处决韩嵩。刘表严厉斥责韩嵩：你竟敢怀有二心！属僚们都为韩嵩捏了一把汗，劝他向刘表低头认罪。但韩嵩面不改色，他态度从容地对刘表说：是将军您辜负了我，我没有辜负将军！韩嵩把出发之前对刘表所说的话又重复了一遍。刘表的老婆蔡氏劝告刘表：韩嵩是楚地有名望的人，而且他说的话占理，你杀他师出无名。刘表仍然怒气难息，就重刑拷问跟随韩嵩一起出使许都的吏员，终于知道韩嵩始终没有背叛自己，于是就没有再坚持杀韩嵩，而是将他投入监狱，囚禁起来。

袁绍试图拉拢张绣，张绣却投降了曹操；袁绍向刘表求援，刘表却君子动口不动心。袁绍争取外援的计划失败了。

（三）坐失攻打许都之良机

建安三年（公元198年），曹操消灭了吕布之后，刘备跟随曹操回到许都。在许都，曹操对刘备礼敬有加，出则同车，坐则同席。次年，董贵人之父董承打算刺杀曹操。董承秘密联络刘备，希望他加入进来，但刘备起初未敢答应。后来，曹操兴致勃勃地与刘备"煮酒论英雄"。曹操对刘备说，如今天下英雄就是你我二人，袁绍之流不足挂齿。刘备闻听此言，心中大惊，手中的筷子掉在地上。喝完酒之后，刘备琢磨来琢磨去，认为曹操最终是容不下自己的，与其坐以待毙，不如参加董承的谋杀团伙，将曹操干掉。于是，刘备主动去找董承，表示愿意入伙。刘备入伙后，与车骑将军董承、长水校尉（一作越骑校尉）种辑、将军吴子兰、王服等人频频密谋。就在此时，曹操听说袁术称帝失败之后去投奔他的侄子青州牧袁谭，要途经下邳城北，于是就派左将军刘备与后将军朱灵率军截击袁术。由于军令紧急，刘备、董承等人未来得及动手。刘备、朱灵率军出发后，谋士郭嘉、董昭、程昱等都劝说曹操，这个时候不应该让刘备率军外出。曹操有点后悔，立即派人去追，但没有追上。

袁术听说刘备、朱灵正在截击自己，退回寿春。朱灵率军回到许都。但刘备听说密谋刺杀曹操的计划泄露，他不敢再回许都，于是就率领曹操调拨给他截击袁术的部队，攻占了徐州治所下邳。当初，曹操灭掉吕布之后，将扬武校尉车胄任命为徐州刺史，守卫徐州。刘备率军入城后，将车胄杀死，留下关羽代理下邳太守镇守该地，自己则去了小沛。

此时，原泰山"四寇"之一，曾经动员其他"三寇"一同归附吕布，后投降曹操，被曹操任命为治所在郯县（今山东临沂市郯城县之北）的东海郡做太守的昌霸（又名昌豨），发现刘备回来了，立即叛曹降刘。东海郡隶属于徐州，辖境相当于今山东枣庄市、临沂市郯城县及江苏连云港市及其所辖沿海诸县市。昌霸投降后，这一地域也随之归属了刘备，刘备的经济和军事实力迅速壮大，共有兵马数万人。于是，刘备派遣北海郡（今山东潍坊市昌乐县一带）人孙乾为使者，前往袁绍驻地，洽谈袁刘合作之事。

同时，曹操派两位将领率军攻打刘备的小沛，一位是沛国（今安徽淮北市濉溪县西北）人、司空长史刘岱，另一位是扶风（今陕西咸阳兴平市）人、中郎将王忠。两位将领率军到达小沛后，攻城不克，交战失败。

此时，在许都那边，企图谋杀曹操的案子已被彻底查清，参与者全部暴露。曹操非常愤怒，杀死了董承、吴子兰、王服、种辑等人，并灭了他们的三族。董贵人也被曹操杀死。对刘备，曹操恨得牙根疼。所以，在刘岱、王忠败归之后，曹操打算亲自领兵去讨伐刘备。曹操手下的将领们都劝谏说，与您争夺天下的是袁绍，眼下袁绍大军压境，而您却去讨伐刘备，如果袁绍在背后插上一刀怎么办？曹操说，刘备是人中豪杰，如果现在不去收拾他，后患无穷。军师祭酒郭嘉分析说，袁绍性情迟钝、性格多疑，即使他来进攻，也不会很快就到；刘备刚刚创立基业，人心尚未完全归附，趁早向他发起进攻，一定能把他打败。曹操采纳了郭嘉的建议，于建安五年（公元 200 年）春亲率大军开赴徐州攻打刘备。

在袁绍那边，冀州刺史的佐吏田丰向袁绍建议说，曹操与刘备交战，缠斗在一起，不可能立即分出胜负，将军您可利用这个机会，率军袭击曹操的老窝许都，保准一举成功。但袁绍因为小儿子正在患病，没有采纳田丰的建议。田丰气得举杖敲地，他一边敲，一边说："夫遭难遇之机，而以婴儿之病失其会，惜哉！"

曹操率军抵达小沛之后，立即对刘备发起进攻，很快将刘备打败，活捉了武将夏侯博，并收编了刘备的大量兵马。紧接着，曹操拿下了下邳城，擒获了刘备的大将关羽，并俘虏了刘备的妻子和儿女，还击败了时降时叛的昌霸。曹操对关羽以礼相待，并任命他为偏将军。

刘备被曹操打败之后逃往青州（治所在临淄县，今山东淄博市临淄区之北）。早年，刘备领平原国相时曾举荐袁谭为茂才，对袁谭有恩。青州刺史袁谭对刘备的到来非常高兴，他亲自率领一部兵马去迎接。在袁谭的陪同下，刘备来到当初他先后担任县令、国相的为官之地平原（今山东德州市平原县）。在这里，袁谭遣使向父亲袁绍报告。袁绍听说刘备将到，出邺城二百里，亲自迎接。刘备在邺城好吃好喝住了一个多月，一些被曹操打败后逃散的残兵败将又逐渐回到刘备麾下，重新聚集起来。

曹操打败刘备之后，便率军到达今河南郑州中牟县城附近的官渡桥一带。这期间，袁绍始终没有出兵攻打许都，白白错失大好机遇。曹操感到"月掩金星，甚幸有你"，而袁绍"若白驹之过隙，忽然而已"。（据《三国志·蜀书·先主传》，《资治通鉴》第六三卷）

二、曹操与袁绍的"白马之战"和"长坂坡之战"

曹操驻军官渡后，袁绍才开始琢磨进攻许都的事。田丰又对袁绍说：曹操打败刘备后已返回到许都，许都的防守力量大为加强，而且曹操善于用兵，他兵马虽少，但变化无穷，千万不可小视。我的建议是：将军您拥有四个州的广阔土地和人数众多的百姓，现在应按兵不动，与他相持；对外结交英雄豪杰，对内发展农业生产，加强战备，据守山川险要；挑选精兵强将，组建若干骑兵支队，频繁攻击曹操薄弱之处，扰乱黄河以南地区，曹军救右，我军击左，曹军救左，我军击右，使得曹军疲于奔命，其属地的百姓也无法安心生产，我们却没有什么损失，不到三年，就可以坐等胜利。现在，放弃必胜的谋略，而靠一战来决定成败，万一不能如愿，后悔就来不及了！田丰的这个意见与沮授的建议，实质内容是一样的。但袁绍越听越烦。忠心耿耿的田丰再三劝谏阻止，终于惹怒了袁绍，袁绍以扰乱军心的罪名将他关押起来。

（一）袁绍发布《为袁绍檄豫州文》，打响攻击曹操的舆论战

在汉献帝年少、军阀控制朝政、政治黑暗和天下大乱时期，袁绍作为最早"发家"的大军阀，起初有一大批各种各样的优秀人才投奔到他的麾下。客观地说，由于袁绍起步早，再加上袁氏家族的社会影响力，以及人们对朝政和社会现实的不满，袁绍的发展势头非常强劲，当其他军阀尚处于"小苗苗"状态时，袁绍就成了一棵

枝繁叶茂的大树。因此，一些优秀的文武人才如同知了那样，飞来飞去，大半都落在袁绍这棵大树上。东汉末年的大文学家、"建安七子"之一、广陵射阳（今江苏扬州市宝应县）人陈琳，就是从京师"飞"来，落在"袁绍树上"的一只"知了"。

陈琳是汉灵帝时期大将军何进手下的主簿。何进为诛杀宦官而让董卓入京当帮手，陈琳谏阻，但何进不听，终于事败被杀。董卓祸乱朝政时，陈琳只好逃往冀州，成了袁绍的幕僚，主管文书典籍。在这次袁绍攻打曹操之前，陈琳充分发挥了其笔杆子的优势，帮助袁绍起草了《为袁绍檄豫州文》。袁绍派人将此文投送到各州郡和封国，将舆论战这把软刀刺向曹操。

《为袁绍檄豫州文》把曹操祖孙三代所干的那些不光彩的事儿都串联起来，褫其华衮，毫发毕现，同时大力宣扬袁绍的恩德，褒善贬恶，泾渭分明，颇具煽动性和杀伤力，使人不得不佩服陈琳"笔杆子"之厉害。

该檄文说，司空曹操的祖父、原中常侍曹腾，与徐璜、左悺等宦官一起并妖作孽，陷害忠良，欺压百姓，败坏法纪，伤害风化等。曹操的父亲曹嵩，少时沿街乞讨，蓬头垢面，穿得破破烂烂，是个又脏又瘦的穷孩子，后来被有权有势的大宦官曹腾收为养子，而后依靠养父走上仕途。曹嵩为政擅权、为官不廉，用贪污受贿积攒下来的巨额财富买官，终于窃取了"三公"之位。曹操本性恶劣，凶残狠毒，为人狡诈，云云。

檄文一方面揭露和批判曹氏家族的种种罪恶，将曹操描绘成祸国殃民的大恶魔；另一方面讴歌和赞誉袁氏家族的世传美德，把袁绍捧为力挽狂澜的救世主。檄文说，大将军袁绍统率正义和勇猛之师，铲除了凶恶狡诈、专横霸道的宦官权势集团；接着他遇到董卓干政、暴乱国家，袁大将军手持佩剑、擂响战鼓，率先发起讨伐董卓的倡议，广泛征召天下英雄豪杰，抛弃前嫌，提拔任用有本事的人，并与曹操共商大计。在共事中，袁大将军发现曹操具有一定的军事才干，所以就让他担任勇武之士，谁知曹操智慧短浅、愚昧冒进、随意撤退，多次造成军队伤亡，损失惨重。袁大将军经常为曹操调拨精锐部队，帮助他补充兵员和军需物资，提升其军队的战斗力；又先后上书推荐他担任东郡太守、兖州牧，使他身穿武将之服、执掌地方权力。可是，曹操仗着这些条件飞扬跋扈、恣意妄为，为人阴狠、残害贤良。原九江太守边让才学出众、风度翩翩，由于持论针砭，遭到曹操杀害、悬首示众，妻子和儿女也惨遭屠杀。自此，天下士人悲痛愤恨，天怒人怨。人们趁着曹操为父报仇攻打徐州之机，一人振臂高呼，全州一致响应，兖州的地盘被吕布夺去。曹操在徐州杀人如麻，草菅人命，兵败后又失去立足之地，只好在东部边境地带流离彷徨。袁大将军本着增强主干、削弱枝叶的原则，再次高举战旗、身穿铠甲、领兵出战，以卷席之势横扫吕布，把曹操从死亡线上救了回来，恢复了他一方诸侯的地位。袁大将军对曹操恩重如山。后来，天子东返，一些人破坏朝纲、扰乱朝政，造成礼乐崩坏、社会混乱的局面。当时北部边境传来遭侵的警报，袁大将军无法离开，就派从事中郎徐勋去见曹操，要求他整治皇家宗庙，恢复祭祀礼仪，辅佐和保护好少年天子。但曹操趁机以武力胁迫天子，专擅朝政，蔑视侮辱朝廷大臣，败坏和搅乱国家法纪。他滥用职权，胡作非为，任人唯亲，致使百姓道路以目。公卿大臣都成了摆设。原太尉杨彪曾任司空和司徒，从政经验相当丰富，他秉公用权，精忠报国，没有不当之处；而曹操只因小怨恨，就强加给"莫须有"的罪名，将其逮捕入狱。议郎赵彦[1]忠心上谏，其意见建议有值得采纳之处，连圣明的天子也都认真听取他的意见建议，并给予赏赐，而曹操为了迷惑世人、削弱天子权力，不呈报天子知晓，就擅自将赵彦逮捕诛杀。西汉梁孝王刘武是汉文帝刘恒的嫡次子，汉景帝刘启的同母弟，他的陵墓尊贵显赫，即使是陵墓两侧的松柏树木，也应恭敬对待，而曹操却率军撬开棺材，掠夺墓中的金银财宝，致使皇帝流泪、吏民痛心。曹操所干的这些伤天害理之事，败坏国家，残害百姓，折腾死鬼，波及活人。加上他的政令繁杂、法律苛刻，致使兖州、豫州的老百姓啼饥号寒，民怨沸腾，连天子所在的许都也都有叹息怨恨的声音。纵观古今，贪婪残暴、罪孽深重的臣子，没有超过曹操的。

袁大将军忙着问罪于地方奸徒，对曹操的管理有所放松。曹操暗藏祸乱图谋，企图除掉忠臣、削弱皇权，自己称王称霸。以前袁大将军率军征讨公孙瓒，而公孙瓒抗拒长达一年之久。曹操趁着公孙瓒未败，暗中与他书信来往，企图打着帮助朝廷军队的旗号，对袁军实施突袭。当曹操的阴谋暴露、公孙瓒被消灭之后，他只好退

---

[1] 建安之初，汉献帝迁都许县，曹操控制朝政，当时宫廷宿卫、侍从皆为曹氏党旧姻戚，献帝不过守位而已。赵彦曾为献帝陈述时策，遭到曹操厌恶，因此被杀。

身隐藏。目前，袁大将军拥有百万手持长戟的步兵和成千上万的铁骑，一声令下就会施展出长戟强箭之威，并州的部队迅速越过太行山，青州的部队立即渡过济水和洛水，他们会以雷霆万钧之势、猛虎下山之威，一起杀向敌军心脏，犹如高举烈火焚烧蓬草、倒扣沧海倾泻于火炭，还有什么不能消灭的敌人呢？

当前，汉朝的气数已尽，国家的法度惨遭破坏，曹操以七百精兵守卫皇宫，表面上是保卫圣上，实质上是将圣上拘作人质，恐怕篡位谋逆的灾难就从这里开始。现在，正是忠臣良将肝脑涂地、志士仁人建功立业的绝佳时机，难道还能无动于衷，不投入讨伐逆贼曹操的滚滚洪流之中吗？

袁绍散发这篇檄文的目的很明确，就是要宣传对曹发动战争的正义性，争取广大吏民的支持，吸引更多的人投入讨伐曹操的浪潮之中；就是要揭露曹操及其祖孙三代的那些不光彩的行径，将曹操置于不仁不义的境地，以激起更多人对曹操的反感和厌恶；就是要从思想上削弱敌方斗志，促使敌人产生厌战情绪，分化瓦解敌军，挑拨敌军离散逃跑，甚至临阵倒戈。

陈琳起草的这篇《为袁绍檄豫州文》犹如匕首投枪，直刺曹操的软肋。当时曹操正苦于头风病，"是日疾发"，卧床休息，读了陈琳的檄文，"翕然而起曰：此愈我病"。

一千八百多年前，由于陈琳的缘故，袁绍阵营就懂得了舆论战的作用和威力，并将其成功运用到实战中。也就是说，在白马之战、长坂坡之战和官渡之战之前，袁绍率先向曹操阵营发起了舆论战。可惜的是，当时的舆论传播工具只是抄写和散发几份檄书，并没有多少人能够看到。所以，它对曹操虽然有一定的杀伤力，但无关宏旨、无伤大局。

在舆论战的基础上，袁绍于建安五年（公元 200 年）春亲率大军向魏郡黎阳县（今河南鹤壁市浚县境内）进发。该县距离曹操驻军的官渡大约一百七十公里，袁绍打算在这里同曹操展开大战。

袁绍的大谋士、监军沮授预测到这次出战不会取胜，所以他在随军出征之前把家族人召集在一起，将自己的家产全都分给他们，并对他们说："势存则威无不加，势亡则不保一身，哀哉！"意思是，人在得势之时，威权、威风无所不加，一旦失势，连自己的性命都保不住，真是可悲啊！他的弟弟沮宗问：曹操的兵力不如袁军强大，哥哥为什么如此悲观呢？沮授说，凭曹操的智慧和谋略，再加上他挟持天子这个最大的政治砝码，民心民意都站在他那边，曹操必胜无疑。袁军打败公孙瓒就已经疲惫不堪，加上主上骄傲、将领骄纵，全军覆没就在这一战了。沮授将家产分光之后，义无反顾地随袁绍南下。

在曹军方面，先后担任寿张县令、东平相、尚书、东中郎将兼济阴太守、振威将军的程昱，正率领七百名士兵坚守济阴郡鄄城（今山东菏泽市鄄城县境内）。曹操考虑到袁绍南下途中如果攻击鄄城，程昱的兵力太少，打算给他再增加二千人。但程昱不要，他说，袁绍率领十多万兵马，自以为所向披靡，他看到我力量弱小，必然瞧不起我，所以不会来攻击我。您如果给我增兵，袁绍大军从这里路过，肯定会向我发起进攻，一旦进攻，必克无疑，那就白白

损失两处的兵力了。所以，请将军不必担心。后来，袁绍大军奔袭
而来，经过这里时听说程昱兵少，果然没有进攻他。事后，曹操笑
着对贾诩说：程昱的胆量，超过古代勇士孟贲 ① 了。

袁军在黎阳县驻扎下来。这里仍属于袁绍的地盘，距离曹操所
控制的白马县（今河南安阳市滑县留固镇）只有十几里，黎阳与白
马隔黄河相望。（据《后汉书·袁绍刘表列传》《三国志·魏书·王
卫二刘傅传》）

（二）"白马之战"，曹军斩杀袁绍麾下猛将颜良

在黎阳县，袁绍命令大将颜良率部渡过黄河，去西击曹操麾下
的东郡太守刘延所驻扎的白马县，以拔掉这颗钉子，为袁绍大军渡
河南进扫除障碍。颜良系安平郡堂阳县（今河北邢台市新河县）人，
性格粗狂，骁勇善战，但只是匹夫之勇。沮授认为颜良不适合担此
重任，建议袁绍另派将领去突袭白马县。但袁绍没有采纳沮授的
意见。

东郡太守刘延向曹操告急请援，驻军官渡的曹操亲自率军施
救。军师荀攸向曹操分析道，我们兵少，袁军兵多，死打硬拼干不
过他们，只有分割他的兵力，各个击破才行。建议您到达延津（今
河南新乡市延津县）之后，摆出一副准备渡河袭击袁绍后方的样
子，袁绍肯定向西应战。将袁绍调开之后，您再率军轻装速进，去
攻袭白马县的颜良，这样，就能把颜良打败。曹操认为荀攸的这个

① 孟贲是战国时期的勇士，相传力大无比，能徒手分开两头打架的健壮公牛。

计策高明，便照此行事。正如荀攸所分析的那样，袁绍获悉曹军要渡河北攻的情报后，便分兵向西进行阻截。曹操甩下袁绍大军，率军快速向白马县挺进，在距离该县只有十里时，颜良才获得消息，他大吃一惊，仓促应战。曹操安排关羽、张辽打头阵。当关羽看见颜良的战车伞盖时，挥鞭策马，长驱直入，犹如一阵旋风奔向敌阵，冲上去一枪刺死颜良，又拔出腰间佩刀斩其首级而归。颜良军队的士兵都看傻了眼，眼睁睁地看着颜良被杀，待他们缓过神来，才各自溃散逃跑。此战中，关羽独自勇闯敌阵，在敌方众目睽睽之下，取颜良首级如同囊中取物，从此声名大振。

白马之战，既是关羽的成名之战，也是袁绍名将颜良将星陨落之战。白马之围解除后，曹操认为袁军人多势众，白马城很难坚守，于是将该城的百姓西迁至延津。

（三）"长坂坡之战"，袁绍的另一位猛将文丑战死

白马之战袁军失败后，袁绍欲率军渡过黄河去追击曹操。谋士沮授又一次劝阻袁绍说，在战场上，胜负之间变化无常，应该慎重行事。当前，可考虑把大军留在延津，分出一部分去官渡，如果获胜，回来迎接大军也不晚；要是大军全部渡河南下，万一失利，就没有退路了。袁绍依然不听。在渡河时，面对滚滚东去的黄河之水，沮授自言自语：主上狂妄自大，下边的将领只会贪功，悠悠黄河水啊，请你告诉我，这一仗能打赢吗？富有智谋的沮授对袁绍彻底失去了信心，他向袁绍称病辞职。可是，袁绍不予批准，并将沮授手中仅剩的一点兵权也予以解除，全部调拨给郭图指挥。

　　袁绍大军渡过黄河后，在延津的南面构筑了营垒。曹操的军队在长坂坡（今湖北宜昌当阳市境内）扎营。从地势上讲，长坂坡背靠白马山，地势南高北低，坡度不大，适合骑兵冲刺。曹操每天派人登上高处瞭望侦察，紧盯袁军的动向。开始，瞭望兵向曹操报告说看到袁军骑兵了，有六七百人。过了一会儿，又报告说骑兵越来越多，步兵不可胜数。曹操说：知道了，不用再报告了。曹操判断，袁绍的兵马全都开过来了，于是，他命令骑兵解下马鞍，放马休息。不久，袁军从的粮草辎重车队塞满道路，曹军将领们认为敌军骑兵部队太多，应该赶紧回去守卫营垒。军师荀攸对他们说，这会儿正待引诱敌人上钩，岂能离开！这时，袁绍的骑兵将领文醜和不久前投奔袁绍的刘备率领五六千骑兵奔袭而来。

　　文醜系安平国南宫（今河北邢台南宫市）人，人们对他的评价是"勇冠三军，一夫之勇"。曹军将领们见袁军人马犹如潮水般涌来，都迫不及待地要求迎战。曹操镇定自若地说：再等一等。又过了一会儿，奔袭而来的袁军骑兵更多了，甚至开始抢劫曹军运送物资的车队了，曹操这才下令出击。于是，近六百名骑兵顺坡而下，犹如猛虎下山向袁绍的骑兵发起猛烈冲击，袁军被冲得人仰马翻。在战斗中，曹军斩杀了袁军骑兵将领文醜，袁军死的死、伤的伤、逃的逃，损失惨重。刘备一看大势不妙，率领他的骑兵部队迅速逃跑。

　　"长坂坡之战"斩杀的文醜和"白马之战"斩杀的颜良，都是袁绍的统兵大将，他们先后被杀，使袁军士气大衰。

　　曹操在总结白马、长坂坡两次战役经验时发现，关羽似乎有什么心事，于是就派张辽去找关羽谈心，了解他的真实想法。张辽询问关羽以后的打算，关羽叹了一口气说，我十分明白曹公待我情深谊厚，可是，我已领受刘备将军的厚恩，早就同他发过誓，彼此相约同生死、共患难，作为军人，我不能背弃誓言。我最终不会留在这里，离去之前我一定会立功，以报答曹公的大恩。张辽把关羽的话转述给了曹操。曹操对关羽讲义气很是佩服。关羽杀死颜良之后，受到曹操的重赏。但关羽把赏赐给他的所有东西都封存起来，上面放了一封与曹操拜别的书信，就离开曹营，到袁绍军中去找刘备了。曹操的将领们要去追关羽，曹操说，各为其主，让他去吧！关羽回到刘备处，曹操回师官渡，袁绍进军并占领了阳武县，双方相距五六十公里。（据《资治通鉴》第六三卷，《三国志·魏书·武帝纪》《三国志·魏书·董二袁刘传》）

三、官渡之战重创袁军主力

自从袁绍率领大军来到豫州攻打曹操以来，许都以南地区的官吏和百姓大都认为，袁绍兵多，曹操兵少，袁绍一定能够打败曹操。加上战前袁绍讨伐曹操的檄书的社会影响，不少郡县的政治立场发生了动摇。由于曹操忙于同袁绍作战，疏于对统治区内各郡县的监管，一些郡县主官为赢得政治主动，纷纷倒向袁绍。对此，曹操采取了一系列措施。

（一）平息许都以南地区反叛力量

在曹操与袁绍打仗期间，先前已经向朝廷投降、盘踞汝南的黄巾军首领刘辟、龚都①等，公开背叛曹操，投降袁绍，还出兵抢劫许都城郊。长坂坡之战后，袁绍派遣刘备率领骑兵部队开赴汝南一带，一方面对叛曹降袁的武装势力和地方官府表示支持，另一方面对不肯降袁的地方进行侵扰。在这种形势下，汝南周边的一些郡县纷纷归附袁绍。唯有阳安郡都尉李通不肯投袁。阳安郡是个小郡，辖境相当于今河南驻马店市确山县全境，治所在朗陵县（今河南驻马店市确山县西南十七公里）。

李通，字文达，江夏平春（今河南信阳市）人。年轻时受各地农民起义蜂起的影响，与同郡人陈恭在朗陵（今河南驻马店市确山县任店镇）一带聚众起兵。李通以侠义闻名于江夏、汝南一带，很多人都投奔于他，很快拉起了一支队伍。建安元年（公元196年），李通率领部众投奔曹操，曹操非常高兴，任命他为振威中郎将，屯驻汝南郡西界。曹操征剿张绣前期失利，李通率领部众连夜赶到，曹操才得以再战。李通率部抢先登城，大破张绣的军队。李通因功被曹操任命为裨将军，封建功侯。曹操分汝南两个县，成立阳安郡，任命李通为阳安郡都尉，主管该郡军事和社会治安。李通老婆的伯父因犯罪被朗陵县县长赵俨抓捕，关进监狱。李通老婆哭哭啼啼，请求李通帮忙活动，以减轻处罚。但李通认为自己刚刚效力于

---

① 刘辟与何仪、黄邵、何曼、龚都等均为汝南、颍川一带的黄巾军将领，其部众各有数千至数万不等，起初他们响应袁术，后又依附孙坚。建安元年（公元196年），曹操率兵讨伐黄巾军。黄邵等人夜袭曹营，被曹操部将于禁等击破。最终黄邵等人被斩，何仪及其部众归降曹操。建安五年（公元200年），汝南黄巾刘辟、龚都等人又叛曹降袁。

曹公，不该以私废公，于是奖励赵俨执法公正，并与他结成生死之交。

不久，周边郡县纷纷叛曹降袁，李通为表达对朝廷的忠诚，要求县里按户征收绵绢。朗陵县县长赵俨接到命令后去见李通，他说，周边郡县都已归附袁绍，现在挨家挨户征收绵绢，会不会引发骚乱？李通说，现在曹操与袁绍两军相持，正处于危急时刻，正是因为周边郡县叛曹降袁。如果我们不征收绵绢送到朝廷，就一定会有人说我们袖手旁观，没有大局意识。赵俨认为，确实存在都尉所说的这个问题，但也不能罗之一目，应该考虑到当前形势和具体情况。于是，他给曹操的大谋士荀彧写了一封信。信中说，当前，周边郡县都发生了叛变，所造成的负面影响也波及阳安郡，但阳安军民虽处险境，并无异心。可是，阳安郡的老百姓贫困，这个时候朝廷应该加以慰问和安抚，而不是急迫地去征收绵绢。荀彧立刻向曹操汇报了此事，曹操下令把已经征收上来的绵绢退还给百姓。于是，"上下欢喜，郡内遂安"。

曹操与袁绍在官渡相持时，袁绍偷偷派遣使者到李通驻地，任命李通为征南将军，刘表也在暗中招诱李通归顺，但都被李通严词拒绝。李通的亲戚和部属都劝谏说，现在周边郡县都已经归附了袁绍，我们孤军独守，灭亡恐怕就在眼前了，不如尽早投奔袁绍。李通怒斥他们说，曹公英明智慧，一定能平定天下。袁绍虽然现在强大，但最终会成为曹公的俘虏。我追随曹公至死也不怀二心。于是，李通斩杀了袁绍的使者，并把征南将军印绶送交给曹操，又率军攻打郡中反叛势力，淮河、汝水一带稳定下来。曹操赞赏李通的忠心和功劳，改封李通为都亭侯，重用他为汝南郡太守。

刘备带领骑兵部队在汝南、颍川及其属县抢掠，当地官吏和百姓惶恐不安，对此，曹操非常着急。曹炽之子、曹操的堂弟曹仁对曹操说，人们都知道您现在无暇出兵镇压反叛势力，一些郡县背叛也是意料之中的事。不过，刘备刚刚率领和使用袁绍的兵马，双方还处在磨合期，现在进攻刘备，可以一举将他击破。曹操赞同曹仁的意见，于是就派他率领部分骑兵去攻打刘备。刘备战败，仓皇溃逃回袁绍军中。

野心勃勃的刘备岂会给袁绍长期"打工"，他想离开袁绍，但表面上还得有一个让袁绍认可的理由。他向袁绍建言说，我们应该与荆州牧刘表联合，共同对付曹操。刘备向袁绍表示，他与刘表都是刘姓皇族，由他去做刘表的工作，成功是有把握的。袁绍想，以前他也曾经派遣使者先后游说刘表和张绣，但未能把刘表、张绣拉过来。这次刘备出马，没准就能把刘表拉到自己麾下。于是，袁绍同意了刘备的意见，让他统领其本部去游说刘表，刘备终于摆脱了袁绍径直去往汝南，与活动在上蔡县（今属河南驻马店市）一带的黄巾军首领龚都谈判，合并了他的数千部众。这为刘备投奔刘表增加了砝码。

曹操获知刘备再次跑到汝南去捣乱，立即就派遣部将、时任汝南太守蔡阳（一作蔡扬）率军攻打刘备。但蔡阳不是刘备的对手，兵败被杀。于是曹操亲自率军南攻刘备。刘备获得消息后派遣部将东海郡朐县（今江苏连云港市）人麋竺、北海郡（今山东潍坊市昌乐县）人孙乾前往荆州，与刘表联络沟通归附事宜。刘表表示欢迎，于是刘备带领他在汝南扩充的军队投奔了荆州牧刘表。（据《三国志·魏书·二李臧文吕许典二庞阎传》，《资治通鉴》第六三卷）

（二）打赢官渡之战，实现战略转折

曹操与袁绍对峙期间，双方都在磨刀霍霍，研究打破"熊罴对我蹲，虎豹夹路啼"的战略战术。在阳武县袁军大营里，袁绍的老谋士沮授深入研究双方的优势和劣势后，谋划出下一步袁军的总体战略思路。他向袁绍建议说，我军以北方人为主体，数量虽多，但战斗力比不上曹军，而曹军的劣势是粮草匮乏，军需保障比不上我军。所以，对曹军来说，他们迫切希望速战速决；但对我军来说，最为有利的是打持久战。我们应该作长远打算，拖延战争结束的时间。对沮授的建议，袁绍置之不理，还将大营向南推进了数里，依沙丘搭建了营寨。袁军兵马达十万余人，前后连营，长达数十里，逼近了官渡。曹军不到一万人（包括二三千伤病士兵），也在袁军军营附近兵分两处扎营。

建安五年（公元 200 年）秋，曹操再次出兵与袁绍会战，未能取胜，退回营垒。袁军在营地垒起土丘、建起望楼，士兵站在望楼上居高临下向曹军军营射箭，箭如雨下，曹兵在营区内行走，都要用盾牌遮挡。为了应对袁军每天朝曹营射箭，曹军发明了以机发射石头的战车——"霹雳车"。曹军用霹雳车向袁军营中的望楼发射大石块，将望楼全部砸毁，使袁军无法再向曹营射箭。袁军又挖掘地道，欲偷袭曹营。曹军却在营垒周围挖了一条又深又宽的沟壑，以拦截袁军从地下攻击。

经过几个月的对峙，曹军面临兵少粮绝的困境。由于兵荒马乱，收缴不上太多税赋，再加上长途运输不便，军需供应跟不上，士兵们疲惫饥饿，纷纷背叛曹操，投奔袁绍。对此，曹操忧心忡忡、寝食难安。他写信给留守许都的大谋士荀彧，说打算用退回许都的办法以引诱袁军出兵交战。荀彧回信劝谏说，袁绍集中优势兵力来到官渡，想同您决一胜负。现在您是以弱抵强、以少抗多，如果不能制敌，必将为敌所制。可以说，目前正是争夺天下的关键时刻。袁绍只是布衣中的英雄，他身边有人才，但不注重发挥他们的作用，几位优秀的谋士有劲都使不上，而您凭借明智和神武，加上尊奉天子，名正言顺，没有人能拦得住您夺取天下的步伐。目前粮食虽少，但还没有达到楚汉战争时期刘邦与项羽在荥阳（今河南郑州荥阳市东北）、成皋（今荥阳市西北）对峙时的困境。您的军队只有袁绍的十分之一，但您坚守不动，遏制住袁绍的咽喉，使他无法动弹已达半年之久。情势到了终结之时，一定会发生变化，这正是出奇制胜的时刻，一定不要放弃，坚持就是胜利！曹操听从了荀彧的劝告，继续坚守营垒与袁绍相持。

此时，江东的孙策听说曹操与袁绍相持不下，便紧锣密鼓地谋划袭击许都，但孙策还没来得及出兵，就被刺客射杀。

曹操与袁绍相持期间，虽然每次交锋曹军都能斩杀袁军将领，但由于兵少粮尽，曹军士气极为低落。

在袁绍军中，由于兵众马多，消耗巨大，军需供给则需要从遥远的并州、冀州长途跋涉运送过来。其辎重车队目标太大，也面临较高的风险。当曹军侦探到袁绍的数千辆运粮马车将要到达官渡时，军师荀攸向曹操建议说，袁军这次押运粮草的将领韩猛，虽勇猛善战，但骄傲轻敌，不久前被曹仁击破于官渡和许昌之间的鸡洛山。我们可针对他的弱点，向他发起进攻，可以将他击败。曹操问，派谁合适呢？荀攸说，偏将军徐晃最中用。

徐晃，字公明，河东郡杨县（今山西临汾市洪洞县）人。早年他在郡中为吏，因随车骑将军杨奉镇压农民起义有功，被任命为骑都尉。李傕、郭汜在长安闹矛盾时，徐晃劝说杨奉护卫献帝东归洛阳。献帝到达安邑县后，封徐晃为都亭侯。曹操率军开赴梁县攻打杨奉时，杨奉率军逃跑投奔袁术，而徐晃却归降了曹操。从此，徐晃成为曹操的一名得力战将，跟随曹操转战南北，屡建战功，先后升任裨将军、偏将军，成为将军的辅佐。徐晃智勇双全，经验丰富，被曹操称赞为具有西汉名将、军事家周亚夫之风。

曹操派遣偏将军徐晃与豫州沛国（今安徽淮北市）人、中领军史涣率军在半道上截击袁将韩猛及其辎重车队，放火烧掉了所有粮草。袁绍很快又从后方调运粮草，并安排了由颍川（治今河南许昌禹州市）人淳于琼等五名将领率领一万余人的护送队伍。

在"白马之战"中，淳于琼和颜良率领袁军与曹军交战，结果颜良被杀，淳于琼逃跑。这次，袁绍派他率军押送军粮，在走到距离袁军大营四十里处时，车队停了下来。此时，沮授再次向袁绍建言："可遣将蒋奇别为支军于表，以断曹公之钞。"意思是，应当派遣将领蒋奇带领一支部队，在运送粮草的车队外围进行巡逻，以防备曹操发起突然袭击。袁绍依然置若罔闻。袁绍的另一位谋士许攸提出了一个大战术。他说，曹操兵少，几乎把所有兵力都拿来抵抗我军，留守许都的兵力一定很少，防备薄弱，如果派遣一支轻装部队连夜奔袭，就可以拿下许都，之后再挟持献帝来讨伐曹操，这样就可使他首尾不能兼顾，疲于奔命。可以说，许攸这个大计策，直接决定着曹操的生死存亡和前途命运，如果袁绍采纳，曹操的下场则不堪设想；但自以为高明的袁绍拒绝采用许攸的计策。袁绍说："吾要当先围取之。"

袁绍接二连三地拒绝谋士沮授、许攸的建议，致使两位谋士深感沮丧。当时，留守大后方的审配，"以许攸家不法，收其妻子"，再加上"许攸贪财，绍不能足"。许攸一怒之下，投奔了曹操。

曹操听说许攸前来归降，顾不上穿鞋，光着脚丫子跑出来迎接，他拍着手，非常高兴地说：许攸来了，我的大事可以成功了。曹操亲自为许攸沏茶倒水。许攸向曹操提出两个问题：袁军势力强大，您有什么办法对付他们？目前您还有多少粮草？曹操还摸不清许攸是真降还是诈降，所以他只回答了第二个问题，并且也没有说实话。曹操回答：还可以支持一年。许攸说：没有那么多，再说一遍。曹操又说：可以支持半年。许攸说：您不想击破袁绍吗？为什么不实话实说呢？曹操笑着说：刚才只是开了个玩笑而已，其实只可以应付一个月，你说我该怎么办呢？许攸说，您孤军独守，外无救援、内缺粮草，正处在危急的关头，有一招可以一举扭转战局：袁绍有一万多辆辎重车，都在乌巢（今河南新乡市延津县境内），守军戒备不严，如果派一支部队去袭击，出其不意、攻其不备，焚烧他们的粮草和物资，不出三天，袁绍大军就会自行溃散。

建安五年（公元 200 年），曹操留下他的堂弟曹洪和军师荀攸防守营区，自己率领五千骑兵夜奔乌巢。他们全用袁军的旗号，士兵嘴里都衔一根小木棒，把马嘴统统绑上，用麻布把马蹄子统统裹上，防止发出声音。曹军从小路出发，每个士兵都身背一捆柴草，遇到泥泞路段时铺在上面或作为焚烧辎重的引燃物。他们事先定好，如有人盘问，就一律回答："袁公恐曹操钞略后军，遣军以益备。""闻者信以为然，皆自若。"曹军顺利地到达乌巢后开始放火，睡梦之中的袁军毫无防备，惊醒之后乱成一团。天亮时，淳于琼才发现来袭的曹军并不多，于是拉开阵势与曹军对抗。曹操发起猛攻，淳于琼抵挡不住，退回营寨。

袁绍获知曹操攻击淳于琼的消息后，就对儿子袁谭说：曹操攻击我军辎重，我去攻击曹操的大营，就算曹操攻破淳于琼，他也是无处可归了。于是，袁绍派名将张郃、高览等去袭击曹军大营。张郃是河间郡鄚县（今河北沧州任丘市）人。黄巾大起义爆发后，张郃被官府招募，被安排到冀州牧韩馥的军中，因骁勇善战，被任命为军司马。韩馥失败后，张郃带兵归顺了袁绍。张郃多次参加攻打公孙瓒的战斗，因战功被任命为校尉。公孙瓒被消灭后，张郃升任宁国中郎将。高览又名高奂，为人低调，骁勇善战。

张郃对袁绍的军事部署并不赞成。他说，曹操亲率精兵攻击乌巢，定能击败淳于琼，淳于琼一旦失败，辎重就没了，而失去了辎重，我们十多万大军就失去了口粮，所以，将军您应该亲自率军去救援淳于琼。而谋士郭图顺从袁绍的意图，力挺袁绍的部署。他说，我军如进攻曹操的大营，曹操势必回救，这样淳于琼的危难不救自解。袁绍听完张郃与郭图的争论，拍板决定：由张郃、高览率重兵去攻击曹操的大营，派轻兵去乌巢救援淳于琼。

守卫曹军大营的曹洪和荀攸率领包括残兵在内的四千多名士卒，凭借营区工事顽强守垒。张郃、高览率军多次发起攻击，但始终未能撕开口子。

袁绍出军救援淳于琼的轻兵很快就到达乌巢。曹军将领向曹操建议说，救援敌军的骑兵越来越近了，请大将军分兵去抵抗他们。曹操怒吼道：等敌人到了背后再报告！袁绍的救援骑兵来到之后，曹操命令士兵顽强冲杀，上砍敌兵，下砍马腿，袁军人马大乱。曹军讨寇校尉乐进奋勇力战，俘获并斩杀了袁绍护卫辎重的将领淳于琼。

曹军将士们以一当十，拼死作战，终于打败了护卫辎重和前来救援的袁军，斩杀袁绍将领圭元进、吕成璜、韩莒子、赵睿和士卒一千多人，"皆取其鼻，牛马割唇舌，以示绍军"。

袁军谋士郭图为掩盖战前自己极力否定张郃的正确建议，便对张郃进行攻击，他在袁绍面前诬告说：张郃听说我军失利之后幸灾乐祸，他以自己的计策高明而沾沾自喜。有人把郭图陷害张郃的消息告诉了张郃。正在围攻曹操大营的张郃又气又怕，他担心被袁绍处罚，就与高览一起烧毁攻营的器械，然后向守卫曹营的将领曹洪、荀攸投降。曹操获悉此消息后非常高兴，将高览任命为偏将军，封东莱侯；将张郃任命为偏将军，封都亭侯。袁绍开辟的攻击曹操大营和救援淳于琼两个战场均以失败告终，袁军全面崩溃。

袁绍和儿子袁谭"幅巾乘马"，即戴上头巾，骑上快马，率领八百骑兵渡过黄河逃跑，曹军在后面追击，未能追上。曹军缴获了袁绍的大量辎重、图书资料和金银珠宝、绫罗绸缎等。曹操让人清点这些战利品时，发现其中一些书信来自许都，写信的人中还有曹操的将领和大臣。但曹操未细看信件内容，将它们都烧掉了。曹操说，当袁绍势力强盛时，连我也都不能自保，何况大家呢！精通历史的曹操所采取的这一措施，与更始二年（公元24年）光武帝刘秀消灭冒牌皇帝王郎之后的做法十分相似。其目的就是，使那些曾经发生思想动摇的将领和大臣不再出现恐慌情绪，团结一切可以团结的力量。

袁绍、袁谭父子一路狂奔，到达了黄河北岸的黎阳。当时，守卫黎阳的是袁绍的属将蒋奇。袁绍进入蒋奇的军营后，拉着他的手动情地说，我今天就把我们父子的脑袋托付给你了。蒋奇将营帐让给袁绍居住，作为他的临时指挥部，重新聚集起残兵败将。这次战役，曹操消灭袁军七八万人。

袁绍的大谋士沮授被曹军逮住，他大声喊道：我不是来投降的，只是被你们捉住而已。曹操亲自接见了沮授，亲切地对他说，您我不在一个阵营，彼此相互隔绝，没想到今天把您捉住了。沮授回答说，袁冀州决策失误，结果被您打败；我智慧能力不足，所以被您逮住了。曹操说，袁绍自己没有谋略，又拒绝采纳您的计策。直到今天，天下大乱已超过十二年，但仍未平定，我准备同您一道来研究对策，建立功业。沮授说，我的母亲、叔父、弟弟的性命全都攥在袁冀州手里，承蒙您的厚恩，就快点儿让我死，这才是我的福气。曹操感叹道，我要是早点儿得到您就好了。曹操将沮授赦免，并以礼相待。但沮授企图逃回到袁绍那里，曹操这才将沮授斩杀。

官渡之战后，袁绍的残兵败将都返回冀州治所邺城。有人对田丰说，今后您肯定会受到重用了。田丰回答说，袁公表面宽厚而内心猜忌，他从来不相信我的忠心，我也多次因说真话而冒犯他。如果袁公打了胜仗，心情舒畅，他肯定不会找我的茬，我将得到保全；如今他打了败仗，肚子里憋着气，猜忌之心就会发作，我不指望活命了。田丰的判断是准确的。袁绍回来之后就对逢纪说，留在冀州的人听说我失败了，都挂念我，只有田丰以前多次劝谏我，我没有听从他的计策，感到有愧于他。逢纪与田丰有矛盾，于是借机拱火说，田丰听说您失利，拍手大笑，庆幸他的预言都说对了。袁绍听信了逢纪的话，将田丰斩杀。

袁绍在官渡吃了败仗，冀州的许多城邑都背叛了他。袁绍羞愧愤恨，卧病不起，于建安七年（公元 202 年）五月忧愤而死。

官渡之战是曹操与袁绍争夺北方霸权的转折点。官渡之战的胜利，大大增强了曹操的军事实力和政治影响力，为其统一北方奠定了坚实的基础。经过此战，曹操成为北方的霸主，如日方升；而袁氏集团却急转直下，日暮途穷，跌入内斗和衰败的泥潭。（据《资治通鉴》第六三卷，《三国志·魏书·张乐于张徐传》《三国志·魏书·武帝纪》《后汉书·袁绍刘表列传》《三国志·魏书·董二袁刘传》）

四、曹操将分崩离析的"袁家军"斩草除根

曹操在官渡之战中消灭了袁军主力，但要彻底地消灭"袁家军"并非易事。

袁绍有三个儿子：袁谭、袁熙、袁尚。长子袁谭过继给亡兄袁基。袁谭在袁绍平定冀州过程中屡建战功，因此，袁绍让他出任青州都督。袁谭初到青州时只控制着平原一郡，但他初生牛犊不畏虎，敢想敢干，率军北攻，终将公孙瓒任命的青州刺史田楷打跑，于是，袁绍提拔袁谭担任了青州刺史。建安元年（公元196年）春，袁谭东攻孔融，战至夏季，将善于坐而论道的孔融打败，孔融逃走。接着，袁谭又拿下了海隅，控制了整个青州地盘。但袁谭用人不当、赏罚不公，他的军队因到处掳掠而失去民心。建安四年（公元199年），袁谭欲迎接自称为帝而衰败没落的叔父袁术，但遭到刘备、朱灵的阻挠，叔侄二人未能谋面，袁术病死在路上。建安五年（公元200年），刘备兵败后投奔袁谭，经袁谭引见，刘备暂时依附了袁绍。袁谭随袁绍参加官渡之战，被曹军打败，带领八百骑兵逃到黎阳，又从黎阳返回邺城，并从邺城回到青州。次子袁熙，在袁绍打败公孙瓒后被任命为幽州刺史，并一直在那里经营。三子袁尚是袁绍和后妻刘氏的掌上明珠，袁绍和刘氏都打算将袁尚立为继承人。

袁绍死后，其将领们大都认为袁谭是长子，应该让他继承袁绍的职位。而袁绍生前的几位谋士长期闹派性，审配、逢纪拥立袁尚，郭图、辛评力挺袁谭。袁熙未参与袁谭、袁尚的权争。审配、逢纪害怕袁谭继承袁绍职位后与郭图、辛评拧在一起伤害自己，便假托袁绍的遗命，抢先拥立袁尚为继承人。袁谭从青州赶回邺城奔丧，却未能继承父亲的职位，已继承父亲职位的三弟袁尚只拨给大哥袁谭少量兵马，而且还派效忠袁尚的谋士逢纪跟随袁谭。袁谭非常生气，要求再增加一些兵马，遭到审配、逢纪的拒绝。袁谭大怒，杀死了袁尚的卧底逢纪。逢纪率先成为袁氏兄弟互斗的牺牲品。

逢纪之后，袁谭自封车骑将军，率领部队离开邺城，屯驻黎阳县。

（一）袁家兄弟内讧，曹操借机夺得黎阳、邺城和周边四县

建安七年（公元202年）秋，曹操率军渡过黄河，去进攻驻军黎阳的袁谭。面对曹操的进攻，袁谭向三弟袁尚求救。袁尚留下审配等守卫邺城，自己率军去救援袁谭。年轻的袁氏兄弟与老谋深算、善于用兵的曹操对抗，双方交战数次，袁氏兄弟一次也没赢，只好退守营寨。次年春，曹操再次进攻黎阳，袁谭、袁尚兄弟迎击曹操，双方展开大战。但袁氏兄弟仍然没有干过曹操，败逃邺城。曹操占领了黎阳，这为其下一步攻击邺城创造了条件。

曹操从黎阳出发，率军乘胜追击袁氏兄弟至邺城附近。当他看到地里的小麦已经成熟，便命令士兵将小麦收割之后拉回黎阳。此时，军师祭酒郭嘉对曹操说，袁绍活着的时候没有确定由哪个儿子作为他的继承人，现在老大袁谭和老三袁尚在政治上处于平等地位，各有党羽辅佐，情况危急时哥俩可相互救援，但局势缓和后就会争权夺利。我军不如向南攻取荆州，等他们兄弟内讧、相互消耗之后，再来收拾他们。曹操认为这个主意不错，于是留下部将贾信率领一部分士兵回驻黎阳，自己率军回到许都。

果然不出郭嘉所料，曹操撤军之后，袁氏兄弟因争权夺利矛盾

迅速升级。老大袁谭对老三袁尚说，我的士兵的铠甲陈旧破烂，现在曹军已经撤退，在他们没有渡过黄河之前，你为我的士兵更换铠甲、增加一些兵马，我率军追击，就能把他们打散。老三袁尚怀疑老大袁谭另有图谋，既不给他增加兵马，也不给他的士兵更换铠甲。袁谭大怒，力挺袁尚的谋士辛评、郭图借机说，这都是审配出的主意。于是，袁谭率军攻打袁尚，袁尚率军出城迎击。袁氏兄弟在邺城门外展开大战。由于袁尚继承了袁绍的绝大多数兵马，而袁谭兵少，开战不久袁谭战败，只好率领残兵败将退回渤海郡治所南皮县（今河北沧州市南皮县东北四公里）。袁谭败走之后，袁尚又亲率大军追至南皮县，再次把袁谭打败。袁谭率领残兵败将逃到青州平原郡治所龙凑（今山东德州市）。建安九年（公元204年），袁尚留审配、苏由镇守邺城，自己又率军开赴平原进攻袁谭，意欲彻底灭掉自己的亲哥哥。袁谭招架不住，便派遣颍川郡阳翟县人辛评的弟弟辛毗去曹操那里求援。

当时曹操正打算征讨荆州牧刘表，其军队驻扎在汝南郡西平（今河南驻马店市西平县以西三十五公里）。辛毗到达西平后面见曹操，转达了袁谭的意思。曹操十分高兴。曹操手下的将领大都认为，目前荆州牧刘表势力强盛，应当先去攻打刘表。而谋士荀攸说，刘表盘踞在江汉之间，此人胸无大志，不想开疆扩土。袁绍虽然死了，但袁家仍然占据四州之地，有数十万兵马，假如袁绍的两个儿子团结一致，共同维护已有的基业，那么就很难平定。现在他们兄弟互斗，将来某一方获胜，那么两边的力量都会集中到一个人手里，到那时再想攻击，难度就更大了。我军应该在他们相持不下的时候去收拾他们，这个机会千万不要错过。曹操认为此话颇有道理，表示"从之"。可是，过了几天，曹操又想去攻打刘表，让袁氏兄弟自相残杀。曹操设宴款待辛毗，辛毗见曹操的脸色和表情与以前不一样，知道他改变了主意。于是，辛毗去见军师祭酒郭嘉，向郭嘉表达了自己的担心。对此，郭嘉向曹操作了汇报。曹操召见辛毗，向他提出了两个问题：一是袁谭是否讲信用？二是袁尚是否能攻克？辛毗回答说，您不用担心里面有诈谋，袁谭和袁尚兄弟相争，双方都认为以自己的力量就可以平定天下。辛毗接着说，袁谭向您求救，表明他已经陷入了死胡同；袁尚看到了袁谭的困境，但他又攻不下来，说明袁尚也是黔驴技穷。相比之下，袁尚面临的形势更加严峻，他的军队在外面打了败仗，内部谋臣不和，互相杀伐，再加上连年征战，将士疲惫，蝗灾、旱灾严重，兵连祸结，民怨沸腾，统治区内的百姓都知道袁氏政权即将土崩瓦解，这是上天要灭亡袁尚的好机会。如今上天把袁尚送给您，您不去进攻袁尚却去讨伐刘表，失去这次机会实在是太可惜了。

曹操只说了一个字："善！"曹操判断袁谭归降自己只是权宜之计，于是要求与袁谭结成儿女亲家——让小儿子曹整（曹操第二十子，母为李姬）迎娶袁谭的女儿。袁谭答应了。曹操趁热举办了婚礼，并任命袁谭为青州刺史，以安其心，而后把大军调往黎阳屯驻，威慑邺城。袁尚得知曹操渡过黄河准备攻击邺城的消息后，解除了对袁谭的包围，从平原撤军回救邺城。

建安九年（公元204年），曹操出兵攻打邺城。当曹操大军走到距离邺城五十里的洹水（今河北邯郸市魏县境内）时，邺城城中发生了内战。起因是袁尚在出兵攻打袁谭之前安排审配、苏由二将留守邺城，但苏由暗地里勾结曹操，打算作曹操的内应，不料被审配发觉。留守二将激战于城中，苏由兵败，出城向曹操投降。

曹操到达邺城城下后，一方面命令军队在城外堆起土山，在地下挖掘地道，先围后攻，做好攻城准备；另一方面布置兵力，以切断外援。当时，袁尚任命的武安县长尹楷领兵屯驻在毛城（今河北邯郸武安市西部），是上党粮道的必经之路。袁绍的外甥、并州刺史高干就是通过上党粮道，为袁绍打官渡之战和包围邺城提供兵马补充和粮草支援的。由于袁绍生前长期驻守邺城，将城池修筑得固若金汤，曹军在短期内难以攻克。于是，曹操留下堂弟曹洪继续围困邺城，自己带领部分军队去攻打屯驻守毛城的袁尚部将、武安县长尹楷。曹操将尹楷斩杀后，又任命了武安县新县令，要求他严防死守上党粮道，不得让高干通过此道为邺城提供粮草支援。曹操又派将领率军攻击邯郸县（今河北邯郸市）。该县由袁尚的部将沮鹄驻守，曹军马到成功，一举拿下。

曹操夺取毛城和邯郸县，对周边各县产生了强大的威慑作用。易阳县（今河北邯郸市永年区东南）县令韩范、涉县（今邯郸市涉县西北）县令梁歧看到曹操咄咄逼人的攻势，都献城投降。加上此前得到的武安县，曹操在攻打邺城期间额外收获了武安、邯郸、易阳、涉县四个县。这对留守邺城的官兵产生了很大的心理压力，其军心开始动摇。

审配手下的武官冯礼（一作冯札）打开城下小门，让曹军三百多人入城。审配发现后，用巨石将城门封死，杀死入城的曹兵。在这种形势下，曹军改变战术，他们将以前堆起来的土山铲平、把挖掘的地道堵上，然后环绕邺城挖了个大河沟，把漳河水引入河沟灌城。这就使得城中守军和百姓的吃饭成了问题，再加上并州的粮食运不进来，城中的百姓和士兵饿死了大半。

当年七月，袁尚率领一万余人从平原赶回，以营救邺城。在途中，袁尚派遣冀州主簿李孚设法进入邺城了解守城将士的情况。

李孚，字子宪，冀州巨鹿（今河北邢台市宁晋县一带）人。作为冀州主簿，李孚长期在邺城工作，人熟地熟。李孚接受任务后，"自选温信者三人"，不告诉他们去哪里，只是让他们准备干肉和粮食，不准拿兵器，各自配备快马。在路上，李孚让三名骑兵砍了三十根刑杖，系在马匹上，自己戴着头巾。傍晚时分，他们到达邺城下。当时大将军虽有禁令，但割草放牧的人很多。李孚装扮成曹方高级军事官员都督，从邺城北边开始围着城走，依次"巡察"曹军的"军容军纪"，他一边走，一边训斥围城的将士，发现违反军纪的人，根据情节轻重分别给予相应的处罚。李孚还"巡察"到主帅曹操大营的前面，但未作停留又去"巡察"城南，"从南围角西折，当章门"，"复责怒守围者，收缚之"。而后，李孚趁守城士兵"开其围"之机快速跑到城下，向城上呼喊。城上的守军得知是李孚，赶紧放下绳子，将李孚等人吊上城去。守城总指挥审配等见到李孚，悲喜交加，"鼓噪称万岁"。曹军将士这才得知那个所谓的曹军"都督"，却是袁氏集团的冀州主簿，于是向曹操作了汇报。曹操笑着说，这个人不简单，他不仅能入城，还能再出来。曹操的预料非常准确。李孚知道曹军一定会严加防守，不能再假冒曹军军官出城了，就建议审配把城中的老弱病残都放出去，以节省粮食。夜里，这些人手举白旗，从三个城门同时向曹军投降，李孚与三名骑兵扮成老弱病残，趁着夜色突围而去。等到天亮，曹操听说李孚已经出城，抚掌大笑说：果然像我所说的那样啊！

李孚成功入城又成功出城，在曹军阵营引起不小的震动。曹军将领们都认为：这次袁尚率军回救，乃为思归之军，人人都将拼死作战，不如先避开他们。曹操说，我们要做好两手准备，如果袁尚率军从官道上来，我们暂时躲避一下；如果他们沿着西山而来，他就会被我军击败。袁尚果然沿着太行山而来，并在滏水河畔，距离邺城十七里的阳平亭扎营。晚上，袁尚点火告知城中守军，意思是回救邺城的军队已到，而城中也举火相应。审配率军出城北，欲与袁尚内外夹击曹军，以突破曹军。曹军迎击审配，审配抵挡不住，退回城中。袁尚出兵偷袭围城的曹军，曹军早有防备，只好退到漳河拐弯处安营。曹军乘胜追击，包围袁军的营寨。在曹军尚未完全合围时，袁尚派遣撰写《为袁绍檄豫州文》的陈琳出营谈判乞降，曹操予以拒绝，并加紧围攻。袁尚见势不妙，连夜突围逃跑，曹军穷追不舍，袁尚部将马延、张𫖮等临阵投降。最后，袁尚带着部分人马逃到中山（今河北定州市一带）。

曹操缴获了袁尚的全部军需辎重，向固守城池的审配官兵展开宣传攻势。城中官兵方寸已乱，惴惴不安。不久，审配的侄子审荣在夜间把自己值守的东城门打开，将曹军引入城内。审配率军迎战失败，被曹军活捉，后被处斩。

为安抚投降的官兵及其治下的百姓，曹操亲自到袁绍墓前祭祀，"哭之流涕"，还慰问袁绍的老婆刘氏，并将缴获的袁家仆人和金银财宝予以退还，又赠送给他们大量丝绸棉絮，在生活上给予足够的关心照顾。

曹操还宣布，黄河以北地区凡是遭受袁氏家族压迫和剥削的百姓，当年一律不再上缴赋税，同时，从重处罚兼并土地的豪强。这些政策措施的推行，缓解了那些为袁氏家族效力的官吏同曹操的对立情绪，也减轻了老百姓的负担，很快就稳定了局势，恢复了社会秩序。

曹操让献帝任命自己兼领冀州牧，并主动辞去了兖州牧职务。不久，曹操将国都从许都迁往邺城。

此前，袁尚派遣冀州从事牵招到高干所控制的并州上党催运军粮。牵招是安平郡观津县（今河北衡水市武邑县）人，少年时师从以教授为业的本县人乐隐。后来，乐隐走上仕途，担任了车骑将军何苗的长史，牵招仍然跟随他学习。中平六年（公元189年）灵帝死后，发生了十常侍之乱，何苗、乐隐被杀。牵招与乐隐的其他门徒一起冒着危险收殓乐隐尸体，送其回老家安葬，途中遇到山贼打劫，牵招垂泪恳求，山贼觉得他是个有义之人，便放他离去。牵招因此声名鹊起。不久，冀州牧袁绍征辟牵招为从事，兼管乌丸突骑。这期间，袁绍近臣犯法，牵招先斩后奏，受到袁绍的肯定。袁绍死后，牵招跟随了袁尚。曹操率军包围邺城时，袁尚派牵招去上党督办军粮。未等牵招回来，袁尚便败逃到中山。牵招听到消息后，便劝说并州刺史高干迎接袁尚来并州，共同应对曹操。高干不仅不听从牵招的建议，反而欲加害于他。牵招无法找到袁尚，于是转投曹操，被曹操任命为新的冀州从事。

曹操还延聘了原冀州别驾崔琰为新的冀州别驾。

崔琰，清河郡东武城（今河北衡水市故城县）人，他年少时质朴诚实，说话迟缓，反应较慢，但爱好击剑，崇尚武功。按当时的规定，男子到了二十三岁就得到京师服役一年，被称为"正卒"。崔琰当了"正卒"之后，开始发奋研读《论语》和《韩诗》。后来，他师从北海郡高密县（今山东潍坊高密市）人，著名儒学家、经学家郑玄。但学了不到一年，遇上徐州黄巾军攻破北海，崔琰便跟随郑玄逃到不其山（今山东青岛市城阳区东北）上躲避兵难。由于兵荒马乱，买不到粮食，郑玄只好停止教学。崔琰失学后到处流浪，四年之后才回到家乡。后来，盘踞冀州的袁绍将崔琰征辟到自己的麾下，任命他为骑都尉。袁绍攻打曹操时，崔琰劝谏说：天子如今在许都，老百姓都愿意顺从朝廷，袁公不如谨守治境，向天子述职，以便安定这一地区。袁绍没有听从。袁绍死后，袁尚、袁谭兄弟互斗，二人都想得到崔琰，但崔琰都以病为由拒绝，结果获罪，被关进大牢，后来在陈琳和归附袁尚的原豫州刺史阴夔的营救下，才免于一死。

曹操拿下邺城后兼任了冀州牧，任命崔琰为新的冀州别驾。曹操对崔琰说，我翻阅冀州的户籍册，初步计算了一下，我可以从冀州征到三十万新兵。崔琰很不高兴，他直言不讳地对曹操说，当今天下四分五裂，袁氏兄弟自相残杀，冀州人民遭受多年战乱。现在朝廷大军来了，没有施行慰问民间疾苦和拯救百姓的仁政，反而先算计兵员的数量，这难道是冀州人民寄予厚望的明公吗？曹操深感自己话语有失，立即转变态度，向崔琰道歉。

曹操围攻邺城时，守卫东平县（今山东泰安市东平县）的吕旷、吕翔看到袁尚"日薄西山"，便宣布与袁尚决裂，投降了曹操。曹操将"二吕"封为列侯。袁谭听说袁尚手下的"二吕"投奔了曹操，想把他们挖过来为己所用，于是他派人暗中联络"二吕"。由此"操知谭诈"。袁谭还趁曹操攻打袁尚大本营邺城之机，攻取了甘陵（今河北邢台市清河县）、安平、河间等郡国，而后，为报复袁尚将自己打败的仇恨，趁其被曹军重创之后退守中山的机会，率军攻打袁尚。此时的袁尚已非常虚弱，袁谭没费多大的劲就把袁尚打败。袁尚逃奔到涿郡故安县（今河北保定市易县东南），投靠二哥、幽州刺史袁熙。袁谭将袁尚的残部收编之后，回军驻扎龙凑。

曹操对袁谭勾结"二吕"并趁机扩充地盘、与自己争夺冀州土地非常不满，便写信给袁谭，指责他违背和亲盟约，并断绝了与袁谭的儿女亲家关系，并退还他的女儿，打算下一步收拾袁谭。（据《资治通鉴》第六四卷，《三国志·魏书·刘司马梁张温贾传》《三国志·魏书·辛毗杨阜高堂隆传》《三国志·魏书·武帝纪》）

（二）"南皮之战"，曹军斩杀袁谭、收取青州和冀州

建安十年（公元205年）冬，曹操率军攻打袁谭驻地平原郡。面对曹操大军，袁谭派遣使者向荆州牧刘表求救。刘表婉言拒绝。袁谭只好在龙凑和南皮分兵驻守。可是，当曹操大军发起猛攻时，袁谭却不敢交战，他放弃龙凑，撤退到南皮城外的清河边扎营，布

防工事，迎战曹军。曹军收复了平原郡所属各县。

曹操听说袁绍生前的乌桓盟友将要出兵施救袁谭，便派遣冀州从事牵招去辽西柳城（今辽宁朝阳市境内）安抚乌桓部落，劝说他们不要发兵。牵招到达柳城后，听说乌桓峭王正在集结军队，准备救援袁谭。于是牵招立即前往王庭进行交涉。当时，自称平州牧的辽东军阀公孙康为拉拢乌桓武装，便派部下韩忠带着单于的印绶来到王庭，想以辽东名义册封峭王为单于。峭王询问牵招：袁公生前说过，他受天子之命，打算封我为单于；而今曹操也说受天子之命，封我为单于；辽东公孙康使者拿着印绶刚刚到达，也说封我为单于。你们究竟谁是正宗啊？牵招回答：从前袁公承天子之命，可以有所拜封，袁公死后天子之命由曹公代之，曹公是正宗。辽东是属部，没有这个权力。韩忠进行狡辩，意思是强者为王。牵招呵斥他说，公孙康作为叛逆者，竟敢擅权封拜。他一边说，一边走上前，试图斩杀韩忠，被峭王拦住。在场的人都吓得目瞪口呆，不知所措。牵招回到座位上，向峭王阐说曹操的恩威和发展前景，并为他分析利弊得失。最后峭王把韩忠撵走。

牵招出使柳城，不仅说服乌桓峭王放弃救援袁谭，而且还粉碎了辽东军阀公孙康欲拉拢乌桓作外援的图谋，为曹操平定辽东、收拾公孙康奠定了基础。当然，牵招的仕途也步入快车道。

曹操收复平原郡后，率领军队进攻南皮。当时天气异常寒冷，河道结冰，运送粮草的船只无法通行。曹操下令沿途各县砸冰拽船，将军需保障物资运往南皮。曹军在南皮城外与以逸待劳的袁谭展开大战。袁谭由于事先准备充分，防守能力很强；曹军尽管军事实力占绝对优势，但遭到了袁谭的有力回击。这场攻防战打得异常激烈，曹军伤亡尤为惨重。在这种情况下，曹操下令暂缓进攻，并打算回撤。此时，曹操的堂弟（曹炽之子，曹仁之弟）曹纯建议说，天下人都知道我军千里奔袭来攻打袁谭，如果消灭不了敌人就撤军，必然折损我军军威，现在我们是孤军深入，又不宜打持久战，袁谭因暂时取胜而骄傲大意，我军因进攻受挫而小心谨慎，以小心谨慎的我军对阵骄傲大意的敌军，获胜是有把握的。

曹操认为曹纯的话很有道理，便听从了他的意见。经过短暂休整，曹操下令向袁谭发起进攻。他亲自擂响战鼓，激励将士们冲锋，曹军气宇轩昂，拼命冲杀，一举将袁军击溃。袁谭在惊慌之中死命打马逃跑，曹纯麾下的骑兵料想他不是一般人，于是穷追不舍，袁谭失手从马背上掉下来，他对追兵说：喂，放我一马，我能让你富贵。话没说完，头已落地。曹军占领了南皮城。曹操下令斩杀袁谭的谋士郭图全家以及袁谭的家眷。此时，曾装扮成曹军都督的李孚要求面见曹操。李孚对曹操说，现在城中发生了骚乱，老百姓人心惶惶，应当派遣新近归降而又为城内百姓所认识和信任的人传达您的命令，以稳定社会秩序。曹操对李孚神出鬼没出入邺城印象深刻，很欣赏他的胆识，就让李孚去传达政令。

"南皮之战"是曹操全面收复冀州、青州的一次标志性战役。此前袁尚逃往幽州，以及此次袁谭被杀，标志着袁氏家族在冀州的势力被清除干净，确立了曹操在冀州和青州的统治地位。许多被袁氏家族任命的官员，包括帮助袁绍起草过讨曹檄书的大才子陈琳等纷纷向曹操投降。曹操见到陈琳，对他说：你从前为袁绍起草檄文，只该攻击我，可为什么还要攻击我祖父和父亲？陈琳一边磕头谢罪，一边回答：那时候我不得不那样做，我也没办法啊。就好像一支搭在弓弦上的箭，不得不发出去一样。曹操念他是个才子，赦免了他，并安排他担任撰写奏章的"记室"。

陈琳等人归降曹操之后，只剩下高菀县（今山东滨州邹平市）的乐安郡太守管统拒不投降。

管统，袁谭的部将，曾任东莱太守。建安八年（公元203年），有个名叫刘询的人看到青州刺史袁谭被袁尚打败，便在济北郡漯阴（今山东德州市齐河县一带）起兵反叛。唯有东莱太守管统丢下妻儿而不顾去投奔袁谭，结果其妻儿为叛兵所杀。袁谭为此感动不已，任命管统为乐安郡太守。管统为人豪侠尚义，有坚忍不拔之志。曹操消灭袁谭之后，管统拒不投降。曹操派人把他抓来，命令王修执刀，杀掉管统，实际上这是曹操对王修的一次现场考验。

王修，字叔治，北海郡营陵县（今山东潍坊市昌乐县）人。他七岁时，母亲在"社日节"①那天去世。次年"社日"时，王修因怀念母亲哭得死去活来，父老乡亲可怜这个没娘的孩子，从此不在"社日节"那天祭祀，而改作他日。王修二十岁时，到南阳求学，借住在张奉家里。张奉全家生病，邻居和亲友都不愿意与他家往来，王修便承担起照顾其全家人的义务，直到他们病愈康复，王修才肯离去。初平年间（公元190—193年），北海国相孔融征召他

---

① "社日节"是古代中国的传统节日，又称土地诞。古人把土地神和祭祀土地神的地方称为"社"。每到"社日"，百姓都要立社祭祀，祈求或酬报土地神。

为主簿，并让他兼任高密县县令。王修到任后发现，该县孙氏大族一向蛮横，其族人、门客等多有犯法，官府无可奈何，以至于孙家成为盗贼的"避风港"。"民有相劫者，贼入孙氏，吏不能执。"王修带领吏民将孙家包围，"孙氏拒守，吏民畏惮不敢近"。王修下达命令：不敢进攻者，与孙家同罪。于是大家一拥而入，孙家乖乖交出了盗贼，并受到王修的处罚。从此该县豪强大族和盗贼"慑服"，谁也不敢违抗官府命令了。不久，王修被推举为孝廉，但他想让给别人，北海国相孔融没有答应。当时天下动乱，推举孝廉之事"遂不行"。后来，"郡中有反者"将北海国相孔融围困，王修听说后连夜带兵去救援孔融。孔融对他身边的人说，敢于冒着危险前来帮助我的，恐怕只有王修了。话音刚落，王修就到了。后来，王修又担任了郡功曹。这期间，由于北海国胶东县（今山东青岛平度市境内）"多贼寇"，王修又被任命为胶东县县令。该县宗族大户公沙卢是当地有名的豪强大族，从来不缴纳县府分派的徭役和税赋，他还修筑营垒堑壕与官府对抗。王修带领几个骑兵径直进了公沙卢的家，斩杀了公沙卢的兄弟，公沙氏一家人惊呆了，谁也不敢动。王修"抚慰其余"，没有人因此起事，"由是寇少止"。孔融每次遇到危难，王修不管在哪里，都会第一时间赶去解救。有了王修的帮助，孔融才免于祸患。

袁谭担任青州刺史时，征召王修担任其手下的佐官治中从事，主要负责诸曹文书管理等。当袁尚从邺城发兵来攻，将袁谭打得一塌糊涂时，唯有王修率领部分吏民前去施救。袁谭很感动，他说，王别驾一来，我和我的军队就能保全了。袁谭失败后，青州各地都起兵反叛。袁谭叹息说，全州都背叛了我，难道是我人品不好吗？王修说，东莱太守管统虽然远在海边，但他不会背叛您，一定会来的。十几天后，管统果然来到袁谭面前。袁谭恢复元气后打算进攻袁尚，王修劝谏阻止，但袁谭固执己见，不肯听从，并向曹操求援。曹操帮了袁谭，袁谭却背叛了曹操。当曹操率军进兵南皮攻打袁谭时，王修正在乐安郡运送粮食，他听说袁谭有危难，立即率领护粮的数十名士兵火速赶赴南皮救援袁谭。走到半道，听说袁谭已死。王修怀着悲痛的心情去见曹操，向曹操请求为袁谭收尸。王修说，我受过袁谭的厚恩，如果能让我收殓他的尸体，再让我死，我就没有什么遗憾了。曹操赞赏他的义气，将他留在自己的麾下。

这次曹操命令王修亲手斩杀管统。王修不肯动手，并为管统松了绑，还让管统去见曹操。曹操果然将管统赦免。

曹操对王修的人品和官德高度认可，任命他为司空掾，不久又提拔他担任了大司农郎中令。

曹操完全控制冀州和青州后颁布法令，凡是在袁氏家族统治下干过坏事的人，允许其改过自新。他还采纳谋士郭嘉的建议，征辟当地士绅和头面人物为掾属。曹操还制定了惩治奢侈等方面的法令，禁止过奢的陪葬、过度建坟和立碑等，还明确要求，坚决压制世仇和仇杀，防止将矛盾扩大化、传承化。曹操提出的这一要求和以宽广的胸襟对待陈琳，说明他已经汲取了自己为父报仇、血洗徐州，以及诛杀嘲讽自己的名士边让的教训，所以说"南皮之战"也标志着曹操在政治上已趋向成熟，实现了由军阀向政治家、军事家的飞跃。（据《资治通鉴》第六四卷，《三国志·魏书·袁张凉国田

王邴管传》《三国志·魏书·武帝纪》)

（三）果断出手夺取幽州

建安十年（公元 205 年）春，曹操把新夺取的冀州、青州相关工作安排部署之后，欲率大军征讨幽州刺史袁熙和来此地避难的袁尚。

在北方地区纷纷叛袁降曹的大形势下，幽州所辖九郡中有两个郡太守宣布脱离袁熙、归附曹操。一个是涿郡太守、幽州渔阳（今北京市密云区一带）人王松，另一个是渔阳郡太守、渔阳人鲜于辅。他们二人都与曹操缔结了归附条约。曹操尚未出战，就收获了两个郡的地盘和兵马，"不战而屈人之兵"。同时，袁熙内部发生了兵变，"亲而离之"。

在幽州，袁熙的属将焦触和张南为了保全自己，向袁熙、袁尚兄弟发起了攻击。袁氏兄弟猝不及防，被叛将驱逐出幽州。袁谭、袁尚带领少量亲信逃亡到乌桓人居住的辽西郡（今辽宁锦州市义县境内）。"二袁"出逃之后，焦触自称幽州刺史，"驱率诸郡太守、令长"向曹操投降。曹操封焦触、张南为列侯，并将幽州收入囊中。

随后，鲜于辅率领部众来降。鲜于辅作为幽州牧刘虞的从事，在刘虞被公孙瓒杀害后，与刘虞的儿子刘和、乌桓峭王、麹义等一起在鲍丘打败公孙瓒，斩杀公孙瓒两万余人。于是，广阳、上谷、代郡与右北平郡纷纷起兵，杀死公孙瓒所委任的官员。公孙瓒败逃易县后，鲜于辅在好友渔阳雍奴（今天津市武清区）人田豫的劝说下，率领部众归附了曹操。曹操任命鲜于辅为建忠将军，都督幽州六郡军务。官渡之战爆发后，曹操以鲜于辅为左度辽将军，封爵昌乡亭侯，让他"镇抚本州"。曹操打败袁绍后，对鲜于辅镇抚幽州的工作给予了充分肯定，他高兴地对鲜于辅说，我以少胜多打败了袁绍，既是天意，也有你们的功劳。"南皮之战"胜利后，鲜于辅率领幽州的军队正式投降。后来，乌桓出兵攻打鲜于辅，曹操出兵救援，将乌桓击退。

袁绍在易县围攻公孙瓒时，曾经率军支援公孙瓒的黑山起义军首领张燕率领十万余众也从太行山下来向曹操投降。曹操封张燕为列侯。

袁氏兄弟逃到辽西郡之后，试图借助乌桓的军力复图中原。袁绍生前就与乌桓人勾勾搭搭，"辽西单于蹋顿尤强，为绍所厚"，"皆立其酋豪为单于"，还与乌桓联姻，"以家人子为己女，妻焉"。曹操攻打袁谭时，乌桓峭王还打算派出五千骑兵增援袁谭，被曹操的使者牵招搅黄。尽管蹋顿与袁家有姻亲关系，但蹋顿也有自己的政治图谋——想把跟随和支持袁氏兄弟的人纳入自己的统治之下，以扩充自己的实力，称霸草原。此前，"三郡乌丸承天下乱，破幽州，略有汉民合十余万户"。蹋顿欲在此基础上继续扩张。

为实现自己的政治目的，蹋顿让熟悉幽州情况的袁熙为自己出谋划策，并趁焦触还没有被幽州吏民普遍所接受之机，打着帮助袁氏兄弟收回故地的旗号，数次侵袭幽州，幽州出现了严重危机。

在幽州出现危机的同时，又发生了大规模武装反叛事件。建安十年（公元 205 年）夏初，同情袁氏兄弟的故安（今河北保定市易县东南一带）人赵犊、霍奴发动了农民起义，成为一股反曹力量。起义军杀死了奉命前去镇压叛乱的幽州刺史焦触和涿郡太守王松。而袁谭、袁尚兄弟也挑拨羌人以及辽西、上谷和右北平境内的乌桓人，聚集在上谷郡犷平县（今北京市密云水库东北一带），攻击鲜于辅。

反曹势力蓬勃兴起，他们相互呼应，大有夺回幽州之势。

面对复杂多变的形势，曹操亲率大军向乌桓武装势力和赵犊、霍奴等农民起义军发起全面攻击。乌桓人自知不是曹操的对手，大肆抢掠一番后仓皇逃散，曹军斩杀了叛乱首领赵犊、霍奴，镇压了起义军，幽州全境稳定下来。（据《资治通鉴》第六四卷，《三国志·魏书·武帝纪》《后汉书·乌桓鲜卑列传》《三国志·魏书·二公孙陶四张传》）

（四）攻破壶关，拿下并州

解决了幽州问题，曹操采纳谋士郭嘉的建议，派遣李典、乐进两位将领与归降的原黑山军首领张燕一道去攻打盘踞在并州的袁绍外甥、并州刺史高干。

李典，字曼成，山阳郡钜野（今山东菏泽市巨野县）人。叔父李乾曾跟随曹操攻打袁术、讨伐陶谦，因英勇顽强、年壮气锐，颇受曹操信任。吕布抢夺兖州时，曹操派遣李乾回到家乡，去做周边各县的工作，劝说他们不要归附吕布，结果被吕布杀害。曹操让李乾的儿子李整统领李乾的军队。李整随曹操平定兖州各县后，因功升任青州刺史。李整去世后，其堂兄弟李典被提拔到颍阴县（今河南许昌市魏都区）做县令，随后又被任命为中郎将，统领了李整的部队。后来，李典又被提拔到离狐郡（今山东菏泽市）担任太守。官渡之战时，李典率领部下为曹军运送了大量军需物资。袁绍被打败后，曹操任命李典为偏将军。曹操在黎阳攻打袁氏兄弟时，让李典和程昱负责水运军粮。袁尚为切断曹军的水运通道，安排魏郡太守高蕃领兵驻扎在河边。曹操给李典、程昱下达命令，如果水路不通，就走陆路，不能延误军粮运送。李典与诸将商量：高蕃的部队不是正规军，缺少兵甲和训练，他们依仗水势，心存侥幸，士兵肯定存有麻痹思想，攻打他们一定能够取胜。程昱也持同样看法。于是，他们率军北渡黄河，拔掉了高蕃这颗钉子，打通了水路，军粮如期送达。建安七年（公元 202 年），刘表派刘备向北攻打叶县，曹操命令夏侯惇、于禁、李典率军抵抗刘备。刘备驻军于南阳郡博望县（今河南南阳市方城县博望镇一带），与夏侯惇、于禁、李典对峙。忽然，刘备率军烧掉自己的营垒后撤退，夏侯惇欲率领部队追击刘备。李典劝阻说，敌人无故撤退，我怀疑有埋伏，南边的道路狭窄，草木浓密，不能追击。但夏侯惇没有听从李典的意见，他和于禁一同带兵追击，李典留守。结果，夏侯惇、于禁中了刘备的埋伏，被刘备打败，李典带兵赶去救援。刘备望见救兵已到，于是率军撤退。建安九年（公元 204 年），李典跟随曹操围攻邺城多日，终将该城拿下。这次李典受令率军攻打并州。

乐进，阳平郡卫国（今河南市濮阳市清丰县）人。初在曹操帐下做小吏。初平元年（公元 190 年），曹操派他回本郡招募士兵，募得一千多人，被曹操任命为代理司马、陷阵都尉。兴平元年（公元 194 年），乐进先后随曹操到濮阳攻打吕布、到雍丘攻击张超、到苦县攻打桥蕤，都因率先登城而立下战功，被封为广昌亭侯。建安三年（公元 198 年），乐进又先后跟随曹操讨张绣、战吕布。建安四年（公元 199 年），又先后到射犬（今河南焦作市武陟县西北）攻打眭固①、到沛郡攻打刘备，都获得胜利。乐进因功被任命为讨寇校尉。建安五年（公元 200 年），他参与了官渡之战，在袭击乌巢的战斗中，生擒并斩杀护卫辎重的袁军大将淳于琼。建安九年（公元 204 年），乐进攻击袁谭、袁尚兄弟，斩杀敌将严敬，后被任命为游击将军。不久，乐进率军平定了乐安郡，又跟随曹操包围并拿下邺城。袁谭败亡后，乐进率领一支部队进攻雍奴，再破敌军。曹操对乐进等部将为平定北方所做出的贡献高度赞赏，于建安十一年（公元 206 年）上表汉献帝，郑重推荐乐进、于禁和张辽。在曹操的推荐下，汉献帝下发诏书，任命乐进为折冲将军，于禁为虎威将军，张辽为荡寇将军。

建安十年（公元 205 年）十月，李典、乐进和张燕率领大军征伐并州。并州刺史高干获知曹军来袭，便驻军上党，固守壶关（上党郡治所，今山西长治市北十七公里，因境内有壶口关而得名）。这里地形险要，易守难攻，自古就是兵家必争之地，有"得上党而望中原"之说。

高干早年跟随舅父袁绍在冀州打拼。冀州平定后，袁绍任命

---

① 原为黑山军首领之一，曾与袁术合谋攻击东郡，反为曹操所败，后来成为张杨部下。张杨被杀后，眭固带领张杨部下屯军射犬。曹操派遣史涣、曹仁、乐进等急攻眭固。眭固带领亲兵出奔袁绍，被史涣、乐进等截击杀死。

高干为并州刺史。官渡之战时，高干为袁绍运送了大量的兵员和粮草。曹操拿下邺城后，高干担心曹军攻打并州，暂时向曹操投降。后来，曹操率军北伐攻打袁氏兄弟，高干趁机派兵突袭邺城，结果被守卫该城的曹操部将荀衍等一举歼灭。在这种形势下，高干伪装不下去了，公开反叛曹操，逮捕了曹操任命的上党太守，还率军占领了濩泽（今山西晋城市阳城县西北）。高干反叛后，并州及其周边一些地方也发生了叛乱事件。曹操认为，必须抓紧解决高干的问题，以此来震慑武装叛乱势力。

李典与乐进分两路进兵，李典从正面向高干发起攻击，乐进从北路进入上党，绕到高干的背后向其发起攻击。高干腹背受敌，只好退守壶关，利用坚固的城池来抵御曹军。李典、乐进无法攻克，双方形成对峙局面。

建安十一年（公元206年）初，曹操安排敢于批评他的冀州从事崔琰辅佐曹丕，留守邺城，自己亲率大军直赴壶关。当时正赶上风雪天气，"狂雪随风扑马飞"，非常寒冷。曹操带领将士们冒着雪虐风饕，艰难翻过巍峨险峻的太行山。行军途中，曹操有感而发，写下了题为《苦寒行》的乐府诗。

苦寒行

北上太行山，艰哉何巍巍！

羊肠坂诘屈，车轮为之摧。

树木何萧瑟，北风声正悲。

熊黑对我蹲，虎豹夹路啼。

溪谷少人民，雪落何霏霏！

延颈长叹息，远行多所怀。

我心何怫郁，思欲一东归。

水深桥梁绝，中路正徘徊。

迷惑失故路，薄暮无宿栖。

行行日已远，人马同时饥。

担囊行取薪，斧冰持作糜。

悲彼《东山》诗，悠悠使我哀。

经过千辛万苦，曹军终于到达壶关城下，经短暂休息之后，立即组织攻城。由于城池坚固，曹操围城数月仍无可奈何，非常沮丧。此时，他的堂弟曹仁提出了"三面围城，只留一面，以攻心为主，分化瓦解高干军心"的建议，被曹操采纳。经过一段时间的心理战，城内军心发生了动摇。高干发现这一问题后，便安排部将夏昭、邓升指挥守城，自己带领几名亲信连夜出城，直奔南匈奴，去向南匈奴栾提呼厨泉单于求救。

高干走后不久，曹操将壶关攻破。

南匈奴单于知道曹操势力强大，不敢得罪，拒绝出兵相救。高干无奈，又南赴荆州去向荆州牧刘表求救，半路上被上洛都尉王琰截住斩杀。壶关守军和并州各郡县得知高干被杀，全部无条件投降，并州纳入曹操的版图。

高干死后，曹操派梁习以别部司马的身份，兼任并州刺史。

梁习，字子虞，陈郡柘县（今河南商丘市柘城县）人。他曾经担任过郡国的主簿。曹操做司空时，征召他为漳县（今甘肃定西市漳县）县令。后来，又先后到乘氏、海西（今江苏连云港市灌云县境内）、下邳三县做县令。梁习具有丰富的地方治理能力和基层工作经验。后来，梁习被调入朝廷担任西曹令史，掌文书等事，不久升为属官。曹操取得并州后，让梁习兼任并州刺史。

梁习上任后立即着手清理高干留下的烂摊子。高干为争取外援，与南匈奴勾搭，南匈奴趁机在并州界内飞扬跋扈，欺压百姓，并州的官吏和百姓纷纷逃亡，而州中的豪强聚积壮丁，各霸一方，不时骚扰和迫害人民。面对如此混乱复杂的局面，梁习采取诱导、安抚、分化和"调虎离山""切香肠"等多种策略。对那些地方势力和豪强大户，以礼相待，并推荐其中一些人到幕府任职，还动员青壮年去参军，以充实军队。等地方势力和青壮年都离开后，又将他们的家属迁到京都邺城。对那些不听从命令的，出兵镇压，先后杀死了一千多人，迫使上万人归顺。在这种形势下，南匈奴单于叩服归顺，各部落酋长也俯首听命，承担赋税徭役，与中原百姓一样履行义务。从此，边境地区安定，百姓得以在田里劳作。

梁习引导和鼓励农户发展农桑，使老百姓的生产生活有了明显改善，同时严格执行法律和政令。此外，梁习还推荐当地的儒生、名士到朝廷任职。时间不长，并州就出现了政治稳定、经济恢复、社会安定的局面。曹操对梁习治理并州的政绩予以充分肯定，赐给他关内侯的爵位。

从建安九年（公元204年）进军围攻邺城开始，到建安十一年（公元206年）灭掉高干、平定并州结束，曹操用了两年时间，将过去袁绍所占领的冀州、幽州、青州、并州地盘全部收归己有，加上他所控制的兖州和豫州，曹操占有了六个州的广阔土地，几乎占全国的一半。

建安十二年（公元 207 年）春，曹操回到新都邺城。此时，他对多年征战进行了认真回顾和思考，认为对那些在攻城略地中立下战功的将士，应该给予奖赏。于是，曹操上奏并获得献帝批准之后，开始大封功臣，将功劳昭著的二十多人都封为列侯，其余人也都论功行赏。对谋士荀彧，在他原有封邑户数的基础上，又增加了一千民户，共计二千民户。曹操还不同程度地免除了死难者家属子女的租税和徭役。曹操的这一系列举措，进一步激发和调动了广大将士杀敌立功、开疆扩土的积极性。（据《三国志·魏书·二李臧文吕许典二庞阎传》《三国志·魏书·张乐于张徐传》《三国志·魏书·武帝纪》《三国志·魏书·刘司马梁张温贾传》,《资治通鉴》第六五卷）

（五）曹操率军北伐，消灭乌桓和"二袁"

曹操大封功臣之后，便出兵讨伐盘踞在"北三郡"的乌桓势力和躲避在那里的袁尚兄弟，目的是为北方边境地区营造一个和平稳定的环境。对此，其手下将领们大都持反对意见，他们认为袁氏兄弟不过是两个无家可归、到处流浪的人，乌桓人又贪财忘义，不可能被袁氏兄弟利用。如果大军远伐，刘备一定会劝说刘表来袭击我们的后方，一旦发生变故，后悔就来不及了。唯有谋士郭嘉不以为然，他说，刘表是个坐而论道的政客，他自知能力不及刘备，必然会对刘备有所防备。我料定刘表不会听从刘备的劝说，即便许都是一座空城，刘表也不敢出兵，因为他担心刘备抄他的后路，所以

您尽管放心出征好了。郭嘉力挺曹操出兵。郭嘉还说，乌桓人认为
距离我们遥远，我军不会劳师去攻打他们，如果您率军去攻打，他
们是不会防备的。出其不意，攻其不备，一举可将他们打败。如果
我们率军南征，袁熙、袁尚就会以乌桓兵力作基础，进一步发展壮
大，到时再去收拾他们就不容易了。听了郭嘉一席话，曹操更加坚
定了北伐的决心和信心。

　　建安十二年（公元 207 年），曹操率军北伐，五月到达易县。
当时，狂风突起，黄沙蔽日，人马难行，曹操问计于郭嘉。而此时
郭嘉因病卧车。曹操流着眼泪说，您跟着我远涉北伐，以致染病，
我非常不安。郭嘉对曹操的关心表示感谢，同时向曹操献计说，兵
贵神速，我军千里讨伐，携带大量辎重，包袱太重，很难神速，不
如轻兵从近路掩军而行。曹操说，只有您了解我的心境。于是曹
操率领大军轻装前行，数日到达无终（今河北唐山市玉田县）。因
连降大雨，道路泥泞，加之乌桓人扼守海滨，曹操大军受阻。在这
里，曹操听说有个名叫田畴的人隐居在徐无县（今河北唐山遵化
市）的大山里，此人颇有谋略和才干，袁绍曾经几次派人去征召，
他都没有应从。于是，曹操立即派人去拜访田畴，争取将他挖过来
为己所用。

　　田畴，右北平郡无终县人。他有两大爱好，一是爱读书，二是
好击剑，可谓文武兼备。董卓乱政时，幽州牧刘虞打算派遣一位使
臣代表他觐见皇上，但不知道派谁去合适。他的下属们异口同声地
推举了二十二岁的田畴，说他是个旷世奇才。于是"虞乃备礼请与
相见，大悦之，遂署为从事，具其车骑"。临行前，田畴对刘虞说：

"今道路阻绝，寇虏纵横，称官奉使，为众所指名。愿以私行，期于得达而已。"刘虞同意。田畴从族人和慕名而来愿作随从的勇士中挑选了二十多人，骑马一同前往，顺利完成了刘虞交办的任务。朝廷下诏，任命田畴为骑都尉。田畴"以为天子方蒙尘未安，不可以荷佩荣宠，固辞不受"。"三公"府同时征召，田畴也都没有接受。田畴尚未返回，公孙瓒就将幽州牧刘虞杀害了。田畴回来后第一时间"谒祭虞墓，陈发章表，哭泣而去"。公孙瓒"闻之大怒"，把田畴抓起来，"拘之军下，禁其故人莫得与通"。后来，公孙瓒因田畴的誓死不屈和外界舆论压力，将田畴释放。田畴回到家乡后，率领族人和依附者百余人进入徐无山中，过着自给自足的生活。远近百姓听说之后纷纷前来归附，几年间达到五千多户，初步形成小城邑。田畴不仅制定了禁止杀伤、盗窃等生活规则，还规定了婚丧嫁娶的礼仪，兴办了学校。这些措施"班行其众"后，"众皆便之，至道不拾遗"。袁绍统治北方时，曾几次派遣使者去请田畴，并授予将军印绶，田畴都拒绝了。袁绍死后，他的小儿子袁尚又来征召，田畴始终不肯应从。田畴对乌桓残杀当地士大夫一事非常痛恨，但心有余而力不足。

这次曹操率军北征乌桓，在途中派遣使者征召田畴，田畴愉快地答应了，并令门客收拾行李，准备跟使者一同上路。他的门客很奇怪，便问田畴：以前袁公倾慕您，带着礼物来请您多次，您一点儿也不动心；现在曹公的使者头一次来，您就像来不及了一样急迫。这到底是为什么呢？田畴笑着回答：这就不是你所明白的事情了。田畴跟随使者到达曹操军中，被曹操任命为司空户曹掾。第二天，曹操发布诏令，按照官吏管理权限，将田畴举荐为茂才，任命为蓨县（今河北衡水市景县）县令。但田畴没去上任，而是跟随曹军前行。

当时正值多雨季节，海滨一带地势低洼，道路泥泞，士兵无法行走。曹操非常忧虑，便问田畴该怎么办。田畴说："此道，秋夏每常有水，浅不通车马，深不载舟船，为难久矣。……自建武以来，陷坏断绝"，已经有近二百年了，但我们可以寻找隐蔽的小路。现在敌方将领率领大队兵马正在通向无终县的路上，由于路不好走正在后退，此时他们应该松懈戒备。如果我们的大军悄悄返回，从卢龙口（在今河北秦皇岛市卢龙县境内）越过白檀（今河北承德滦平县东北）的险要，乘其不备去攻打他们，就可以活捉蹋顿。曹操说："好！"于是他率领大军返回，并在路旁竖起一块木头，上面写上：现在正是暑热时期，道路不通，等到秋冬两季再进军。乌桓的侦察兵看到后，信以为真。曹操命令田畴为向导，走上位于遵化市东部的徐无山，过了卢龙县。曹操带领先锋部队在距离柳城二百多里时，刚刚登上白狼山，就与乌桓大军相遇。曹军士兵很担心，因为大部队和辎重都在后面。此时，荡寇将军、都亭侯张辽力劝曹操与乌桓军交战，张辽"气甚奋，太祖壮之"。曹操发现乌桓军队阵容不整，于是采纳了张辽的建议，将自己"所持麾授辽"。张辽与张郃、曹纯等率领先锋部队向乌桓军发起猛攻，斩杀了乌桓首领蹋顿、各部落王爷及大部分将领，剩下的二十多万人全部向曹军投降。"白狼山之战"，曹操取得了重大胜利。袁尚、袁熙与辽东乌桓单于苏仆延（亦称速仆丸）等率领数千人趁乱逃跑，投奔据守在平洲（今辽宁辽阳市之北）的辽东太守公孙康。

公孙康，辽东襄平（今辽宁辽阳市）人。他的父亲公孙度原为朝廷任命的辽东太守。初平元年（公元190年），公孙度发现中原地区群雄并起，天下大乱，于是就对亲信和部下说，汉朝要完了，现在到了与各位将领商议称王的时候了。当时，辽东郡治所在襄平县，原来祭祀土地神的地方出现了一块大石头，长一丈多，下面有三块小石头支撑着，犹如鼎足。有人便对公孙度说，这块石头的形状表明，您应该拥有天下的土地，定有"三公"辅佐。公孙度非常高兴，将辽东郡分为"辽西"和"中辽"两个郡，分别任命了"太守"。公孙度还渡海夺占了东莱各县，设置"营州刺史"。他自封"辽东侯""平州牧"，成为辽东一带的"土皇帝"。当时，曹操忙于征战无暇远顾，为安抚公孙度，便任命他为武威将军，封永宁乡侯。建安九年（公元204年），公孙度去世，他的儿子公孙康继任了辽东太守。公孙康将父亲公孙度的永宁乡侯爵位印绶送给了弟弟公孙恭，以安抚他不与自己争位。公孙康承袭父位后，仍然是"恃远不服"。建安十年（公元205年），曹操消灭袁谭后，曾派张辽安抚海滨一带，张辽击破了公孙度所置的"营州刺史"柳毅，公孙康失去了东莱诸县。后来，公孙康趁曹操远征之机，欲动用三万步兵、一万骑兵南下，去攻打曹操的老窝邺城。公孙康征求被自己扣留的曹操所任命的乐浪（今朝鲜平壤市大同江南岸土城洞）太守梁茂的意见。凉茂说，近年来天下大乱，国家将要倾覆，将军您拥有十万人的军队，却坐山观虎斗；曹公忧虑国家的危亡、怜悯百姓的疾苦，正在率领正义之师消灭敌寇，其功勋巨大、恩德广布，举世无双。因为北方尚未完全平定，所以他还没有责罚将军罪过的机会，而您却要兴兵伐曹，请您三思而后行。听了凉茂这一席话，公孙康才没敢南下。

辽东单于苏仆延与袁熙、袁尚兄弟败逃公孙康后，有人劝曹操乘势追击，曹操却说，我等公孙康把袁尚、袁熙的人头送来，不必再劳师动众了。

袁尚逃到辽东后，就对二哥袁熙说，我们来到了辽东，公孙康肯定会来见我，我把公孙康杀掉，咱们就可以占据辽东，以此为根据地发展壮大我们的势力。此时的公孙康也在琢磨给曹操送什么样的见面礼，他想到了以袁家兄弟的首级去邀功请赏。于是，公孙康"乃先置其精勇于厩中，然后请熙、尚。熙、尚入，康伏兵出，皆缚之。……遂斩首"。曹操任命公孙康为左将军，封为襄平侯。

曹操手下的将领们对曹操的预言如此准确十分佩服，就问曹操：您已退军，为什么能预测到公孙康杀死袁尚、袁熙呢？曹操说：公孙康一向害怕袁熙、袁尚，我如果急攻，他们就会拧在一起进行拼命抵抗，但形势缓和时他们就会自相残杀。不是我让他们这样做，而是其势使然。

曹操这次北伐，不仅消灭了心头之患袁氏兄弟，而且也为北方，特别是东北边境地区打造了一个和平稳定的环境，受到当地民众的欢迎。曹操仍然让公孙康治理此地，每年只收取其贡物。

曹操在班师返回邺城，途经昌黎县（今秦皇岛市）时，登上了县内的碣石山。在这里，他踌躇满志，意气风发，写下了著名的《观沧海》一诗：

> 东临碣石，以观沧海。
>
> 水何澹澹，山岛竦峙。
>
> 树木丛生，百草丰茂。
>
> 秋风萧瑟，洪波涌起。
>
> 日月之行，若出其中。
>
> 星汉灿烂，若出其里。
>
> 幸甚至哉！歌以咏志。

曹军从柳城返回之后，年仅三十八岁的郭嘉病情越来越重，最终病故。郭嘉病故后，曹操亲临吊丧，"哀甚"。他对荀攸等人说：诸位在年龄上与我同辈，只有郭嘉最年轻。我本来想待天下安定之后将后事托付给他，而他却中年夭折，这是命啊。曹操上表朝廷：军师祭酒郭嘉，跟随我东征西伐十一年，每当遇到军机大事，他都能临敌制变。当我处事犹豫不决时，他总是坚定我的信心，"平定天下，谋功为高。不幸短命，事业未终。追思嘉勋，实不可忘。可增邑八百户，并前千户"，谥号贞侯。他的儿子郭奕承嗣父亲的爵位。

二十世纪五十年代末期，毛泽东在许多重要场合都谈到郭嘉，还几次推荐领导干部阅读《三国志》中的郭嘉传。另据 1981 年 12 月 26 日《人民日报》刊登的薄一波同志的纪念文章《回忆片段——记毛泽东同志二、三事》介绍：毛泽东同志推荐郭嘉传让大家看，意思正是希望党的各级领导干部做事要多谋善断。（据《资治通鉴》第六三卷至六五卷，《三国志·魏书·袁张凉国田王邴管传》《三国志·魏书·武帝纪》《三国志·魏书·二公孙陶四张传》《三国志·魏书·程郭董刘蒋刘传》）

6

曹操、孙权、刘备在南方的争夺

经过连续多年的军阀混战，曹操基本上统一了北方，开始踏足南方，企图消灭或兼并南方的割据势力，以统一全国。而南方的大军阀先是孙策后是孙权，兄弟二人接续深耕江东，并以江东为根据地不断向外扩张，发展势头强劲；还有先在北方打拼但未能站稳脚跟、后跑到南方投奔荆州牧刘表的军阀刘备。刘表死后，他的两个儿子争权夺势，勾心斗角，特别是老二刘琮继承了父亲刘表荆州牧的职位后，正赶上曹操南伐大军压境，在这样的形势下，刘琮听信别人的忽悠，举整个荆州之地投降了曹操。曹操收取了荆州，接着又率领十几万大军东进，企图一举鲸吞江东。孙权与刘备联合起来，共同抗曹，他们以少胜多、以弱胜强，打赢了著名的赤壁之战，重创了曹军主力，迫使曹操不得不退居北方，暂时无力再战。孙权和刘备利用这一有利时机，各自发展势力，扩充地盘。当曹操缓过劲来，欲再次南伐时，孙权和刘备的实力则更为强大，曹操不得不面对现实，隔江而叹道："生子当如孙仲谋！"

一、孙策被暗箭射杀，一颗冉冉升起的将星陨落

兴平二年（公元 195 年），在"曲阿之战"中，折冲校尉孙策

夺取扬州刺史刘繇所占据的曲阿，取得了建立江东根据地的开局性胜利。紧接着，孙策命令手下干将朱治从钱塘进攻吴郡。吴郡太守许贡失败后依附了严白虎，孙策让朱治代理吴郡太守。尚未称帝的割据军阀袁术因孙策平定吴郡有功，上表朝廷任命孙策为殄寇将军。建安元年（公元 196 年），孙策占据会稽郡后，自己兼任了会稽郡太守。

次年，袁术称帝，孙策与袁术彻底决裂，不再从属于袁术，正式单干。曹操对孙策分割袁术名下的地盘和军队非常高兴，亲自派遣使者携带汉献帝的诏书赶赴江东，任命二十三岁的孙策为骑都尉，承袭父亲孙坚乌程侯爵位，并正式任命其兼任会稽郡太守。

随着地盘的扩大和军事实力的扩张，孙策开始建立谋士班子。他任命张昭为长史，张纮为正议校尉，秦松、陈端（与张纮、秦松同郡）等为谋士，共同参与孙策军政大事的决策。在实际工作中，孙策对张昭、张纮用得比较多，他们被吴地人合称为"二张"。通常情况下，"一张"跟随孙策征战，"一张"主持留守事务。

张纮，太学毕业后，为躲避战乱回到江东，与孙策关系十分亲密。张纮经常跟随孙策出战，驰骋于疆场。每次战斗，孙策总是冲在前面，奋不顾身，勇猛杀敌。张纮劝谏说：主将是筹谋划策的角色，三军命运全都寄托在您身上，切不可轻率行动，亲自与那些小寇搏战。希望您能珍重上天赐予的才干，不要让广大军民为您的安危而担惊害怕。然而，每有战事，孙策依然冲锋陷阵，一马当先。

张昭，字子布，徐州彭城人。他少时好学，博览群书，曾专门师从著名书法家白侯子安学习《左氏春秋》，不仅掌握了儒家一些治国理政思想，而且隶书书法造诣很高。青年时期，张昭曾被举荐为孝廉，但他没有接受。张昭经常与他人一起讨论研究以往君王避讳之事，著有《宜为旧君讳》一书，受到儒家学者的赞赏。徐州牧陶谦推举他为茂才，被张昭拒绝。陶谦认为张昭看不起他，于是就把他关进监狱。后来经好友、广陵郡太守赵昱营救，张昭才被释放。虽然张昭被陶谦处罚，但他仍然感念陶谦对自己有举荐之恩，陶谦去世后，张昭为他撰写了悼念文章。东汉末年，中原地区兵荒马乱，张昭随着逃难的人流来到了江东。作为当时的名士，张昭受到孙策的重用，成为孙策手下掌参谋、文书等事的长史，不久又被任命为督领中军的抚军中郎将。孙策以优厚的礼节对待张昭，像好朋友一样拜见张昭的母亲。孙策将后方几乎所有的事情，都委托张昭打理。张昭为人正、为政勤、为官廉、为民实，把各项工作做得很细很扎实，使孙策能够集中精力专注于前方战事，为平定江东作出了很大贡献。张昭的名气越来越大，越传越远，连北方的士大夫都敬重他，在书信中对张昭多有称赞。对此，孙策非但没有猜疑，反而说："今子布贤，我能用之，其功名独不在我乎！"

为创造良好的外部环境，孙策主动搞好与朝廷的关系，努力在朝廷留下一个好印象。建安元年（公元 196 年），孙策自己兼任会稽郡太守后，便派遣奉正都尉刘由、五官掾高承带着自己的奏章拜谒朝廷，进贡礼物。朝廷正式任命孙策为骑都尉兼会稽郡太守，袭爵乌程侯。之后，孙策又于建安三年（公元 198 年）以正议校尉张纮为使者，再次向朝廷进贡地方特产。朝廷对孙策的这一举动深表赞赏。曹操也想趁机拉拢孙策，便举荐孙策为讨逆将军，封吴侯；

将孙策的使者张纮任命为御史台属官侍御史；将自己的侄女嫁给了孙策的弟弟孙匡，让儿子曹彰迎娶了孙策的堂兄孙贲的女儿为妻，并以礼征聘孙策的弟弟孙权、孙翊。此时，无论是曹操还是孙策，其军事实力和经济实力正处于发展之中，他们都想拉拢各方势力，争取外援，于是双方暂时保持了表面上的和谐。（据《三国志·吴书·张严程阚薛传》《三国志·吴书·张顾诸葛步传》，《资治通鉴》第六二卷）

（一）孙策铺谋设计，夺得庐江郡

竞争是人类社会的生存法则。在军阀混战时期，军阀的生存和发展，既靠拳头，更靠智慧，而智慧的作用和能量往往大于拳头。建安四年（公元 199 年），孙策发现庐江郡太守刘勋的实力急剧扩张，已成为自己强大的潜在对手。于是，就想用智慧毁掉他。

刘勋，字子台，青州琅邪人，早年曾在沛国建平县（治所位于今河南商丘夏邑县境内）做县令。刘勋既与曹操有旧交，同时也是袁术的故吏。兴平元年（公元 194 年），袁术准备攻打徐州，曾经向庐江太守陆康索要三万斛大米，陆康不给，袁术大怒，派遣孙策去攻打陆康，并且允诺：如果你能抓获陆康，庐江郡太守就是你的了。孙策奉命出击，经过两年交战，终于拿下了庐江郡，但袁术并没有兑现自己的承诺，而是任命刘勋担任了庐江太守。袁术败亡之后，他的老婆和堂弟袁胤、女婿黄猗一起，带领部属护送袁术的灵柩到刘勋的为官之地皖城（今安徽安庆潜山市）安葬。安葬完毕后，袁术的残部，其中包括原本打算投奔孙策的大将军张勋、长史杨弘等人，也都归附了刘勋。此时，又有人为刘勋锦上添花，无条件送给他数千兵马。那么，送给刘勋兵马的人是谁呢？他为什么如此大方？此人就是曹魏时期非常著名的战略家刘晔。

刘晔，字子扬，淮南郡成德县（今安徽淮南市寿县）人，光武帝刘秀之子阜陵王刘延的后裔。汝南人许劭素以知人而闻名，当时他在扬州避难，见到刘晔便称赞说，这孩子有辅佐天子的才能。东汉末年天下大乱，扬州的郑宝、张多、许乾等各自拥有私人武装，仗势作恶，欺压百姓。其中，郑宝的势力最为强大，人也最为残暴，当地吏民都害怕他。郑宝为抢占当地百姓的土地，打算把他们驱赶到江南去，但又担心阻力太大。郑宝知道刘晔出身于皇族，又颇有名望，就打算让他出头倡导实施自己的计划。当时刘晔二十多岁，他不愿意帮郑宝，可是苦于自己没有武装，无力对付郑宝，适逢曹操派遣使者来扬州考察，"有所案问"。刘晔便去见使者，谈论当前形势，又邀请使者到自己家里住了好几天。郑宝喜欢巴高望上，便带领数百人，"赍牛酒来候使"，受到刘晔热情款待，专门"为设酒饭"。刘晔让家奴带领其众随从坐在中门外面，自己则陪同郑宝在内室设宴饮酒。刘晔秘密安排了健壮大汉埋伏在周围，"令因行觞而矵宝"。然而，郑宝不爱饮酒，自然就不会出现"行觞"了，因此健壮大汉不敢下手。刘晔趁其不备，拔出佩刀杀死了郑宝，斩下了他的首级，然后来到中门外面，对正在大吃大喝的郑宝部众说：郑宝因罪已被处斩，曹公有令，敢有反抗者，与郑宝同罪！郑宝的部众"皆惊怖"，逃回军营。此时，郑宝军营中"有督将精兵数千"，刘晔担心他们发动暴乱，于是骑着郑宝的马，带领数名家奴来到郑宝军营之前。他叫出头领，向他们讲明福祸利害。头领们叩头跪拜，"开门内晔"。"晔抚慰安怀，咸悉悦服"，并一致拥戴刘晔为新首领。但刘晔"睹汉室渐微"，自己作为皇族支属并不想拥有军队，于是就将这部分私人武装无偿送给了庐江郡太守刘勋。刘勋感到奇怪，问其原因，刘晔说："宝无法制，其众素以钞略为利，仆宿无资，而整齐之，必怀怨难久，故相与耳。"

刘勋得到了刘晔赠送的兵马，于是"兵强于江、淮之间"，"孙策恶之"，欲以计谋削弱或吃掉他。那么，孙策用什么计谋呢？交朋友。怎么交朋友呢？"世人结交须黄金，黄金不多交不深。纵令然诺暂相许，终是悠悠行路心。"（唐代诗人张谓《题长安壁主人》）于是，孙策给刘勋写了一封信，派遣使者携带着自己的亲笔信和大量金银、珠宝和葛布（用葛草织成的布，可以做夏装），去见刘勋。孙策在信中言辞谦卑地对刘勋说：上缭（今江西九江市永修县）的土著人多次侵犯我的领地，我非常痛恨他们。但是我路途不便，伏祈足下进兵讨伐。上缭非常富裕，拿下它可使足下富军强兵。我愿出兵作为您的外援。刘勋是一个见钱眼开、财迷心窍的人，他见孙策送来了这么多好东西，连嘴巴都笑歪了。刘勋的属吏和将领们都向他道贺，唯有刘晔不以为然。他说：我比较熟悉上缭的情况，它是鄱阳湖东岸的一个险要之地，地方不大，但城池坚固、沟壑很深，易守难攻，十天之内拿不下来。如果大军被困在坚城之下，而后方空虚无兵，孙策极有可能趁机偷袭我们的大本营。这样，将军进则拿不下上缭，退则无家可归。所以，我认为如果出兵攻打上缭，灾祸就会马上降临！刘勋收了孙策的东西，自然要给孙策办事，他根本听不进刘晔提出的正确意见，拉出军队就上路了。当大军到达海昏（今江西南昌市新建区铁河乡一带）时，上缭城首领已听到风声，组织全城军民逃跑了，为刘勋留下了一座空城。刘勋入城之后既没看见一个人，也没找到一粒粮食。

孙策安排堂兄孙贲（孙坚同母兄长孙羌长子）、孙辅（孙羌次子）率领八千人，"于彭泽待勋"，自己与周瑜率二万人马去袭击刘勋的老窝皖城。孙策等不费吹灰之力拿下了该城，俘虏了袁术、刘勰、刘勋的老婆和部众，共三万多人。孙策安抚袁术的老婆，厚待刘勰的家属，士大夫们因此赞扬孙策。孙策、周瑜等人占领皖城之后，立即上表献帝，推荐部下李术担任庐江郡太守，同时拨给李术三千名士兵守城，并派军队将这三万多名俘虏押送到自己控制的吴郡。

皖城乔公有两个女儿，皆为神韵天成、国色天香。在这里，孙策纳大乔，周瑜纳小乔，由此孙策、周瑜成了连襟。

刘勋率军返回彭泽时，遭到孙贲、孙辅兄弟的伏击，刘败走，"入楚江，从寻阳步上到置马亭"。在这里，他听说孙策、周瑜已经攻克皖城，自己无家可归，于是"乃投西塞，至沂，筑垒自守，告急于刘表，求救于黄祖"。

黄祖是荆州牧刘表所任命的江夏郡太守。在与孙策之父、长沙郡太守孙坚交战时，他安排伏兵将孙坚射杀，从此孙家与黄祖结下大怨。刘勋向黄祖求救就是为了抗击孙坚的儿子孙策，所以黄祖坚决予以支持，立即派遣儿子黄射率领五千名水兵支援刘勋。但是"策复就攻，大破勋"。刘勋失败后，率领包括刘晔在内的残兵败将投奔了曹操。

曹操此时已到达寿春。此前，庐江郡山越头子陈策率领几万兵众，依凭险要地势据守，不时出山搞打砸抢，危害百姓生命财产安全。曹操曾派遣裨将军前去讨伐，始终"莫能禽克"。曹操询问部下能否攻克陈策，属将们都说那里山势险峻，山谷又深又窄，易守难攻，失不为损，得不为益，打不打它无关大局。已归顺曹操的刘晔说：陈策等那些穷小子们趁天下大乱而奔赴险地，他们相依为强，称王称霸，不是爵位、命令和威信等就会使他们变老实的。过去派遣征讨的副将资历浅、名望小，中原地区又尚未平定，所以陈策之徒敢于凭借险要之地予以抵抗。如今中原地区大都平定，各路贼兵先后被降伏；曹公仁德，威震天下，人们都希望早日归附。如果先对他们进行赏赐招募，等大部队到达、宣布诏令的时候，陈策军营的大门就会向您敞开。曹操笑着说：你说的与我的想法差不多。随即，曹操派遣猛将在前先行，大军在后支援，陈策的起义军在政策感召和军事威慑之下，纷纷向曹操投降，正如刘晔所分析的那样。曹操回去之后便任命刘晔为司空仓曹掾，主要负责管理仓谷、租赋征收等事，官秩为四百石到六百石。

建安四年（公元 199 年）十二月，刘勋兵败降曹和黄射被打散逃走，孙策俘获并收编了他们的降兵两千多人，缴获船只一千余艘，而后乘胜向夏口①进发，进攻江夏太守黄祖。当孙策大军到达沙羡（今湖北武昌西金口）之时，荆州牧刘表派遣侄子刘虎和南阳

---

① 又称沔口，为夏水即汉水的入长江之口，位于今武汉市俗称蛇山的黄鹄山东北。

人韩晞，率领五千名手持长矛的士兵，作为黄祖前锋，共同抵御孙策的进攻。两军展开了激烈的鏖战。孙策及其军队锐不可当，"火放上风，兵激烟下，弓弩并发，流矢雨集"，很快就将刘表军打败，刘虎、韩晞被斩杀，部众被杀死和跳水溺死者数以万计。黄祖脱身逃跑，他的妻妾子女共七人被孙策抓获。这一战，孙策缴获船只六千多艘，其他军用物资堆积如山。（据《三国志·吴书·孙破虏讨逆传》《三国志·魏书·崔毛徐何邢鲍司马传》《三国志·魏书·程郭董刘蒋刘传》《三国志·吴书·周瑜传》，《资治通鉴》第六三卷）

（二）孙策神机妙用，智取豫章郡

老子说："善为士者，不武；善战者，不怒；善胜敌者，不与。"意思是说，善于领兵的统帅，不逞其勇武；善于作战的将领，不轻易发火；善于胜敌的将军，不与敌人发生正面冲突。孙子说："上兵伐谋"，"善胜者不争"。二十四岁的年轻将领孙策在用兵实践中，充分体现了古代哲学家和军事家的用兵智慧。建安四年（公元199年），孙策统领大军讨伐黄祖回师时，路过豫章郡（治所在今江西南昌市）。孙策的军队到达椒丘（今南昌市新建区）便扎营驻下，因为他想顺路拿下豫章郡。于是，他特地把虞翻请来，向他交代有关任务。

虞翻，字仲翔，会稽郡余姚（今浙江宁波余姚市。一说会稽郡句章县鸣鹤乡人，即今浙江省宁波慈溪市观海卫镇人）人，日南郡太守虞歆的儿子。虞翻是东吴著名学者，对学问的追求从未间断，曾为《论语》《老子》和《国语》等作注。虞翻走上仕途之初，曾在会稽郡太守王朗手下做功曹，与王朗相处非常融洽。孙策率军攻打会稽郡时，虞翻正遭父丧。他听到消息后，非常担心太守王朗的安全，于是不顾父丧期间不能出门的习俗，到郡府劝说王朗避开孙策。但王朗没有听从他的意见，结果被孙策打败，"亡走浮海"。虞翻追至，保护王朗逃亡到东部候官（古县名，大致在今福州市区西部和闽侯县的西北部一带），候官县长"闭城不受，翻往说之，然后见纳"。王朗获得安全后便对虞翻说："卿有老母，可以还矣。"孙策夺得会稽郡后，仍任命虞翻为功曹，并以朋友之礼对待他，甚至亲自前往虞翻家中拜访他的母亲。虞翻很受感动，便诚心诚意、踏踏实实地为孙策服务，有意见建议及时向孙策提出。孙策爱好轻骑游猎，野外思考，虞翻劝谏他：您汇集了一群乌合之众，统领他们，使他们对您效力，就算是汉高祖刘邦也比不上您啊。您轻易出府，微服出行，侍卫来不及戒严，大家都为这事烦恼。期盼您稍微注意一下自身的安全。孙策说：你说得对，可是偶然思考问题，闲坐着内心很不宁静，想不出有新意的计谋，因而要出行思考。后来，虞翻随孙策出军讨伐山越。在斩杀山越首领之后，敌众逃散，孙策立即命令部队分散追敌。孙策单骑追敌时正好碰见了虞翻。虞翻问孙策为何单人追敌。孙策说让部下追杀敌人去了。虞翻认为周围蒿草过高，容易遭到敌军伏击，千万不能麻痹大意，于是自己在前边为孙策探路。后来，虞翻被调出会稽郡，在孙策的老家吴郡富春县任县长。

这次，孙策派人将富春县长虞翻请来，跟他说：豫章郡太守华歆是一位很有名望的人，但打仗他不是我的对手。如果他不开门让城，一旦我发起攻击，不可能没有伤亡。请你去见他一面，把我的意思告诉他，看他是什么态度。虞翻领受任务后，立即前往豫章郡去见华歆。

华歆，字子鱼，平原郡高唐县人，早年与卢植、郑玄等都曾拜太尉陈球为师，儒学功底比较厚实。被举荐为孝廉之后，朝廷任命他为郎中，但不久后因病辞官。汉灵帝去世后，外戚大将军何进辅政，曾征召一批优秀人才入京为官，华歆被任命为尚书郎。董卓迁都长安时，华歆申请到下面去做县令，却因病未能成行。病愈后，华歆先后去了蓝田和南阳。此时军阀袁术割据南阳，留下华歆在其帐下为官。华歆劝说袁术讨伐董卓，未被采纳。华歆想要离去，适逢汉献帝派遣太傅马日磾安抚关东。马日磾征召华歆为属掾。不久，朝廷下诏，任命华歆到豫章担任太守。华歆到任后，"以为政清静不烦，吏民感而爱之"。

虞翻见到华歆后便说：您在中原地区享有盛名，我虽居于偏远的东方，但敬仰您的大名。有些问题我想请教于您，您觉得您和会稽郡原太守王朗相比，谁的名声更大一些？华歆说：我比不上王朗。虞翻又问：贵郡的粮草储备、武器装备以及军民的勇气和斗志，比会稽郡如何？华歆回答说：那差远了，根本不是一个档次。虞翻又说：您这个判断是正确的。孙策将军智谋出众，用兵如神。兴平二年（公元195年），他攻破扬州刺史刘繇，夺得其仓中大量军粮、武器等，这是你亲眼所见；次年，他打败王朗，攻克会稽郡，这事儿你也听说过。当下，您固守孤城，粮食不足，如不早做打算，后悔就来不及了。现孙将军大军已到椒丘，离这里只有百八十里。如果明天中午之前，贵郡迎接孙将军的"欢迎信"（实际上是投降书）还没有送达的话，我们就无法相见了。听完虞翻的话，华歆满脸冒汗，他一边擦汗，一边说：我长期在南方为官，做梦都想回北方的故乡，孙将军一到，我立马走人。

虞翻走后，华歆立即命人连夜赶写迎接孙策的"欢迎信"。他们反复斟酌和推敲，华歆亲自审阅把关，生怕对孙策有不恭敬之意。第二天天还没亮，华歆就派人将"欢迎信"送到了孙策面前。

其实，孙策早在一年前就开始琢磨吞并豫章郡的事情了。东汉末年，吴郡（今江苏苏州市）、会稽郡（今浙江绍兴市）、鄱阳县（今江西上饶市鄱阳县）、丹阳郡（今安徽宣州区）、豫章郡（今江西南昌市）、庐江郡（今安徽合肥市庐江县）、长沙郡（今湖南长沙市）、桂阳郡（今湖南郴州市）等郡县活跃着多股山越武装势力，他们以山险为依托，抗拒赋税劳役，利用其所盘踞的大山出产铜铁等资源优势自铸兵甲，招募兵众，对抗官府，抢掠百姓。这些团伙头目主要有祖郎、严白虎、金奇、毛甘、黄乱、费栈、潘临、彭绮、彭式等。孙策初辟江东时，山越众多，分布极广，他们相互勾结，抱团取暖，成为孙策的心腹之患。袁术知道这些山越集团都与孙策敌对，便于建安三年（公元198年）遣人以官爵为诱饵，唆使丹阳宗帅祖郎等，把山越联合起来围攻孙策。

此前，刘繇被孙策打败逃到豫章郡时，"太史慈遁于芜湖山中，自称丹杨太守"，挑拨山越给孙策捣乱。

太史慈，东莱郡黄县（今山东烟台龙口市）人，少好学，曾担任东莱郡奏曹史，负责向朝廷奏报工作。当时，东莱郡与上级官府青州发生了矛盾，双方各执一词，"曲直未分"。由于天下大乱，朝廷对解决下面发生的矛盾也是稀里糊涂。朝廷曾下令说，青州府和东莱郡谁先把情况报告呈报到朝廷就算谁有理。那时，青州府的报告已经发出，东莱郡太守担心落后，便派遣二十一岁的太史慈日夜兼程奔赴京师洛阳送报告。太史慈入京后，径直来到皇宫公车门，正好看到青州府官吏正要办理进门登记手续。太史慈凑上去问他们，你们是不是来报奏章的？他们回答说："然。"太史慈又问："章安在？"回答说："车上。"太史慈灵机一动，便说："章题署得无误耶？取来视之。"意思是，上报朝廷的奏章可不能马马虎虎，千万不能出现差错，拿来我帮你们检查一遍。青州府的官吏不知道他是干什么的，更不知道他是东莱郡府的人，于是就从车上把奏章取来，递给太史慈看。太史慈拿出藏在怀中的小刀，"便截败之"。青州官吏急得大喊大叫，说："人坏我章！"太史慈把青州官吏引领到马车旁边，告诉他说：这能怪我吗？如果你不把奏章拿给我看，你那奏章是不会弄坏的。看来这吉凶祸福咱们都是一样的，不会单独让我一个人受罪。所以，还不如咱们不吵不闹、安安静静地一起出逃，这样咱们都可以活命。青州官吏说："君为郡败吾章，已得如意，欲复亡为？"太史慈说：当初我受到郡府的差遣，只是来这里看看你们的奏章报上去没有，因为我求功心切，弄坏了你的奏章，现在回去，恐怕也要挨"谴怒"，所以要和你一起逃走。而太史慈"既与出城，因遁还通郡章"。青州府听说呈报发生变故，便另外派人重新呈报。可是朝廷有关部门不再受理，因此青州府的官司输了。由此，太史慈的大名远近闻名，但他也遭到了青州府的仇视。太史慈害怕被青州府报复，便跑到辽东郡（今辽宁辽阳市）躲了起来。

北海国相孔融对东莱郡奏曹吏太史慈智赢青州府一事，"闻而奇之"，他知道太史慈已外逃避祸，于是"数遣人讯问其母，并致饷遗"。后来，孔融为躲避黄巾军寇暴，出屯都昌（今山东潍坊市代管昌邑市西二里），又被黄巾军首领管亥所围。此时，正好太史慈从辽东偷偷跑回来看望母亲。母亲对太史慈说："汝与孔北海未尝相见，至汝行后，赡恤殷勤，过于故旧，今为贼所围，汝宜赴之。"太史慈只在家里停留了三天，就徒步独行来到北海国都昌。"时围尚未密，夜伺间隙，得入见融"。太史慈请求出城灭敌，但孔融不同意，他打算等待外面的援军。可是等了许久，也没有等来援军，而黄巾军围困日渐紧迫。孔融打算向平原国国相刘备告急，欲从他那里搬兵救援，但是都昌城内没有人能出得去。太史慈主动要求出城，帮助孔融联络刘备。孔融说："今贼围甚密，众人皆言不可，卿意虽壮，无乃实难乎？"太史慈回答说：从前您多次对我母亲关怀照顾，母亲感恩于您，派我来解救您的危难，如果我不能帮您做点事儿，就无法向母亲交代。现在事情已经非常紧迫了，希望您不要犹豫。孔融这才答应太史慈设法出城。天刚亮，太史慈就带着弓箭上马，只有两名骑兵跟从。太史慈命令随从各拿一个箭靶，开了城门，直奔而出，外围的黄巾军非常震惊，立刻遣兵戒备。太史慈骑马到了城下沟堑，把箭靶插上，然后射箭，箭射完了，就回到城里。第二天又是如此，而防守戒备的敌兵有的起来了，有的仍在睡大觉，太史慈照样插箭靶、射箭，再退回城门之内。第三天又是如此，黄巾军再也没有一个人愿意早早起来戒备了。于是太史慈策马狂奔，冲了出去，并在奔跑中又射杀了几个追兵，因此没有人敢追他这个"弓马熟娴一虎臣"了。

太史慈到达了平原国，对平原国相刘备说，我太史慈是东莱粗人，与孔北海"亲非骨肉，比非乡党，特以名志相好，有分灾共患之义。今管亥暴乱，北海被围，孤穷无援，危在旦夕。以君有仁义之名，能救人之急"。孔北海听说阁下有仁义的美德，能救别人之危，所以特"使慈冒白刃，突重围，从万死之中自托于君"，伏望阁下解急救难。刘备听了，带着感情说："孔北海知世间有刘备邪！"即遣精兵三千人跟随太史慈回去施救。围城的黄巾军获悉救兵到了，纷纷逃散。太史慈解了北海之围。从此，孔融更加看重太史慈的智勇，他说："卿吾之少友也！"太史慈回去禀报母亲，母亲说："我喜汝有以报孔北海也。"

太史慈与扬州刺史刘繇是同郡老乡。太史慈自辽东郡回来之后，始终没有与刘繇见过面，于是他暂时渡江赴曲阿去见刘繇。他还没有到达，孙策已攻至东阿。当时刘繇的部下曾提议委任太史慈为大将军，以抗拒孙策，刘繇说：我若用他，许劭①一定会笑话我不识用人。因此，刘繇只令太史慈侦视军情。这期间，太史慈独去神亭（今江苏镇江丹阳市西南、常州金坛市西北），途中遇上了孙

---

① 一作许郡，汝南平舆（今河南驻马店市平舆县）人。东汉末年著名人物评论家。曾任汝南郡功曹，司空杨彪辟许劭为掾，许劭不就。朝廷拜为鄢陵令，举为方正、敦朴，又以公车征召，许劭均未应从。刘繇做扬州刺史时，国家丧乱，许劭渡江到曲阿投靠了他。

策。当时孙策共有十三从骑，其中有黄盖、韩当、宋谦等猛将。太史慈毫不示弱，与孙策对战。孙策刺向太史慈的马，"揽得慈项上手戟"，而太史慈"亦得策兜鍪"。就在此时，"会两家兵骑并各来赴，于是解散"。

刘繇在曲阿之战中被孙策打败之后，按说太史慈"当与繇俱奔豫章"，但一直以来刘繇对他不冷不热，太史慈感到跟着刘繇干没什么意思，于是他带着几个人来到了芜湖，走进大山，自称丹阳太守。当时，孙策已经平定了宣城（今安徽芜湖市南陵县）以东的山越，而泾县以西几个县的山越还没有平定，太史慈便在泾县住了下来，并在那里建立了"屯府"，"大为山越所附"。

建安三年（公元 198 年），孙策派表弟徐琨（孙策父亲孙坚之妹的儿子）赶走了袁术的族弟、丹阳郡太守袁胤，平定宣城以东各地，并迎接刚从袁术那边归来的舅父吴景担任了丹阳郡太守。之后，孙策亲自进攻泾县以西。他率先进攻陵阳县（今安徽池州市青阳县），一举将丹阳宗帅祖郎生擒，粉碎了袁术企图让祖郎联合山越共攻自己的图谋。孙策对祖郎说：我首次募兵时，你向我发起袭击，曾经砍中我的马鞍；如今我欲创建大业，愿意抛弃旧恨，只要是可用之才，我都予以任用。祖郎立即叩头谢罪，孙策便任命他为门下贼曹掾，主管平盗之事。接着，孙策又出兵讨伐泾县，将太史慈生擒。孙策亲自为太史慈解开绳索，拉着他的手说："宁识神亭时邪？若卿尔时得我云何？"太史慈回答说："未可量也。"孙策大笑说："今日之事，当与卿共之。"孙策当即任命太史慈为门下督，亦称门下督盗贼，主要负责打击盗贼之事，拜折冲中郎将。孙策率军返回时，祖郎、太史慈跑到最前面，为大军开道，"人以为荣"。

此时，时年四十二岁的扬州刺史刘繇在豫章郡去世。扬州士众万余人共推豫章郡太守华歆为新主，并接管刘繇手下的军队。而华歆认为没有皇命，"因时擅命，非人臣所宜"，故推辞不受。刘繇的部众耐心等待了几个月，华歆依然不肯接受，并将他们送走。孙策听说后，就把太史慈招来，与他进行了一番推心置腹的长谈。孙策对太史慈说：刘繇生前对我听从袁术的命令、领兵攻打庐江郡太守陆康极为不满。当时我父亲留下的数千名精兵都被袁术攥在手里不肯归还于我。我志在建立大业，可手头没兵，只好屈意顺从袁术，以等待机会索要我父亲的旧部。后来袁术妄自尊大，不遵守臣子的礼节和本分，不听劝谏，非要称帝不可。大丈夫相交，以道义为原则，一旦出现了破坏原则的情况，只能分手。只可惜刘繇健在时，我没有机会把这个误会解释清楚。现在，刘繇的儿子还在豫章郡，你代表我去看望他一下，并把我的意思告诉他及部众，他们中有乐意来我这里的，你就把他们领过来，不乐意来的，你也要加以安抚。另外，你观察一下华歆治理郡务的能力究竟如何。你需要带多少兵马，可以自行决定。孙策的一席话把太史慈感动得热泪盈眶，他动情地说：我太史慈有眼不识泰山，犯下了不可宽恕的重罪，孙将军有齐桓公、晋文公那样的气量，我应该以死来报答将军的恩德。目前双方并没有交战，用不着带太多的人马，有几十个人就够了。太史慈出发时，孙策"饯送昌门"，与他"把腕而别"。孙策问："何时能还？"太史慈回答："不过六十日。"

太史慈出发前后，孙策手下的将领们议论纷纷，认为孙策把太史慈放走是失策之举，太史慈一定会借机逃回北方，不再回来。孙策说：如果太史慈舍弃我，他还会投靠谁呢？太史慈为人勇猛、胆识过人，不是一个背信弃义、反复无常的人。你们不要再议论这件事了，这是我深思熟虑后做出的决策。太史慈于建安三年（公元198年）腊月如期返回，他对孙策说：华歆品行高尚，但没有什么谋略，仅能自保而已。丹阳人僮芝擅自占领庐陵，鄱阳地方势力公开叫嚣不接受豫章郡领导，华歆只能干瞪眼。孙策听后拍手大笑，遂有兼并豫章郡之志。经过一年多的深入思考和谋划，孙策终于拿出了实施方案，并取得了预期效果。

孙策看完华歆的"欢迎信"（投降书）后非常高兴，立即领军向豫章郡城进发。豫章郡太守华歆出城迎接。见面之后，孙策谦虚地对华歆说：您德高望重，名满天下，远近之人都对您非常敬仰，我年少学浅，应当用弟子拜见师长的礼节见您。说完，孙策便向华歆行师徒之礼，并将华歆尊为长者。

此前，孙策自己兼任了会稽郡太守，任命朱治为吴郡太守，吴景为丹阳郡太守，周瑜为江夏郡太守兼任中护军，吕范为桂阳郡太守，程普为零陵郡太守，李术为庐江郡太守。拿下豫章郡之后，孙策将其一分为二，另立庐陵郡，任命堂兄孙贲为豫章郡太守，治所在南昌县（今江西南昌市）；孙辅为庐陵郡太守，治所在西昌县（今江西吉安市泰和县）；留下周瑜镇守巴丘（今江西吉安市峡江县）。孙策把周瑜留下来驻守巴丘，目的是对这片新夺取的土地进行武力震慑，无论豫章郡或是庐陵郡，哪个地方出现了紧急情况，周瑜都可以随时出兵救援，用不着再从后方调兵遣将了。至此，孙策已基本上平定了江东，并开始坐大。孙策麾下聚集了众多著名武将，如周瑜、吕蒙、黄盖、董袭、孙河、邓当、韩当、太史慈、贺齐、徐琨、徐逸、宋谦、周泰、凌操、蒋钦、陈武等，这些人忠心耿耿地为孙策效力。（据《三国志·吴书·虞陆张骆陆吾朱传》《三国志·魏书·钟繇华歆王朗传》《三国志·吴书·刘繇太史慈士燮传》，《资治通鉴》第六二、六三卷）

（三）孙策被仇敌暗箭射亡

建安五年（公元 200 年），孙策抓住曹操与袁绍正在官渡交战、无暇南顾的有利时机，努力扩大地盘，再次领兵向西进发，攻击黄祖。但是曹操阵营的广陵郡太守陈登给他制造了不小的麻烦。

建安二年（公元 197 年），曹操任命陈登为广陵郡太守。陈登到任以来，始终没有忘记曹操对他的信任和嘱托，或明或暗，尽心尽力地为曹操的统一大业贡献着智慧和力量。为此，他把郡治所由广陵县迁至射阳县，向北推进了二百余里。陈登成功地改造了原有的武装力量，切实加强对官吏的管理监督，赏罚严明，恩威并施，有效推进了地方治理。陈登勤于政务，鼓励百姓发展生产，不到一年，广陵郡所属各县呈现出政通人和的局面，他也深受百姓爱戴。建安三年（公元 198 年），曹操进军下邳攻打吕布时，陈登曾率郡兵从广陵出发，为曹军打头阵。吕布被处决后，陈登因功被曹操任命为伏波将军，仍兼任广陵郡太守。陈登看到这两年曹操忙于平定北方，无暇顾及打击南方割据势力，孙策趁机不断向西扩展，甚至还有向北发展的势头之后，就想为曹操办点实事。于是，陈登通过陈瑀引诱严白虎的部众，在孙策的后方起事，以牵制孙策的扩张。

陈瑀，原太尉陈球的儿子（陈登的父亲陈珪是陈球的学生），早年担任议郎。扬州刺史陈温去世后，袁绍安排其堂兄袁遗领扬州事，遭到袁术攻击。袁遗败逃沛国后，被士兵杀害。而后，袁术让陈瑀为扬州刺史。初平四年（公元 193 年），曹操与袁绍联合，在封丘（今河南新乡市封丘县）大破袁术军，袁术奔往寿春。当时，扬州刺史陈瑀在寿春拒绝袁术进入，袁术气愤不已，走入阴陵县。在这里，袁术休整军队，磨刀霍霍，准备攻打陈瑀。陈瑀恐惧，便派遣他的弟弟陈琮去向袁术求和，袁术将陈琮扣押起来，率军攻打陈瑀。陈瑀率部众逃到徐州下邳。后来，陈瑀为吴郡太守。建安二年（公元 197 年），时任安东将军、行吴郡太守事的陈瑀，屯驻于徐州广陵郡海西县。朝廷诏令孙策与陈瑀、吕布一同讨伐冒用帝号的袁术。当孙策率军行至钱塘时，陈瑀暗中派遣手下都尉万演等秘密渡江，拿着三十多个印信，以拜官封爵为诱饵，勾结孙策地盘上包括山贼严白虎在内的散寇，以及部分并未真心归附孙策的县，让他们作内应，等孙策和军队走远之后，马上攻取孙策所控制的诸郡。

孙策得知这一情报之后，立即放弃征讨袁术，派遣吕范和徐逸率领部分军队奔赴海西讨伐陈瑀，同时自己率军攻打严白虎。

吕范、徐逸到达海西后，把陈瑀的部众打得落花流水，斩杀了陈瑀的大将陈牧，俘获陈瑀的老婆及部众四千多人。陈瑀逃跑，单枪匹马去投奔袁绍。袁绍将其任命为故安都尉。陈登对孙策在自己的地盘上把陈瑀打垮非常愤怒，决心继续利用严白虎等人给孙策制造麻烦。

严白虎，本名严虎，吴郡豪族出身，因以白虎山为据点发展势力，因此被人们称为"严白虎"。严白虎手下有万余人，经常打砸抢，当地老百姓既恨又怕。最初，孙策进图江东开拓地盘时，既想攻打会稽郡太守王朗，又想收拾严白虎。他手下的人认为应该集中兵力先镇压严白虎，这样可以马上取信于民。孙策考虑后认为，严白虎的势力只是一群乌合之众，成不了什么气候，应该首先干掉会稽郡太守王朗。于是，孙策率军进攻王朗。王朗领兵进行抵御。孙策知道王朗是个颇有名气的文化人，在担任会稽郡太守期间口碑不错，因此将他放走。孙策取胜之后，便占领了会稽郡的地盘。这次孙策亲自率军讨伐严白虎，很快就将他及部众围困起来。严白虎知道手下的乌合之众干不过孙策训练有素的正规军，于是赶紧派遣他的弟弟、当地有名的武士严舆去向孙策求和。孙策见到严舆后，突然朝他落座的坐席旁猛砍一刀，严舆立刻挪动了一下身体。孙策哈哈大笑，对严舆说：我听说你能坐着起跃，身手敏捷不凡，所以，只想跟你开个玩笑，看看你是不是如此。严舆回答说：我一见兵刃就会这样。孙策听了严舆这句话，就知道他很无能，于是立即用手戟将严舆杀死。严白虎听说以勇气和武功而闻名的胞弟严舆被孙策杀死，非常惊恐，主动向孙策投降。孙策将严白虎处死。

陈瑀被孙策打跑，严白虎被孙策处死，广陵郡太守陈登与孙策的矛盾进一步加深。当孙策率军西征时，陈登认为，这是一次给孙策添乱的好机会。于是，他再次派出密使，将印绶送给严白虎的余党，鼓动他们在孙权的后方起事。这一情报又被孙策获得，于是他立刻率军回击陈登。由于粮草不足，孙策暂时驻军丹徒（今江苏镇江市丹徒区），以等待粮草运来。

此时，曹军正与袁绍大军在官渡对峙。有消息说，孙策正在准备渡江北伐，去端曹操在许都的老窝。曹军将领们都惊恐不安，担心他们老婆孩子的安危。曹操的大谋士郭嘉站出来安抚他们说：大家不必担心，孙策刚刚扫平江东，诛杀了一些英雄豪杰，那些人并不是单枪匹马，他们虽然死了，但其党羽还在。孙策这个人气壮如牛，虽然作战骁勇，但不善于设防。依我之见，孙策极有可能死于刺客之手。当时大家半信半疑，当他们听说孙策正在攻击刘勋、黄祖，无暇北攻时，才把悬着的心放了下来。后来，实际发生的情况正如郭嘉所料。

孙策在丹徒等待粮草的空闲时间，经常外出到丹徒山中"驱驰逐鹿"。谁也没有料到孙策摊上大事了。

要把孙策摊上的大事说清楚，还得从许贡（名士许靖的好友。许靖逃到扬州后，曾依附于他）说起。初平元年至初平四年（公元 190 年至 193 年），许贡在吴郡太守盛宪（字孝章，会稽人）手下做都尉，协助太守负责军事，两人之间积怨很深。兴平元年（公元 194 年），盛宪因病离职，许贡接任了太守职位。他得势掌权之后，便对盛宪实施打击迫害。盛宪的好朋友、吴郡名人高岱是个很有智慧的人，他帮助盛宪藏到新太守许贡的下属许昭家里。所以，许贡派出很多人到处搜寻，却始终找不到盛宪的下落，于是，就把盛宪的母亲抓走进行审问，盛母无意中却把高岱供了出来。高岱得到这一消息后，在朋友的帮助下成功逃脱。兴平二年（公元 195 年），孙策在江东初辟根据地，平定了丹阳郡，在平定吴郡时与吴郡太守许贡率领的郡兵在由拳①干起仗来。许贡被打败后逃到吴郡乌城（今浙江湖州市），投奔到严白虎麾下。不久，孙策又打败了严白虎，吴郡太守许贡和严白虎都逃到余杭（今浙江杭州余杭市），躲藏在许昭家里。孙策获得消息后认为，许昭胸怀宽广、海纳百川，是个了不起的义士，他对盛宪施义，对严白虎、许贡施义，因此孙策没再对严白虎、许贡进行追杀，他们二人躲过一劫。吴郡被孙策拿下之后，许贡非常气愤，欲把吴郡夺回来。可是，许贡与孙策拼实力根本不行，于是，他就想利用朝廷的威权来压制孙策。许贡向朝廷上表说，孙策这个人骁勇冠世、野心勃勃，如果朝廷放任他做大做强，将来必然会对朝廷构成严重威胁，因此建议朝廷以皇上的名义诏令孙策进京，以便对他实施必要的制约和限制。可惜，此表被孙策的手下截获了。孙策召来许贡，与其对质，可是许贡一口咬定上表的事不是他干的。于是，孙策当即命令武士将许贡杀死。许贡生前的门客中有三人念念不忘故主的恩德，时刻准备着为许贡报仇雪恨。由于孙策经常单骑出猎，三门客通过事先侦查，掌握了孙策游猎的时间和路线。建安五年（公元 200 年）四月，孙策外出打猎，骑一匹骏马跑得飞快，他手下的护卫们都被他远远地甩在后面。突然，孙策碰见三个男子，孙策立即停马询问他们是干什么的。对方回答说：我们是韩当手下的兵，在这里射鹿。韩当曾先后在孙坚、孙策手下做将领，擅长骑射，膂力过人，武艺高强，屡建战功，深得孙坚赏识，被任命为别部司马。孙坚死后，韩当跟随

---

① 古县名，属会稽郡。治所在今浙江桐乡市东北十公里，后徙至今浙江嘉兴市南。

孙策征战，特别是在孙策初辟江东根据地时立下战功，被孙策提拔为先登校尉并授予两千名精兵、五十匹战马。所以说，孙策对于韩当手下的老兵，即使有的叫不上名字，至少是比较面熟的，可是眼前这三名男子却非常陌生。于是孙策就对他们说：韩当的士兵我全都认识，但从来没有见过你们啊！三人开始害怕，孙策立即张弓射箭，将其中一人射倒在地，另外两人非常惊恐，仓促之间向孙策举弓射箭，并击中了孙策的面颊。这时，孙策的卫士赶到了，立即将三名刺客斩杀。

孙策伤势很重，召唤谋士张昭等人来到自己的床前，对他们说：眼下，中原地区兵荒马乱，以吴越的人力和物力资源，只要据守"三江"①险要，就足可以坐观成败。各位要好好辅佐我的弟弟孙权啊！孙策又把十八岁的孙权叫来，亲自给他佩戴上印绶，对他说：率领江东人马决战疆场，与天下英雄豪杰争斗，你不如我；选拔任用优秀人才，使他们尽献忠心保卫江东，我不如你。建安五年（公元200年）四月初四，孙策去世，年仅二十六岁。（据《后汉书·张王种陈列传》《三国志·吴书·孙破虏讨逆传》,《资治通鉴》第六三卷）

年轻的孙策走了。他告别了江东父老，告别了他的战马和事业。他把"美姿颜，好笑语，性阔达"留在了东吴将士们的记忆里，留在了亲人的脑海里，也留在了《三国志》的记载里。孙策是一位"身如逆流船，心比铁石坚；望父全儿志，至死不怕难"（李

---

① 古代以今江苏太湖尾闾吴淞江为南江，安徽芜湖市至江苏宜兴市间长江通太湖的青弋江、水阳江、胥溪和荆溪为中江，长江下游干流为北江，合称三江。

时珍语）的少将英雄。父亲的遗志，母亲的期盼，弟弟妹妹的渴望和他人的蔑视，都化作心中的大志和满腔的气势，孙策不信有推不倒的山岳，不信有打不死的虎豹，不信有砍不断的荆棘，再加上他具有智慧的头脑，以及从小就演武习文的功底，他统兵打仗爱动脑子，以战悟理，以理出战，不畏强敌，不惧风险，敢于斗争，敢于胜利，直挂云帆下江东，"不破楼兰终不还"。从他丹阳募兵，到二十六岁被暗箭射中身亡，总共奋斗了九年多时间。这九年多，他一步一个脚印，一步一个辉煌，由小到大，由弱到强，以扯鼓夺旗、破军擒将的磅礴气势，横扫江东大地，不仅缔造了一支英勇顽强的军队，还建立了可靠的根据地，奠定了东吴发展的基业，赢得了江东父老的爱戴。

孙坚三十七岁、孙策二十六岁，父子二人都是被暗箭射中身亡。从孙策身上能够看到孙家的遗传基因和家风传承，能够看到孙坚的影子。他们父子都是相貌英俊，性格豁达，"勇挚刚毅""有忠壮之烈"；都是"英气杰济，猛锐冠世"（陈寿语），几乎没有吃过败仗。对此，罗贯中感言："谁道江南少将才？明星夜夜照文台。"可是，南宋王应麟却看到了他们遗传基因和家风传承的短板，他说：孙坚与孙策"皆以轻敌陨其身。权出合肥之围，亦幸而免"。

二、孙权继任孙策的事业，逐渐稳定局势

"志难挫，鹰击长空万里阔。万里阔：力挽北斗，气吞日月。青山座座皆巍峨，壮心上下勇求索。勇求索：披荆斩棘，赴汤蹈火。""天将晨，雷声滚滚震忠魂。震忠魂：倾洒热血，造福万民。

熊肝虎胆尚铄今，捷报纷飞传佳讯。传佳讯：今日少年，明朝伟人。"这是南宋爱国词人白玉《忆秦娥十首》中的《言志》和《少年》两首。这两首词是广大青少年的励志之歌和青春之歌。它慷慨激昂，热血沸腾，犹如东风吹醒英雄梦，激励青少年不畏艰难、顽强拼搏，为国家和人民建功立业的蓬勃斗志和英雄气概。

孙策去世后，年仅十六岁的孙权，在"雷声滚滚震忠魂"的形势下，以"熊肝虎胆尚铄今"的勇气，继承了哥哥孙策留下的事业，他将"力挽北斗"，带领东吴广大将士"壮心上下勇求索""披荆斩棘，赴汤蹈火""倾洒热血，造福万民"，以期"捷报纷飞传佳讯"，使他这位"今日少年"，在战火纷飞的战场上不断经受锻炼和考验，逐步成长为"明朝伟人"。

孙权，字仲谋。父亲孙坚做下邳丞时，孙权出生。他"方颐大口，目有精光"，孙坚感到诧异，以为有贵象。孙坚死后，其长子孙策起事江东，孙权经常随从。孙权"性度弘朗，仁而多断，好侠养士，始有知名，侔于父兄矣"。每次参与研究战略计谋，孙策总是对孙权的见解"甚奇之""自以为不及也"。每次请会宾客，孙策常常看着孙权说："此诸君，汝之将也。"孙权十五岁时，被任命（一说试任）为阳羡县（今江苏无锡宜兴市）县长，期间，被郡里察举为孝廉、州里推荐为茂才，又为代理奉义校尉。汉献帝建安元年（公元 196 年），时任会稽郡太守、讨逆将军孙策平定了江东，派遣使者向朝廷进贡，朝廷派使者刘琬专程回访，并赐给他爵位、官服。刘琬见到了孙策的几个弟弟，却只对孙权印象深刻。他回来之后对人说："吾观孙氏兄弟虽各才秀明达，然皆禄祚不终，惟中弟孝廉（指孙权），形貌奇伟，骨体不恒，有大贵之表，年又最寿，尔试识之。"建安四年（公元 199 年），孙权跟随孙策攻讨庐江郡太守刘勋，刘勋败逃后，又一起攻打江夏郡太守黄祖。孙权虽然很年轻，但已有三年县长的经历和随军征战的阅历。

（一）张纮化解曹操伐吴图谋，周瑜劝说鲁肃留在东吴

从中国历史上看，大到国家皇帝，小到集团首领，其突然去世，往往会发生一场政治危机。孙策不幸遇难后，虽然没有发生政变之类的事件，但危机还是存在的。而年轻的孙权对危机情况并没有认识，所以，他什么也不想、什么也不管，只管号啕大哭。因为这突如其来的不幸事件，对他的打击实在太大了，实在是难以承受。孙权九岁时父亲孙坚被冷矢击杀，如今哥哥孙策又被暗箭射死。这不长眼睛的暗箭怎么老是盯着孙家不放？为什么杀死了父亲还不够，还要再杀死哥哥？孙权哭得死去活来，由于过度悲伤无法主持军政事务。谋士张昭劝谏说：孝廉啊，请节哀吧。现在可不是哭的时候，还有很多大事等着您亲自处理呢！经张昭劝谏，孙权才停止哭泣。张昭帮孙权洗脸梳头，换上官服，扶他上马，请他去巡视军营。自己安排属僚将孙策去世的消息向朝廷上表奏报，同时下发文书，要求统治区各郡县的各级文武官员都要坚守岗位，严防发生不测事件。周瑜也从巴丘率军赶回来奔丧，后来再也没有回去，留下来担任中护军，与张昭一起主持军政事务。张昭和周瑜都认为，尽管孙策去世后东吴出现了一些新情况和新问题，但毕竟有了一定的基础和实力，可以协助孙权在巩固江东这块根据地的基础

上，继续开疆扩土，创建大业。因此，他们都鞍前马后，尽心尽力地为孙权效力，辅佐和帮助他渡过难关。孙权化悲痛为力量，开始当家过日子。他将原江夏郡太守周瑜、零陵郡太守程普、桂阳郡太守吕范三人都任命为将军，掌管军队，统领兵卒；将诸葛瑾、鲁肃安排为幕僚；还通过多种渠道招揽人才，征聘名士。

由于孙策生前刚刚统一江东，内部局势还没有稳定下来，相对稳固一点的根据地只有吴郡、会稽、豫章、庐陵、丹阳（该郡后来也出了大事，但仍在东吴政权控制之下）几个郡，其他几个郡，虽然孙策也都任命了太守，但他去世后又出现了一些新的情况和变化。比如，庐江郡太守李术公开反叛；孙权的堂兄、庐陵郡太守孙辅担心孙权无力保护江东，便派遣使者暗中与曹操勾勾搭搭；丹阳郡太守孙翊（孙权的弟弟）所在郡府内部关系复杂混乱（孙翊后来被身边人杀害）等。即使是孙吴政权牢牢掌控的几个郡，其偏远山区还有不肯归附的割据势力和作乱团伙，豫章、会稽两郡数万名山越沉渣泛起，蠢蠢欲动；客居江南的一些士大夫还存有暂时避难的想法，他们与孙吴政权并未建立稳定的君臣关系；等等。

同时，外部势力也没有放弃对东吴这块土地的觊觎。曹操就曾打算趁孙权为哥哥办理丧事之机南下讨伐。此时，孙策生前的心腹张纮（曾代表孙策向朝廷进贡，却被曹操留下并任命为侍御史）劝谏曹操说，趁人家办丧事之机进行讨伐，不符合古今道义，如不能攻克，就会化友为敌，不如利用这个机会厚待安抚他。曹操认为很有道理，于是采纳了张纮的建议，不仅放弃了进兵讨伐的计划，还上表献帝推荐孙权为讨虏将军，兼会稽郡太守，驻守吴郡。曹操经过一段时间的观察，发现张纮在朝廷工作以来能够设身处地地为曹操着想，认为张纮在政治上是可靠的。他想在孙权身边安插一位自己的心腹，于是又向献帝推荐张纮担任会稽郡东部都尉。张纮过去是孙策帐下的谋士和心腹，现在曹操又把张纮当作自己的亲信，派他回到孙权团队去任职。曹操究竟要干什么？

孙权阵营中一些人认为，张纮是曹操任命和下派的官员，估计早就巴结上了曹操，怀疑他有异心。可是，孙权并不介意，他以太师太傅之礼对待张纮，让他在孙吴政权的大本营京口（今江苏镇江）主持工作。张纮既没有潜伏下来为曹操提供情报，也没有将他在朝廷工作期间所知道的曹操内部情况泄漏给孙权，从不多言多语，处事非常低调。就这样，张纮终究没有给别人造成伤害，同时也没有给自己带来麻烦。

孙权的母亲吴夫人也对孙权放心不下。她考虑孙权年少就挑这么重的担子，总是担心将士们不服他，于是专门召见她所信任的三名文臣武将，即刚刚从朝廷返回、现担任会稽郡东部都尉的张纮，长史、抚军中郎将张昭，以及杨武都尉董袭，向他们询问有关情况。

董袭，字元代，会稽郡余姚县人。他身高八尺，武力过人，健壮如牛。孙策初入会稽郡时，董袭在高迁亭（又名柯亭，今浙江绍兴市西南）迎接。孙策一见董袭，便认为他很雄壮，安排他负责镇压贼盗方面的事情。当时，山阴县人黄龙罗、周勃纠集党众几千人，为害百姓，董袭跟随孙策出兵征讨。在交战中，董袭砍下了黄龙罗、周勃的首级，返回后被任为别部司马，带兵数千人，不久被提拔为扬武都尉。董袭跟随孙策进击皖城，端了刘勋的老窝，又征讨刘勋于寻阳，讨伐黄祖于江夏。孙策去世后，孙权年少，刚开始统领国事，吴夫人为此很担忧。

她询问董袭：你说江东能保得住吗？董袭回答说：江东地势险要，易守难攻。孙策将军生前留下的恩德还在民间，现在孙权将军继承基业，上下官员全都拥护他。中郎将张昭主持众事，我董袭和其他武将为"爪牙"，这正是地利、人和都具备之时，可以说万无一失，您就不用担心了。尽管当时张纮也在现场，但董袭并没有提及他，可见董袭也对刚从朝廷回到东吴的张纮持怀疑态度。

作为母亲的吴夫人担心年轻的儿子孙权驾驭不了局面，其实不无道理。孙策去世之后，其团队内部确实出现了人心不稳的苗头。比如鲁肃就向周瑜透露，打算离开东吴去投奔巢湖的郑宝。

郑宝在扬州士人中最有实力、最为凶恶，拥有私兵近万人，当地老百姓都害怕他。鲁肃打算投奔郑宝时，郑宝正处于兴盛时期，因他占据的地方相对富裕，庐江一带士人和百姓大多投奔他，为一方所忌惮。

鲁肃产生"活思想"之后，周瑜劝说他一定要留下来。

鲁肃，字子敬，临淮东城（今安徽滁州市定远县）人。鲁肃出生时父亲就去世了，由祖母养大成人。鲁家非常富有，但并不是官宦之家，只是当地大财主而已。鲁肃身材魁伟，容貌非凡，性格豪爽，仗义疏财，在当地颇有人缘。他从小就喜欢习武骑射，招聚了一帮青少年，"给其衣食"，晴天大家一起去南山射猎，雨雪天气则讲习和切磋兵法武艺。父老乡亲们都说："鲁氏世衰，乃生此狂儿!"黄巾起义爆发后，天下大乱，鲁肃不仅不隐藏家财，反而"大散财货"，甚至还出卖土地，"以赈穷弊结士为务，甚得乡邑欢心"。周瑜早就听说鲁肃大名，被袁术任命为居巢县长后，曾带领数百人前去拜访，请求鲁肃资助一些粮食。当时鲁肃家中有两个粮仓，每仓储有三千斛大米。周瑜刚表达出借粮之意，鲁肃就毫不犹豫地用手一指，将整仓大米全部赠送给了周瑜。周瑜"益知其奇也"，认为鲁肃慷慨大气，非同一般，就主动与他结交，"定侨札之分"，两人建立起非常深厚的友谊。割据淮南的袁术闻鲁肃大名，请他出任东城县长，于是鲁肃便举家迁居东城（今安徽亳州市利辛县境内）。但是他发现袁术素质不高，所统领的军队纪律涣散，抢掠百姓，认为袁术不足以成就大事，于是决定弃官搬家，率领家属和部众百余人迁往居巢投奔周瑜。鲁肃让老幼和妇女走在前面，自己率领青壮年走在后面。袁术获得鲁肃搬家的消息后，急速派人追赶，企图阻止他搬家。鲁肃立即命令青壮年拉开阵势，张弓搭箭做好御敌准备。鲁肃对袁术的追兵说：你们都是当兵的，应该明白天下大势。在乱局之下，有功之人得不到奖励，无功之人也受不到惩罚，你们为什么非要逼我动手呢？他一边说，一边命人手持盾牌跑到很远的地方并将盾牌立在地上，然后一箭就把盾牌击穿了。追兵认为鲁肃的话很有道理，而且鲁肃武艺高强，自己不一定是他的对手，便撤退了。鲁肃一行安全抵达居巢。不久，周瑜东渡长江投奔孙策，鲁肃便把家人留在了曲阿，自己随周瑜一同前往。孙策见到鲁肃后，对他非常赏识。后来，抚养鲁肃长大成人的祖母去世，他回东城去办理丧事。鲁肃有个朋友写信劝他：郑宝在巢湖拥有部众万余人，那里土地肥沃，百姓富足，庐江一带百姓大多依附于他，何况我们呢？郑宝定会坐大，希望老朋友不要失去这个机会，赶紧投奔郑宝吧。鲁肃经过思考权衡，打算投奔郑宝。此前，周瑜已将鲁肃的母亲接到了吴郡，鲁肃去向母亲辞别时，见到了周瑜，于是就把自己的打算告诉了周瑜。当时，孙策已经去世，孙权仍居住在吴郡。周瑜劝说鲁肃留下来，他说：东汉之初名将马援在回答光武帝刘秀时曾说，当今之世，非但君择臣，臣亦择君。如今新主孙权亲贤尊士，"纳奇录异"，广招人才，为有抱负、有志向、有才干的人提供施展其才华的平台。接着，周瑜为了使鲁肃留人留心，便煞有介事、神秘兮兮地对他说："吾闻先哲秘论，承运代刘氏者，必兴于东南，推步事势，当其历数。终构帝基，以协天符，是烈士攀龙附凤驰骛之秋。"而今我们到达此地不久，您不必在意朋友之言，而贻误自己的前程吧？周瑜的劝解工作非常有效，"肃从其言"，放弃了欲离开孙权团队而去投奔郑宝的想法。

周瑜又向孙权推介鲁肃，说鲁肃是个才能出众的人，应当委以重任。这样的优秀人才今后还应该多招聘一些，以有利于成就大业。此前孙权对鲁肃的情况不了解，经周瑜推介之后，孙权便召见了鲁肃，结果对他非常赏识。孙权问：如今汉王朝垂危，我想建立齐桓公、晋文公那样的功业，你有什么办法来帮助我呢？鲁肃说：我私下推测，汉王朝很可能复兴不了了，曹操也不会一下子就被消灭。将军务必坚守江东，以观天下时局的变化。应该趁曹操在北方用兵、无暇南顾的机会，消灭黄祖、进攻刘表，把长江流域全部控制在您的手中，这样有利于建立帝王霸业。尽管孙权年龄不大，但老成持重，不愿意过早暴露自己的心迹。他说：现在我尽最大的努力经营一方，只是希望辅佐汉王朝，你所说的这些，现在我还没有考虑。

经过周瑜的劝说和推介，加之与鲁肃深入交谈，孙权对其军事战略思想印象深刻，于是对鲁肃越来越重视和重用。鲁肃便不再琢磨投奔郑宝之事，安下心来辅佐孙权，主动发挥参谋和智囊作用，积极献计献策。老谋士张昭却因此对鲁肃产生了嫉妒之心，他认为鲁肃年轻、粗鲁，不够谦虚，于是经常在孙权面前说鲁肃的坏话。孙权不仅不予采信，反而对鲁肃不断予以重赏，使其富有程度达到了旧时水平。鲁肃尽心尽力辅佐孙权，每遇大事都积极参与谋划，且思深虑远，有过人之明。他站位大局，纵论大事谋划大计，屡献大招，为东吴的发展壮大作出了不可磨灭的贡献。（据《三国志·吴书·程黄韩蒋周陈董甘凌徐潘丁传》《三国志·吴书·周瑜鲁肃吕蒙传》《三国志·吴书·吴主传》，《资治通鉴》第六三卷）

（二）孙权处死李术软禁孙辅，立威江东

庐江郡太守李术（一作李述，汝南人）是紧跟孙策的人。当年孙策拿下皖城之后，便任命李术为庐江郡太守，并拨给他一支三千人的军队固守皖城。建安五年（公元 200 年），孙策在扩张地盘的过程中为了排除自己的阻力和障碍，命令李术杀死了曹操任命的扬州刺史严象（字文则，司州京兆人。建安四年为督军、御史中丞，在荀彧的推荐下，曹操任命严象为扬州刺史）。孙策在世时，李术俯首帖耳，百依百顺。孙权继任孙策职位后，作为庐江郡太守的李

术不仅不服从孙权的领导，而且收容和使用背叛孙权的人。为进一步了解和掌握李术的政治立场，孙权最初并没有采取强硬措施，而是给李术写信，要求他把投奔到庐江的叛逆之人全都抓起来，送回东吴大本营。李术却公开表示反对，他说："有德见归，无德见叛，不应复还。"这就等于骂孙权：因为你无德，下面的人才叛逃的；因为我有德，他们才来归附于我的，所以我不会把他们遣送回去。李术公开叫板孙权，孙权便决定拿李术开刀立威。为取得朝廷的支持，孙权就打算诛杀李术一事专门给曹操写信沟通。孙权说：扬州刺史严象是您从前任命的官员，却被庐江郡太守李术无故杀害。李术鄙视朝廷，目无国法，肆无忌惮地杀害朝廷命官，理应及早诛灭。现在我想出兵讨伐李术，但他肯定会以花言巧语向朝廷求助，甚至造谣诽谤，陷害于我。大将军您身负天下重任，一举一动都会受到天下人的关注，请大将军不要再听信李术的胡言乱语和污蔑陷害。孙权与曹操书面沟通之后，便率军进攻皖城。李术向曹操求救，曹操不予理睬。孙权顺利攻下了皖城，砍下李术的人头示众，并把李术手下的部众两三万人都迁徙到自己的控制区，以加强对他们的监督。

孙权在处斩李术之后，便着手解决庐陵郡太守孙辅的问题。

孙辅，字国仪，吴郡富春人。他是孙坚长兄孙羌的次子，豫章太守、都亭侯孙贲的胞弟，孙权的堂兄。孙辅在牙牙学语的时候父母双亡，由胞兄孙贲抚养长大，兄弟俩的感情一直很好。长大后，孙辅以扬武校尉的身份跟随孙策开辟江东根据地，参加了平定三郡的多次战役，经历了战场残酷环境的锻炼。建安二年（公元197

年），孙策攻打丹阳时，命令孙辅驻守历阳，以抵御袁术，并纠合失散的兵卒。之后，他又跟随孙策讨伐陵阳（今安徽九华山东南麓），活捉了祖郎等。建安四年（公元 199 年），孙辅随孙策攻击庐江郡太守刘勋。在交战中，孙辅身先士卒，荣立战功，被孙策任命为庐陵郡太守，平定安抚该郡所属各县。

孙策死后，孙辅担心孙权守不住江东，便趁孙权出行之机，派遣使者与曹操暗中联系，结果被手下的知情人举报。孙权假装不知道此事，与谋士张昭共同召见孙辅。孙权对他说，兄弟之间有什么不愉快的事情，可以当面讲出来，为什么要联络外人呢？孙辅一口咬定绝无联络外人之事。此时，孙权把孙辅与曹操来往的书信递给张昭，张昭又递给孙辅看，孙辅惭愧得无地自容。于是孙权"乃悉斩辅亲近，分其部曲，徙辅置东"，幽禁起来。

孙权上任不久，果断处斩庐江郡太守李术和幽禁庐陵郡太守孙辅，对东吴地方官吏和军队将领产生了极大的震慑作用，他们谁也不敢再小看这个"毛孩子"，孙权的威权开始树立起来。在此基础上，孙权为加强对军队的统一指挥和管理，还对各位将领和他们所控制的军队进行检查，发现和解决存在的突出问题。孙权把那些兵力少又管理混乱的部队进行了调整合并；对军纪严明、训练有素的加以表扬和宠信，对表现突出的优秀将领该提拔的提拔、该赏赐的赏赐、该增兵的增兵。孙权采取的这一系列措施，使军队的面貌焕然一新。

在政务工作中，孙权坚持开门纳谏，虚心听取各方面的意见建议，拓宽了自己的工作思路，提高了决策水平。功曹骆统是会稽郡乌伤（今浙江金华义乌市）人，曾向孙权"前后书数十上，所言皆善"，多被采纳。骆统曾经提出三条工作建议：一是尊敬贤才，接纳各地有志之士，勤于征求下面的意见；二是在宴会或赏赐期间，要注重个别接见和沟通，询问生活起居，以示亲近；三是鼓励下属发言，观察和了解他们的能力和志向，努力做到心中有数，以便合理使用人才。这三条建议被孙权采纳后，在加强官吏队伍建设、合理使用人才、融洽上下关系、激发和调动大家工作热情等方面都取得了一定的成效。

至此，孙权初步打开了治军理政的新局面，其声誉也在统治区内外广为传播。这时，曹操坐不住了，他开始担心孙权的翅膀硬了以后就会脱离朝廷，甚至与自己对着干。于是他于建安八年（公元203年）下发公文，要求孙权派弟弟或儿子到朝廷做官。实际上，曹操欲将孙权的亲属扣为人质。对这个问题，孙权不敢贸然决定，他在周瑜的陪伴下去见母亲吴夫人。孙权与母亲商议和权衡利弊，决定不送人质。曹操顾虑孙权图谋不轨，孙权担心曹操吞并江东，双方都打着各自的小算盘，彼此提防，互不信任。（据《三国志·吴书·宗室传》《三国志·吴书·孙破虏讨逆传》《三国志·吴书·虞陆张骆陆吾朱传》，《资治通鉴》第六三、六四卷）

（三）孙权平定山越叛乱和丹阳郡变乱

建安八年（公元203年），孙权率军西征，讨伐黄祖，但在打败了黄祖的水军后撤军，并没有攻下黄祖据守的夏口城。此时，豫章、丹阳、庐陵三郡的一些山越势力再次起兵叛乱。孙权认为，哥哥孙策生前由于集中兵力开辟根据地，没有顾得上大规模剿灭山越，现在他们都羽翼已成，纷纷捣乱，因此必须集中优秀将领和优势兵力展开对山越的迎头痛击，彻底把他们扫荡干净，否则拖的时间越久，消灭他们要花费的代价就越高。于是，当孙权率领大军回撤到豫章郡时便停留下来，对讨伐山越作出了部署。

1. 派遣征虏中郎将吕范领兵平定豫章郡鄱阳县的山越势力

吕范，字子衡，汝南郡细阳县（今安徽阜阳市太和县）人，年轻时在汝南做县吏。当地有一家刘姓富户，女儿长得非常漂亮，吕范前去求亲。起初，刘母嫌吕范贫穷，不愿答应，但是刘氏家族的人都说：你看吕范的容观姿貌，会是一个永久贫穷的人吗？于是刘母便答应了这门亲事。由于战乱，吕范躲乱去了寿春，在这里结识了初在袁术手下效力的孙策。"孙策见而异之"，认为吕范不同寻常，具有发展潜力，便对他以礼相待。吕范也将自家门客一百人送给了孙策。那时候孙策刚刚起步，得到吕范的百名兵员后非常高兴，对吕范格外信任。当时，孙策母亲客居江都。孙策派遣吕范去迎接自己的母亲吴夫人（吴太妃）。徐州牧陶谦认为吕范是袁术的"觇候"，是来窥探情报的，于是指示有关县令抓捕拷问吕范。吕范获悉这一消息后，让自己的"亲客健儿篡取以归"。事办完之后，吕范回到孙策身边。当时孙策还没有什么力量，只有吕范和族人孙河追随他"跋涉辛苦，危难不避"，孙策"亦亲戚待之"，"每与升堂，饮宴于太妃前"。后来，吕范跟随孙策创建江东根据地，攻破庐江郡，东渡长江，进至横江、当利，打败了扬州刺史刘繇的部将张英、于糜，又顺流而下攻取了丹阳、湖孰。孙策让吕范兼任了湖孰国相。平定秣陵、曲阿，收编笮融、刘繇的残部之后，孙策为吕范增添兵员两千人、战马五十匹，不久又让吕范兼任了宛陵县（今安徽宣城市）县令。期间吕范讨破丹阳贼寇，还吴，升迁为都督。下邳淮浦人陈瑀自号吴郡太守，住在海西，与吴郡乌程县（今浙江湖州市吴兴区）人、山越势力头人严白虎勾结。孙策遣吕范等攻伐陈瑀，枭其大将陈牧。吕范又跟随孙策攻伐祖郎于陵阳、攻伐太史慈于勇里，先后平定了七个县，被提拔为征虏中郎将；跟随孙权攻打江夏郡，回军后奉命去往鄱阳县，讨伐山越，将其平定。

2. 派遣荡寇中郎将程普去讨伐乐安的山越势力

程普，字德谋，右北平土垠（今河北唐山市丰润区）人。他清雅俊逸，仪表堂堂，能言善辩，慧心妙舌，加上一口地道的唐山话，婉转悠扬，令人清耳悦心。程普善于施谋用智，其军事智慧和带兵打仗能力很强，历仕孙坚、孙策、孙权。陈寿说：东吴"先出诸将，普最年长，时人皆呼程公"，是德高望重的老将。程普早年在州郡为吏，干一些抄抄写写、跑腿打杂的事情，后跟随孙坚四处征战，曾在南阳郡宛县、邓县进击黄巾军，讨伐董卓，在"阳人之战"（今河北邢台市临西县）中大败董卓属将胡轸、吕布。程普多次参加攻城野战，战功累累，身上多处留有伤疤。孙坚死后，程普跟随孙策在淮南，从攻庐江，破城后一起回师东渡长江，在江东开辟根据地。因战功卓著，孙策为他增添兵员两千人、战马五十匹。而后进破乌程（古县名，治所在今浙江湖州市南十五里下菰城）、余杭（古县名，治所在今浙江余杭市西南七十六里余杭镇）等多个城邑，程普战功为多。孙策进入会稽郡时，程普被任命为吴郡都尉，后又转任丹阳郡都尉，复讨宣城、泾县、安吴、陵阳、春谷等地的山越，皆破之。程普在跟随孙策攻打祖郎时被敌人团团围住，程普用长矛刺敌，敌人朝两边分开，孙策由是得以随程普冲出重围。后来程普被任命为荡寇中郎将，兼零陵太守，随孙策前往寻阳讨伐刘勋，在沙羡进击黄祖，还镇石城。孙策去世后，程普与张昭等共同辅佐孙权，转战三郡之地，平定讨伐各种不肯归服的势力。建安八年（公元 203 年），程普又随孙权征伐江夏郡，回师路过豫章郡时，孙权安排他单独领军讨伐乐安的山越，不久顺利平定，圆满完成了孙权交给的任务。

3. 任命吕蒙、黄盖等兼任山越势力猖獗地区的县令（长）

孙权要求吕蒙、黄盖、周泰、韩当等人到任后组织地方武装配合消灭山越势力，为当地百姓生产生活创造和平安宁的环境。

吕蒙，字子明，汝南郡富陂县（今安徽阜阳市阜南县）人。吕蒙十五六岁时，曾南渡长江，偷偷跟随领兵打仗的姐夫、孙策的部将邓当袭击山越叛乱势力。邓当在行军途中发现了吕蒙，大吃一惊，大声呵斥并要撵他回去，但吕蒙不听。回来后邓当将此事告诉了吕蒙的母亲，母亲非常生气并要处罚他。吕蒙说：这贫贱的日子什么时候才过到头啊，参军打仗说不定还能获得功劳、取得富贵呢，再说"不入虎穴，焉得虎子"。母亲因此怜惜并饶恕了他。当时，邓当的队伍中有个小吏因吕蒙年纪小而轻视他，放言说：那个小孩子能干什么事呀，不是明摆着送肉去喂虎吗？过了些日子，那个小吏碰到吕蒙后再次嗤笑侮辱他。吕蒙十分愤怒，当即把那个小吏杀死了，然后"出走，逃邑子郑长家"。后来，吕蒙通过校尉袁雄自首，袁雄为他求情。孙策召见吕蒙后感觉这个孩子非同一般，于是就把他留在自己身边。几年后，邓当去世，张昭举荐吕蒙接管了邓当的部队，吕蒙被任命为别部司马。孙权统领东吴事务后，打算合并那些兵员少而费用不足的部队。吕蒙听说后暗中借贷，为士卒们每人做了一套大红色衣服和绑腿。等到检阅那天，吕蒙的部队"陈列赫然，兵人练习"，孙权看到后非常高兴，不仅没有取消他的队伍，还为他增添了兵员。建安九年（公元204年），孙权讨伐黄祖，在引军返回行至豫章郡，部署讨伐山越时，令吕蒙等担任山越势力最活跃地区的县令或县长。吕蒙与诸将以武力平定了起事的山越势力，因功被任命为平北都尉，兼任广德县长（治所在今安徽宣城广德市）。

黄盖，字公覆，零陵郡泉陵县（今湖南永州市）人。最初在郡府做吏员，后被推举为孝廉，又被公府征辟。初平元年（公元190年），孙坚兴举义兵，黄盖便跟从了他，被任命为别部司马。黄盖"姿貌严毅，善于养众。每所征讨，士卒皆争为先"。孙坚战死后，黄盖先后追随孙策、孙权征战。无论孙策开辟江东根据地时期，还是孙权统领东吴时期，他们都对山越作乱的那些郡县感到头疼，凡是"有寇难之县，辄用盖为守长"，派他去"灭火"。比如，石城县（今安徽池州贵池区）的官吏特别难以约束监管，黄盖做了该县县令之后，便任命了两个掾史，分管有关部门。黄盖对这两个掾史说：我这个县令没有什么水平，"徒以武功为官，不以文吏为称"，如今贼寇尚未平定，我常有军务在身，因此把所有公务全都托付给你们，你们要尽心尽责，认真监督检查各个部门，处理好政务。若有欺诈蒙骗行为，我不会鞭抽杖打……然后黄盖摸了摸刀把，没再往下说。刚开始时，两个掾史畏惧黄盖威严，"夙夜恭职"，努力工作。时间长了后，两人发现黄盖不看文书，便逐渐荒疏了公务。后来，黄盖对他们的松懈懒散行为有所省察。在"各得两掾不奉法数事"之后，黄盖把县内所有官吏请来，设宴招待。在宴会上，黄盖当面责问他们违法乱纪之事。"两掾辞屈，皆叩头谢罪"。黄盖说："前已相敕，终不以鞭杖相加，非相欺也。"说完就把两掾斩首。其他官吏大为惊恐，再也不敢懈怠政务、胡作非为了。黄盖先后又被调任春谷县（今安徽芜湖市繁昌区）、寻阳县（今湖北黄冈市黄梅县）等九个县担任县令或县长，他"当官决断，事无留滞"，并积累了丰富的基层治理和维稳工作经验。后来，黄盖升任丹阳都尉，他"抑强扶弱，山越怀附"，"所在平定"。

周泰，字幼平，九江郡下蔡县（今安徽淮南市凤台县）人。孙策平定江东时，周泰与同郡人蒋钦一起加入孙策大军，跟随孙策征讨刘繇、严白虎、王朗等人，数有战功。孙策进兵会稽郡时，周泰代行别部司马，由此开始带兵。孙权喜欢周泰的为人，请求哥哥孙策将周泰调到自己手下。孙策讨伐六县（今安徽六安市城北乡）山越时，孙权驻守宣城。当时孙权才十几岁，手下的兵员也不足千人，他既没有作战经验，更没有指挥能力，所以没有安排整修防御工事，只是让士卒搞好自卫，并没有部署如何自卫。突然，山越势力数千人冲杀过来，孙权刚跨上马背，"而贼锋刃已交于左右，或斫中马鞍，众莫能自定"。危急之时，周泰以超人的胆量和勇气拼死护卫孙权，其他兵卒受到鼓舞也都拼死反击。山越被打散撤走，周泰"身被十二创，良久乃苏"。当时如果没有周泰的拼死保护，"权几危殆"。孙策非常感谢周泰对弟弟的保护，补任他为春谷县（治所在今安徽芜湖市繁昌县西北）县长。这次讨伐江夏郡后回师经过豫章郡时，又被补任为宜春（今江西宜春市）县长。周泰所任职的县，收取的赋税不用上缴，全部归他个人所得，权作是对周泰的赏赐。

韩当在孙策去世后，便跟随孙权征战。在经过豫章郡时，孙权让他兼任豫章郡乐安县县长。韩当上任后，山越人畏惧归服。

4. 派遣建昌都尉太史慈监管海昏县事务

太史慈归附东吴政权后不久，荆州牧刘表的侄子刘磐经常入侵艾县（今江西九江市修水县）、西安县（今江西九江市武宁县），抢掠乱作，骚扰百姓。针对这一情况，孙策分置海昏、建昌（今江西宜春市奉新县境内）等六个县，派太史慈担任建昌都尉，治理海昏及周边各县，并要求他置军抵抗刘磐。自从太史慈到任后，刘磐再也不敢对这一地区进行侵扰。这次孙权统一安排部署，集中打击和镇压山越叛乱，又安排太史慈继续深化和细化那里的工作，以进一步巩固海昏等县的治理成果。

孙权这次安排集中剿灭山越的将领都是东吴名将，智勇双全，能征善战，多数人都曾经跟随孙家父兄征讨四方，出生入死，屡立战功。孙权把讨伐山越的具体任务与责任人捆绑在一起，对重点县还派遣将领担任县令或县长，明确任务目标，压实各自责任，措施有力，方法正确，成效明显，时间不长就完全平定了江西地区的山越作乱。由此来看，年纪轻轻的孙权具有政治家的潜质、军事家的韬略，令人佩服。

5. 趁机解决闽越地区山越武装反抗问题

平定江西边远山区的山越作乱之后，孙权又果断出手，镇压闽越地区的山越闹事。自从孙策去世后，建安县（今福建南平建瓯市）、汉兴县（今福建南平市浦城县）、南平县（今福建南平市）的山越又重新活跃起来。三个县的山越头子蛊惑当地农民加入其团伙，共同反抗孙权，不时侵入东吴后方，严重扰乱了老百姓的生产生活。于是，孙权命令贺齐领兵讨伐。

贺齐，字公苗，会稽郡山阴（今浙江绍兴市）人。他是东吴名将，具有丰富的讨伐山越的经验。早年曾担任会稽郡小吏，后来被任命为剡县（今浙江绍兴市新昌县）代理县长。该县有个名叫斯从的县吏轻薄放荡，为非作歹，横行霸道，无人敢惹。贺齐上任后决心惩治他，剡县主簿劝谏说：斯从出身于本县大族，人多势众，就连山越都要依附于他。如果您今天惩治了他，明天山越就会找您的麻烦。贺齐闻听此言，怒火中烧，马上将斯从处斩。果然，斯从的族人和党羽纠集上千名山越冲击县城。贺齐率领城中官吏和百姓突然打开城门，向对方发起袭击。经过一番交战，对方的一群乌合之众迅速逃散，从此贺齐威震山越占领区。后来，太末（古县名，今浙江衢州市龙游县）等地发生"民反"，贺齐被任命为太末县长，他上任后"诛恶养善，期月尽平"。建安元年（公元196年），孙策巡视会稽郡，察举贺齐为孝廉。当时，被孙策打跑的会稽郡太守王朗逃奔东冶县（古县名，属会稽郡，治所今福建福州市）。候官县（古县名，属建安郡，治所也在今福建福州市）县长商升为王朗起兵。孙策派遣永宁县（属会稽郡，治所在今浙江温州市）县长韩晏领南部都尉，让他出兵讨伐商升，同时任命贺齐为永宁县县长。不料，韩晏被商升打败，于是孙权又让贺齐代替韩晏领南部都尉事。商升畏惧贺齐的威名，"遣使乞盟"。贺齐告喻商升，为他陈述福祸利害，商升"遂送上印绶，出舍求降"。山越头子张雅、詹强等反对商升投降，于是张雅称无上将军，詹强称会稽郡太守，率兵攻打商升，欲将他杀死。由于"贼盛兵少，未足以讨，齐住军息兵"。此时，张雅与女婿何雄"争势两乖"，贺齐逮住机会，令山越人"因事交构"，"遂致疑隙，阻兵相图"。这时，贺齐迅速发兵进讨，一战大破张雅，"强党震惧，率众出降"。

"候官治乱"被平定之后，会稽郡南部建安、汉兴、南平三县复乱。其大族首领洪明、洪进、范御、吴免、华当等各自统兵万余人，同时起兵，公开反对孙权，并在汉兴一带层层布防，兵分两路进攻东吴。一路是由六千人组成的山越部队，屯驻在盖竹（今浙江温州乐清市）；另一路是由洪明、洪进率领主力部队，越过武夷山，向余汗（今江西上饶市余干县）进军。

在如此严峻的形势下，孙权以南部都尉贺齐为主帅，并传令会稽郡各县均出兵五千人，由县令或县长带队到指定地点集结后，统一归贺齐统领。贺齐率领各县武装部队到达余汗，与入侵东吴的山越势力对峙。贺齐担心部队如果继续前进，很有可能被山越切断后路，断绝粮草，从而陷入绝境，于是命令松阳县（今浙江丽水市松阳县）县长丁蕃率领所属五千名士兵留置余汗，以阻止山越切断吴军的后路，保证道路畅通。可是丁蕃拒绝留守，贺齐立即以军法处置，斩杀了丁蕃。全军上下大为震惊，再也没人敢违抗贺齐的命令了。贺齐亲率主力部队向洪明、洪进发起猛攻。洪明在激战中被杀，洪进、华当、范御、吴免等深受震慑，主动投降。这次战役，贺齐所部共斩杀山越六千余人，俘虏了全部将领，收编了他们的精兵，恢复了原来设置的县邑。孙权将重新夺回的县城就地重建，还挑选出一万精兵驻守防卫。至此，江西和闽越山越人叛乱全部平定。

6. 平息诛杀丹阳郡太守孙翊的内部叛乱

孙权刚刚摁下了江西和闽越地区山越人叛乱的"葫芦"，丹阳郡内部变乱的"瓢"又起来了。建安九年（公元204年），孙权的弟弟、丹阳郡太守孙翊被身边人杀死。当时孙权正在椒丘（今江西南昌市新建区东北），他听说此事后，放下手头的工作，立即赶赴宛陵（今安徽宣州市）。

孙翊（又名孙俨）是孙坚的第三子，孙策、孙权的弟弟，比孙权小两岁。孙翊骁勇凶悍、果断刚烈，有哥哥孙策之风。初被吴郡太守朱治举为孝廉，被司空府征辟为吏。建安八年（公元203年），他以偏将军身份兼领丹阳郡太守，当时才二十岁。史料记载，建安九年（公元204年），孙翊被"左右边鸿所杀"，"丹阳大都督妫览、郡丞戴员杀太守孙翊"。这就是说，在丹阳郡大都督妫览、郡丞戴员的指使下，孙翊身边的人边鸿杀死了孙翊。

当时，威寇中郎将、庐江太守孙河 ① 听到孙诩被杀的消息后，马上从京口"驰赴宛陵"。他到达后，指责当地官员未能保护好丹阳郡太守孙诩。该郡大都督妫览和郡丞戴员心里有鬼，遂将孙河也杀了。转瞬之间，东吴两位郡太守、孙氏家族两名重要成员先后被杀，成为东吴吏民议论的焦点。

妫览死到临头还不自知，他"入居军府中，欲逼取诩妻徐氏"。徐氏气愤不已，打算借机为孙诩报仇。于是她哄骗妫览说："乞须晦日（古历每月的最后一天），设祭除服，然后听命。"意思是，等到这个月月底，等我祭奠亡夫，脱去丧服之后，再听命于您。妫览许之。于是徐氏秘密派遣使者，把孙诩生前亲近的旧将孙高、傅婴找来，一起策划趁机除掉妫览、戴员。孙高、傅婴二人"涕泣许诺"，并与孙诩生前"侍养者二十余人与盟誓合谋"。到月底时，徐氏摆设香案祭奠亡夫。祭奠仪式结束之后，徐氏擦干眼泪，脱下丧服，"薰香沐浴，言笑欢悦"。郡府上下之人对徐氏情绪变化如此之快很不理解，认为孙诩刚死不久，徐氏不应该这样。"览密觇，无复疑意"。徐氏悄悄把孙高、傅婴藏在自己的内室，而后派人去请妫览进来。"徐氏出户拜览，适得一拜，徐大呼：'二君可起！'"于是孙、傅二人持刀立即从内室冲出，一起杀死了妫览，其他人也在外面杀死了戴员。徐氏又马上换上丧服，用妫览、戴员的首级祭祀亡夫，对此"举军震骇"。

---

① 字伯海，吴郡人。本姓俞，孙策赐姓孙。一说孙河系孙坚族子。少从孙坚征讨，常为前驱。又从孙策平定吴郡、会稽郡，从孙权破李术，拜威寇中郎将，领庐江太守。

"孙权闻乱,从椒丘还。至丹杨,悉族诛览、员余党",并提拔孙高、傅婴为武官"牙门将",其他有功人员皆予以不同的赏赐,同时提拔孙河十七岁的儿子孙韶为承烈校尉,统帅孙河原来的军队。(据《三国志·吴书·朱治朱然吕范朱桓传》《三国志·吴书·程黄韩周陈董甘凌徐潘丁传》《三国志·吴书·周瑜鲁肃吕蒙传》《三国志·吴书·刘繇太史慈士燮传》《三国志·吴书·贺全吕周锺离传》《三国志·吴书·宗室传》,《资治通鉴》第六四卷)

(四)孙权消灭黄祖及其水军

建安十二年(公元 207 年),孙权率军西征,讨伐老冤家黄祖。由于母亲吴夫人病危,孙权便掳掠了黄祖统治区的大量百姓,押着他们一并返回吴郡。不久,吴夫人去世。第二年春,当孙权正在考虑再次攻打黄祖时,黄祖统治区内的邾县(治所在今湖北黄冈市黄州区)县长甘宁投奔了孙权。

甘宁,字兴霸,祖籍南阳,其先祖客居巴郡,并在那里定居下来,所以甘宁的籍贯为巴郡临江(今重庆市忠县)。甘宁少年时既有才气,也有匪气,还有力气。他善交往,爱郊游,行侠仗义,纠集了一伙小混混,为之"渠帅"。他们群聚相随,挟持弓弩,背插鸟羽,骑马带铃,人们听到铃声响,就知道甘宁来了。"其出入,步则陈车骑,水则连轻舟",停留时常用锦绣维系舟船,离开时就割断抛弃,以显示其富有奢侈,被人称为"锦帆贼"。在巴郡一带,甘宁轻侠杀人,藏舍亡命,臭名远扬,无人敢撄其锋。他这种放荡不羁的"响马"生涯,一直持续到二十多岁。后来甘宁改邪归正，攻读诸子百家，打算进入仕途有所作为，开始吏举计掾，后被补任为蜀郡丞。顷之，弃官归家。后来，甘宁率领八百多人逃到荆州，依附荆州牧刘表，被刘表派驻到南阳守边。刘表不拿甘宁当回事，始终不予重用。而甘宁认为，刘表是个儒者，不习军事，终必无成，"恐一朝土崩，并受其祸，欲东入吴"，投奔孙权。可是，刘表的部将黄祖据守夏口，甘宁及其部众无法通过，所以甘宁只好在黄祖麾下混了三年。黄祖同刘表一样，"又以凡人畜之"，始终没有重用甘宁，这让他非常郁闷。建安八年（公元 203 年），孙权领兵西攻江夏，黄祖大败，狼狈逃溃。孙权的校尉凌操领兵急追，甘宁率兵负责断后掩护。甘宁一箭将凌操射死，黄祖才得以脱险。可黄祖收兵回营之后仍未提拔甘宁。黄祖部下的都督、荆州义阳（今河南南阳市桐柏县）人苏飞屡次推荐甘宁，黄祖也从未表态。甘宁非常苦恼，打算离开，但又害怕边防戒备森严，无法脱身。苏飞察知甘宁之意，便邀请甘宁喝酒，酒酣之际，苏飞对他说：我多次推荐您，可是主上始终不肯重用。日月流逝，人生几何？您应该早做长远打算，寻一个知己，成就一番事业！甘宁说：我也想走，可惜没有合适的机会。苏飞说：我请求主上派你去做邾县县长，届时，你可以自己决定去留。甘宁非常高兴。于是，苏飞向黄祖推荐甘宁到邾县当县长，得到了黄祖批准。甘宁上任后，又设法招回原来离去的部众，"得数百人"，甘宁带着他们投奔了孙权。

甘宁归降后，周瑜和吕蒙知道他有才有勇，便共同向孙权推介他。孙权像对待跟随多年的老臣一样对待甘宁，甘宁很受感动。一次，甘宁在酒桌上向孙权献计说：如今汉家运数日益衰微，曹操更为骄横专断，最终要成为篡汉的国贼。荆州南部地区虽然山川屏障险要，但交通还算便利，有利于我们向西扩张，以控制长江上游。据我观察，刘表本人没有深谋远虑，他的儿子素质更差，根本不是继承和发展基业的人。您应该尽早采取行动，切莫落在曹操后面。夺取荆州的策略应该是先打黄祖后打刘表。从目前情况看，黄祖已老迈昏聩，资金和粮草十分匮乏，左右亲信贪赃枉法、尔虞我诈，经常欺压下级官吏与士卒，一味追求私利，官兵们都心怀怨恨，战船和武器废坏却无人整修，农田荒弃无人耕种，军队混乱无人去抓。如果您现在出兵讨伐，一定可以攻破黄祖。只要打败黄祖，您就可以大张旗鼓地向西占领原来的楚地，随着军事实力增强和扩大，就可以谋取巴蜀了。甘宁给孙权出的这个主意与鲁肃以前提出的意见不谋而合。鲁肃也曾劝谏孙权，"汉室不可复兴，曹操不可卒除"，为将军计，"剿除黄祖，进伐刘表，竟长江所极，据而有之，然后建号帝王以图天下，此高帝之业也"。所以，孙权赞赏并决定采纳甘宁和鲁肃的策略，并进一步坚定了他如此用兵的决心和信心。当时，孙权的大谋士、长史张昭也在座，他对此提出了疑问：现在，士兵们胆小畏惧，民心也不够稳定，大军如果现在出征，极有可能引发内乱。甘宁瞪了张昭一眼说：这就好比是刘邦把楚汉战争时期给萧何那样的任务托付给您了，您留守和经营后方，却担心后方发生动乱，难道您就不能效法萧何加强治理吗？孙权见二人争执，便一边举杯向甘宁敬酒，一边称呼他的表字，亲切地说：兴霸啊，我决定讨伐黄祖，就像这杯酒，已决定交付于你了。说着孙权就把一大杯酒放在甘宁面前，甘宁端起酒杯一饮而尽。孙权接着说：兴霸啊，你只管提出策略，务必让大军一举攻破黄祖，这就是你的大功，何必在乎张长史的话呢！后来，孙权根据甘宁的策略和建议，拍板决定自己亲率大军西征老冤家黄祖。

黄祖获得孙权率军来攻的消息后，立即着手防御准备。他将两艘以生牛皮包裹的狭长艨艟战船封锁沔口（今湖北汉口），用粗大的棕绳捆住笨重的巨石，作为碇石（系船的石墩）沉入江底，固定船身。每只船上有千名左右弓弩手。当孙权的水军逼近时，两艘艨艟大船上的强弩手轮流向吴军射击，箭如飞蝗，孙权水军无法前进。此时，偏将军董袭和别部司马凌统身穿两副铠甲乘上大船，以大无畏的精神冲向前去。

凌统，字公绩，吴郡余杭县（今浙江杭州余杭区）人。父亲凌操"轻侠有胆气"，早年跟随孙策转战江东，"每从征伐，常冠军履锋"，舍命御敌，勇冠三军。凌操曾经在永平县（今江苏常州溧阳市）做县长，因平定山越有功，被提拔为破贼校尉。及至孙权统率军队，凌操跟随孙权征讨黄祖。在攻入夏口时，凌操"先登，破其前锋"，驾驶轻舟独自追敌，被黄祖手下负责断后的甘宁一箭射死。当时凌统才十五岁，孙权身边不少人都称赞凌统，孙权也因凌操为东吴而死心怀感念，于是任命凌统为别部司马，代理破贼都尉，让他统领父亲凌操的部队。而后，凌统随孙权进击山越。孙权击破一处山越后先期回师，留下凌统与都督张异一起包围攻打剩下的一万多名山越，并限定攻克日期。凌统曾与另一位都督陈勤等一块儿饮酒，然而陈勤霸道任性，以都督身份自居，"举罚（酒）不以其道"，欺压其他在座的武官。凌统气不过，当面斥责他。陈勤怒骂凌统及其父亲凌操。凌统流泪不语，众人不欢而散。陈勤趁着酒劲更加放肆，又在路上侮辱凌统。凌统忍无可忍，抽刀砍伤了陈勤，数日之后陈勤死去。等到将要进攻山越时，凌统说："非死无以谢罪！"他督率和激励士卒拼死进攻，"所攻一面，应时披坏，诸将乘胜，遂大破之"。回师之后，凌统将自己捆绑起来到军正那里请求治罪。孙权为他的果敢坚毅所感动，让他以功赎罪，不予追究。

在这次复征黄祖的攻坚战中，别部司马、代理破贼都尉凌统和偏将军董袭为前锋，凌统"与所厚健儿数十人共乘一船，常去大兵数十里"。当他看到敌人的艨艟战船以乱箭封锁沔口导致吴军无法前进时，与董袭各自挑选了一百名敢死队员，分别乘上两艘大船，冒着疯狂射来的乱箭，闯入黄祖的两艘艨艟战船之间。董袭抽刀砍断两根棕绳，艨艟战船顿时失去了定位，东摇西晃地在水上漂流起来。凌统与他的勇士们闯入右江，斩杀黄祖的将领张硕，并俘获了该船上的全部士卒。吴军趁机加速前进，黄祖命令都督陈就率领水军阻挡。平北都尉吕蒙统帅先锋部队与陈就的水军展开拼杀，交战中吕蒙斩下陈就的人头，并将他悬挂起来震慑黄祖的水军，敌军吓得赶紧调转船头拼命回撤。吴军将士们乘胜猛追，水路并进，逼近夏口城。之后，吴军出动全部精锐发起猛攻，终于将夏口城攻陷。"统先搏其城，于是大获"。黄祖突围逃跑，被吴军追上杀死，苏飞等一大批将士被活捉。"权以统为承烈都尉"。在这次战役中，孙权消灭了黄祖，鼓舞了吴军士气，沉重打击了刘表的武装势力，削弱了刘表的战斗力。

战前，孙权专门命人制作了两个木盒，打算分别盛放江夏郡太守黄祖和都督苏飞的人头。攻打黄祖的战役胜利结束之后，孙权摆下庆功宴，与属将们一起吃喝庆功。此时，甘宁离开自己的座位，向孙权叩头，讲述了苏飞以前对待自己的恩德。他说：我甘宁如果没有遇到苏飞，肯定早就死在沟壑里了，哪还有机会为您效力！现在苏飞罪当处死，我特地请求主上饶他一命。孙权为他的话所感动，就对甘宁说：好吧，现在就是因为你，我把他放了，如果他跑了怎么办？甘宁说：苏飞能免罪不死，领受您的再生大恩，您就是赶他，他也不会走，怎么会逃跑呢？如果他真的跑了，我甘宁的人头将代替他放入木盒之中。于是，孙权下令赦免了苏飞。

作为此次战役的功臣凌统，怨恨甘宁杀死其父凌操，时刻打算杀死甘宁。孙权发现后，特令凌统不得实施报复，并安排甘宁领兵到其他地方驻守。

经过这次战役，孙权收编了黄祖的残兵败将，缴获了大批战略物资，进一步扩充了自己的实力，并占领了江夏郡东部几个县的土地。（据《三国志·吴书·程黄韩蒋周陈董甘凌徐潘丁传》，《资治通鉴》第六五卷）

三、刘备在刘表的鼻子底下谋划自己的霸业

曹操与袁绍在官渡对峙时，盘踞汝南的黄巾军首领刘辟叛曹降袁。袁绍派刘备率军支援刘辟，曹操派曹仁率军攻打刘备。刘备失败后归还了袁绍的兵马，以劝说荆州牧刘表与袁绍结盟的名义离开袁绍，率领自己原来的兵马再去汝南，将黄巾军首领龚都手下的数千人与自己的军队合并。建安六年（公元 201 年），曹操命令汝南

太守蔡阳攻击刘备与龚都联合的军队，蔡阳兵败被刘备所杀。曹操亲率大军对刘备发起报复性攻击，刘备见势不妙，便率军投靠了荆州牧刘表。自从初平元年（公元190年）刘表出任荆州刺史以来，他已在荆州经营了十余年，拥有千里疆域，军队十余万人，成为割据势力的"大块头"之一。相对于中原地区来说，荆州出现了和平稳定的社会环境，中原地区许多士大夫和百姓都逃离本土，来到荆州避难，其中就有诸葛亮。

（一）刘表对刘备投靠表面欢迎内心提防

建安六年（公元201年），刘表接到刘备前来投靠的消息后非常高兴，亲自到郊外迎接，并"以上宾礼待之"，还为刘备补充了兵力，然后派遣刘备的军队屯驻在南阳郡新野（今河南南阳市新野县），作为北部边界的屏障，但将刘备留在荆州治所襄阳，致使刘备和他的军队分离。刘表虽然外表儒雅谦和，实则内心狭隘多疑，他这个安排充分说明他对刘备心存戒备。

刘备在襄阳好吃好喝、平平安安地住了一段时间后，身体逐渐得到恢复，人也比从前胖了许多。一次，他同刘表"坐起至厕"，刘备看到自己的大腿内侧长了点肉，很感慨，不由得流泪了。刘表问他为什么哭泣？刘备说，多少年来我身不离马鞍，大腿内侧几乎没什么肉了，现在不再骑马，大腿内侧的肉也长出了。时光如流，人已经快老了，但功业还没有建立起来，所以悲伤。这是刘备当时的真实想法。

此后，刘备为了建立自己的功业，私下活动也开始增多，他结交名人，筹谋发展，不断扩大影响力，荆州豪杰和士人归附刘备者越来越多。因此，刘表开始猜疑刘备有异心，便于建安七年（公元202年）命令刘备"北侵"，以此来考验刘备是不是听从自己的命令。刘备接到命令后立即率军北攻许都，并已攻至南阳郡叶县（今河南平顶山市叶县），这里距离许都只有八十公里左右，直接威胁着许都和中原地区的安全。曹操命令河南尹夏侯惇和偏将军于禁、裨将军李典率军抵御刘备。刘备将军队后撤至博望县，与曹军对峙，于是爆发了"博望坡之战"。

在刘备与曹军对峙期间，刘备刻意派出少量人马与夏侯惇交战，并故意败退，而后烧毁营寨退走。刘备蓄意暴露出无力再战的种种迹象，以使曹军产生误判。果然，夏侯惇等决定追击。裨将军李典劝告说："贼无故退，疑必有伏。南道窄狭，草木深，不可追也。"夏侯惇不听，与于禁追击刘备。当夏侯惇、于禁率军追入狭窄的林间小道时，刘备的伏兵杀了出来。夏侯惇、于禁应对不及，乱作一团，士兵四处乱窜，被刘备打败，将领夏侯兰（常山真定人，赵云的同乡）被刘备活捉。后来，赵云向刘备求情，并推荐夏侯兰做了刘备军的军正，掌军事刑法。正当夏侯惇、于禁陷入困境之时，裨将军李典指挥人马前去增援，解救了夏侯惇、于禁。刘备看到曹军救兵到了，因自己兵力弱小，选择了退军。此前刘表怀有袭取许都之心，但经过此战，刘表再也没有主动攻击曹操的意图。此次战役之后，刘表对刘备的怀疑有所减缓，认为留下刘备对自己来说还是有用的，从此以后一直把刘备当成友军来对待，对刘备的一些活动也没有限制。这样，刘备才有机会与流亡到荆州的一些优秀人才接触。

建安十二年（公元 207 年），当曹操出兵北伐柳城，攻打乌桓和袁尚、袁熙时，刘备劝说刘表出兵袭击许都，捣毁曹操的老窝，可惜刘表没有采纳刘备的意见。后来，刘表听说曹操北伐取得了巨大胜利并已班师回到许都的消息之后，便对刘备说：当初我没有听你的话，结果失掉了进攻许都的大好机会。刘备安慰刘表说：当今天下大乱，战争不断，以后还会有新的机会，不会终结。然而，刘备不甘心长期寄于刘表之下，始终念念不忘发展和成就自己的霸业。（据《三国志·魏书·二李臧文吕许典二庞阎传》,《资治通鉴》第六四卷）

（二）刘备三顾茅庐请诸葛亮出山

一个处于迷途状态的人，若遇高人指点，帮他拨云见日，那么这个人就是他生命中的贵人。建安十二年（公元 207 年），已为刘表"打了六年工"的刘备，去拜访司马徽。司马徽为刘备找到了他生命中的贵人——诸葛亮，从而改写了他的人生轨迹。

司马徽，字德操，颍川阳翟人。为人清雅，学识广博，有知人之鉴。建安三年（公元 198 年），荆州牧刘表开办学校、设立学官，广泛寻求天下名士。司马徽冲着刘表的"招贤广告"来到荆州襄阳。虽然司马徽精通道学、奇门、兵法、经学、法学，素有知人之明，有"水镜先生"之美誉，但并未受到刘表的重视。司马徽知道刘表心眼不大、嫉贤妒能，所以他沉默寡言，不言政事，自己找了个地方住了下来。有人对刘表说：司马徽是一位奇士，只是没有遇到了解他的人而已，您应该起用他。于是刘表去拜访了司马徽，回来之后便对人说：人们说话往往夸大其词，其实司马徽只是一个小书生而已，他的见识同普通人没有两样。从此，刘表对司马徽不理不睬。

刘备见到司马徽之后，便与他聊起了人才问题。司马徽说：普通读书人和见识浅陋的人是认不清天下大势的，而能认清天下大势的只有俊杰。刘备问他谁才能称得上俊杰，司马徽回答说：在襄阳这个地方，只有伏龙和凤雏两位。刘备向司马徽询问他们的姓名，司马徽说：就是诸葛亮和庞统。刘备对诸葛亮、庞统的情况不了解，便向徐庶打听他们二人的情况。

徐庶，本名徐福，字元直，颍川郡长社县（今河南许昌长葛市东）人，与司马徽是同郡老乡。汉灵帝刘宏中平（公元184年十二月到公元189年三月）末年，徐福为人报仇，以白粉涂面，蓬头散发而逃。官府将其抓获，"问其姓字，闭口不言"，于是就把他拉到街市，绑在柱子上让人辨认，但"莫敢识者"。后来，"其党伍共篡解之，得脱"。对此，徐福感激不尽，弃其刀戟，折节学问（约在此时改名为徐庶）。初平二年（公元191年），董卓作乱京师时，中原之地到处起兵，徐庶为躲避战乱，便南下荆州住了下来，与流亡到此地的司马徽、诸葛亮和当地名人庞统等人交往较多，关系不错。刘备到荆州投靠刘表之后，徐庶知道他是汉室宗亲，其英雄之名著于四海，于是前往投奔。刘备见到徐庶后，非常器重他。刘备拜访司马徽之后，便向徐庶打听诸葛亮、庞统的情况。徐庶向刘备作了介绍。他见刘备对诸葛亮感兴趣，便对刘备说：诸葛亮乃是卧龙，将军愿意见他吗？刘备说：请你陪他来一趟。徐庶说：诸葛亮这个人非同寻常，您可以去见他，但不可以唤他来，将军应该屈驾去拜访他。刘备只好亲自到诸葛亮的住处去见他。于是就有了"三顾茅庐"的故事。

诸葛亮，字孔明，号卧龙，亦作伏龙，徐州琅邪郡阳都县（今山东临沂市沂南县）人，出身于琅邪望族，先祖诸葛丰曾在西汉元帝时期做过司隶校尉，其父诸葛珪做过泰山郡丞。诸葛亮早孤（三岁时母亲病故，八岁时父亲去世），与弟弟诸葛均一起跟随在豫章郡做太守的叔父诸葛玄一起生活。因叔父的郡守职务是袁术任命的，袁术败落之后，朝廷派朱皓担任了豫章太守，诸葛玄下岗失业。由于诸葛玄"素与荆州牧刘表有旧"，于是就投奔了刘表，诸葛亮也跟随叔父到了荆州。建安二年（公元197年），诸葛玄病逝，十六岁的诸葛亮便开始耕田种地，自食其力。诸葛亮喜欢朗颂《梁父吟》，又常常以管仲、乐毅自喻。那个时候没人相信他有管仲、乐毅本事，只有诸葛亮的好友徐庶、崔州平等人认为他真的具有管仲、乐毅那样的才华。诸葛亮还与客居襄阳的司马徽、襄阳本地名人庞德、黄承彦等交好。

建安十二年（公元207年），刘备去拜访诸葛亮，先后去了三次才见到他。第一次刘备在关羽、张飞的陪同下，带着礼物，到卧龙岗去请诸葛亮出山。不巧，那天诸葛亮出门了，刘备等只好失望而归。不久，刘备又同关羽、张飞冒着大雪第二次去见诸葛亮。诸葛亮又外出闲逛去了。张飞本来就不愿意来，正巧诸葛亮不在家，于是就催着刘备赶紧回去。刘备只好留下一封书信，表达了对诸葛亮的仰慕之情和请他出山辅佐自己挽救国家危局的意思。过了一段时间，刘备连续三天素食斋沐之后，打算再次去见诸葛亮。关羽却泼冷水说：诸葛亮也许徒有虚名，不一定有真才实学，别再去了。这时，张飞主张不用刘备再跑了，就他一个人去，如诸葛亮不来，就用绳子把他捆来。刘备把张飞训了一通：你这个办法是对待强盗的，绝对不能以对待强盗的办法来对待人才。于是，刘备又同关羽、张飞一起第三次去见诸葛亮。当他们到达诸葛亮家里时，诸葛亮正在睡觉。刘备不忍心惊动他，就一直在外面站着等待，诸葛亮睡醒之后，他们才进屋入座。

多年来，刘备拉着一支不起眼的队伍，在军阀混战的夹缝中钻来钻去，莫说成就什么事业，连属于自己的一块根据地也没有。这次他去见高人诸葛亮，就想让对方给自己指点迷津。刘备把陪同的关羽、张飞支出去之后，便对诸葛亮说：汉王朝已经衰败，现在奸臣当道，天子蒙难，我打算为天下伸张正义，但我智谋短浅，以至于屡屡受挫，落到今天这步田地。可是我的雄心壮志仍未熄灭，您认为我应该怎样去做呢？诸葛亮回答说：自从董卓作乱以来，各地的英雄豪杰同时兴起，"跨州连郡者不可胜数"。曹操与袁绍相比，尽管名气小、人马少，但他能够战胜袁绍，由弱转强，这不仅仅靠运气，更是由他的智谋决定的，所以不能小看他。

刘备第二次去见诸葛亮时尽管没见到人，但是给诸葛亮留下了一封信，所以诸葛亮早就知道了刘备的来意，胸有成竹地为刘备阐述了其战略思路和战略方向。他接着说："今操已拥百万之众，挟天子而令诸侯，此诚不可与争锋。孙权据有江东，已历三世，国险而民附，贤能为之用，此可以为援而不可图也。"诸葛亮为刘备分析了曹操、孙权各自的实际情况，提出了应分别采取什么样的对外方针之后，又给刘备出主意说：目前您借居在刘表的荆州之地，北面以汉水、沔水为屏障，南面直通南海，东面连接吴郡、会稽，西面可通巴郡、蜀郡，正是用武之地。刘表恐怕守不住这块土地，这可以说是上天赐给您的资本。"将军岂有意乎？"诸葛亮看着正在聚精会神倾听的刘备，继续说：益州四边地势险阻，里面却有沃野千里，乃是天府之地，但益州牧刘璋昏庸懦弱，北面还与张鲁割据的汉中相邻，益州虽然百姓富庶，官府财力充足，但统治集团不知道珍惜和节俭。现在，贤能之士都希望有一位贤明的君主，"将军既帝室之胄，信义著于四海，总揽英雄，思贤如渴，若跨有荆、益，保其岩阻，西和诸戎，南抚夷越，外结好孙权，内修政理；天下有变，则命一上将将荆州之军以向宛、洛，将军身率益州之众出于秦川，百姓孰敢不箪食壶浆以迎将军者乎？诚如是，则霸业可成，汉室可兴矣"。刘备越听心里越亮堂，他高兴地说："善！"

　　这些年来，刘备虽然始终念念不忘复兴汉朝和重振刘姓皇族大业，但是因为没有悟出符合自身发展实际的战略定位，没有明确的主攻方向和战略重点。用一句大白话来说，就是始终没有找到"北"。这回诸葛亮帮他理清了思路，刘备顿开茅塞，他感到与诸葛亮相见恨晚，得到诸葛亮如获至宝。对此，罗贯中赞曰："南阳卧龙有大志，腹内雄兵分正奇；只因徐庶临行语，茅庐三顾心相知。先生尔时年三九，收拾琴书离陇亩；先取荆州后取川，大展经纶补天手；纵横舌上鼓风雷，谈笑胸中换星斗；龙骧虎视安乾坤，万古千秋名不朽！"（据《三国志·蜀书·庞统法正传》《三国志·蜀书·诸

葛亮传》,《资治通鉴》第六五卷）

（三）刘琮把刘表留下的地盘献给了曹操

刘表有两个儿子，老大叫刘琦，老二叫刘琮。起初，刘表因长子刘琦的相貌与自己相像而十分宠爱他。可是，自从次子刘琮娶了刘表的后老婆蔡夫人的侄女为妻之后，蔡夫人就经常在刘表面前为老二刘琮说好话，"琮之有善，虽小必闻；有过，虽大必蔽"；同时说老大刘琦的坏话，"美无显而不掩，阙无微而不露"。刘表对后老婆非常宠爱，对她的话深信不疑。在下属文武官员中，刘表最宠信两个人：一个是蔡氏的弟弟蔡瑁。因姻亲关系，蔡瑁与老二刘琮比较亲近；另一个是他的外甥张允，但张允与老大刘琦不和，他们之间有一些小矛盾，所以，"瑁、允阴司其过阙，随而毁之"，蔡氏和蔡瑁、张允三人相互配合，"蔡氏称美于内，瑁、允叹德于外，表日然之，而琦益疏矣"。"耙耳朵"刘表禁不住老婆和蔡瑁、张允的忽悠，"于是表忿怒之色日发，诮让之书日至，而琮坚为嗣矣"。对此，老大刘琦非常怨恨和苦恼。于是，他就向诸葛亮寻求对策，但诸葛亮始终缄默不语。诸葛亮不表态，说明作为政治家和军事谋略家的诸葛亮非常老道，他不愿意介入荆州霸主刘表的家庭矛盾。有一次，刘琦与诸葛亮一起游观后园，共同登楼，饮宴期间刘琦就让人把木梯撤走了，然后对诸葛亮说：梯子撤走了，现在咱俩是上不着天、下不着地，您说的话只有我一个人听到，请您不要再有什么顾虑了，有何指教，您可以说出来。于是诸葛亮拐弯抹角地说：你难道不记得春秋时期，晋国晋献公的太子申生在国都遭到危险之时，他的弟弟重耳却流亡在外终获平安的事情吗？

从诸葛亮的这句话里可以看出，诸葛亮的政治智慧、军事韬略相当一部分源自他对历史上的政治、军事斗争事件的深入研究，以及对其中经验教训的深刻总结、提炼和把握。他启示我们：注重学习和研究历史，无疑会延展人生经历和阅历；活学活用历史上的经验教训，就会拓宽人的思路，遇到什么样的事情就会想出什么样的好点子。

据《春秋左传》《礼记·檀弓上》等记载，春秋时期，晋国国君晋献公有一大堆老婆，生了一大堆儿子。他早年曾与一位名叫齐姜的女人私通，生了太子申生；又从位于今山东菏泽市西南的"戎"引进了两个女人做小老婆，大戎生了重耳，小戎生了夷吾。晋国攻打位于今陕西西安市临潼县一带的"骊戎"时，该部落又把美丽的骊姬献给了晋献公，之后生了奚齐；骊姬随嫁的妹妹生了卓子。像刘表对待其小老婆蔡氏那样，晋献公对骊姬非常宠爱，对骊姬的话是言听计从。骊姬欲立她生的儿子奚齐为太子，为此，她设计离间献公与太子申生、公子重耳和夷吾之间的关系，并寻机下毒手害人。骊姬对太子申生说，你父亲梦见了你母亲齐姜了，你得赶快去祭祀她。太子申生是个孝子，于是就跑到位于今山西运城市闻喜县东北母亲的坟上祭祀，并把祭祀用的酒肉带回来孝敬晋献公。不巧，当时献公外出打猎去了，骊姬就把那些酒肉存放了六天。献公打猎回来后，骊姬在酒肉之中下了毒药并让人端给献公。献公先把一杯酒洒在地上祭地，不料地面上的土冒烟；拿肉喂狗，狗被毒死，给宫中小吏吃，小吏也被毒死。骊姬哭着说：是太子想谋害您啊！太子申生听说之后赶紧躲避在新城。申生的弟弟重耳得知后，便去新城对哥哥说：你应该把心中的委屈向父亲讲清楚。申生说：父亲心里只装着郦姬，我要是揭发郦姬对我的诬陷，那就太伤父亲的心了！重耳又说：既然如此，那你为什么不逃跑呢？申生回答说：父亲作为一国之君给我定了蓄意弑君罪，我背着这个罪名，哪个国家敢收留我呢？于是，太子申生在新城自杀了。申生死后，重耳同样受到郦姬的陷害，但与申生不同的是重耳选择了逃跑。他逃到位于今山东淄博市高青县一带的狄国，并在狄国娶了名叫季隗的姑娘为妻，生下了伯鲦、叔刘两个儿子。之后，重耳又去了都城在今山东淄博市东北的齐国，齐桓公将本族的一个女子嫁给他，并送给他八十匹马。重耳对这种生活感到满足。再后来，重耳又到了都城在今河南商丘市的宋国，宋襄公又赠送给他八十匹马。重耳的流亡生活过得很幸福。

　　诸葛亮用太子申生和公子重耳的历史故事告诉刘琦：三十六计，走为上计。刘琦顿时领悟了诸葛亮这句话的含义，就暗中谋划自己怎么离开襄阳的事儿。后来，孙权在攻打黄祖的战斗中将其杀死，江夏郡太守一职出现了空缺。刘琦就向卧病在床的老爸刘表请求担任江夏太守一事，刘表同意了老大的请求，任命刘琦为江夏郡太守，于是刘琦便去江夏上任履职。不久，刘表病情加重，刘琦从江夏回襄阳探视父亲。蔡瑁、张允害怕刘琦见到刘表之后触动父子感情，甚至可能将刘琦立为继承人，这样刘琮就没戏了，必须予以阻止。因此，他们就对刘琦说：您父亲安排您镇守江夏，责任十分重大。现在你擅离职守，如果他知道了一定会生气的，从而导致病情加重，这可不是孝子所为。说完，蔡瑁和张允把刘琦关在门外，不让他们父子见面。刘琦只好含着眼泪离开襄阳，回到江夏。

建安十三年（公元 208 年），荆州牧刘表死了。

刘表在主政荆州期间，尤其是在前期还是做了不少工作的。他恩威并施，招诱有方，肃清辖区内盗寇，为百姓所悦服；开经立学，发展教育等；远交袁绍，近结张绣，内纳刘备，据地数千里，带甲十余万，称雄荆江。在军阀混战中，刘表始终秉持坐观成败和自保态度，小日子过得相对殷实，老百姓没有遭受战乱的痛苦。因此，中原地区包括诸葛亮在内的大批士人和百姓，都去荆州避难。但刘表没有进取有为和平定天下之志，没有利用本地和流亡到荆州的人力资源扩大根据地。因此，荀彧说他："天下方有事，而刘表坐保江、汉之间，其无四方志可知矣。"贾诩评价说：刘表，平世"三公"才也；不见事变，多疑无决，无能为也。郭嘉认为："表，坐谈客耳。"陈寿也一针见血地指出：袁绍、刘表，咸有威容、器观，知名当世。表跨蹈汉南，绍鹰扬河朔（鹰扬：逞威，大展雄才；河朔：古代泛指黄河以北的地区），然皆外宽内忌，好谋无决，有才而不能用，闻善而不能纳，废嫡立庶，舍礼崇爱，至于后嗣颠蹶（忙乱急迫），社稷倾覆，非不幸也。毛泽东同志在阅读《刘表传》时就曾批道：刘表"虚有其表"（见时事出版社：《毛泽东评点二十四史》第 193 页）。

刘表死后，蔡瑁、张允等紧锣密鼓地拥立刘琮继承了刘表的镇南将军、荆州牧职务和成武侯爵位。刘琮知道按照礼制理应由哥哥刘琦承袭父亲的一切职务和爵位，为减轻刘琦对自己的怨恨，刘琮将镇南将军、荆州牧职务留下，派遣使者将象征成武侯爵位的印信送给刘琦。刘琦见只有爵位而没有职务非常生气，他当着使者的面就把印信扔在地上，打算借奔丧之机起兵讨伐弟弟刘琮。

可就在此时，曹操亲率大军正在南下荆州的路上。办完父亲的丧事之后，刘琦没有对刘琮发起攻击，而是带着江夏郡的人马躲赴江南。

曹操在发兵之时，并不知道刘表病重将死。本来曹操也无暇南顾，可当他发现孙权派遣甘宁西攻江夏郡，斩杀了黄祖，下一步还打算进攻荆州之时，再也坐不住了，曹操害怕孙权进攻并夺取荆州。因为一旦孙权拿下荆州，地盘扩大，实力增强，羽翼丰满，他就很难对付了。如果曹操赶在孙权前面率先拿下荆州，就能限制孙权西扩。于是，曹操于建安十三年（公元208年）七月，开始南征，先集结大军于南阳，而后浩浩荡荡南下荆州。在曹操大军压境荆州之时，章陵郡（今湖北襄阳枣阳市）太守蒯越，侍中兼零陵太守韩嵩，"建安七子"之一、司空王畅之孙王粲，东曹掾傅巽等都劝说荆州牧刘琮投降曹操。刚开始时刘琮本想与曹操对抗，并没有投降的打算，他说：如今我与诸位将军据守荆州，守着父亲传下的基业，观望天下变化，难道不可以吗？傅巽说：逆顺有大体，强弱有定势。现在曹操代表天子，您作为地方主官是天子的臣属。以臣属的身份去抗拒天子，那是国家的叛逆。您以刚刚接手的荆州去抵御曹操的朝廷大军，一定会陷入危险。刘备虽然投靠了您父亲，但现在您要是依靠他去抗击曹操南下的雄师，岂能抵挡得住？傅巽看了一眼还在犹豫不决的刘琮，接着说：您好好想想，第一，您的能力素质能比得上刘备吗？第二，如果刘备挡不住曹操，您就是把整个荆州的力量全部拿出来，也不足以自保；第三，如果刘备挡得住曹操，他会屈居于您之下而俯首称臣吗？这样，荆州还是你的吗？希望将军不要再犹豫了。毫无政治、军事斗争经验的刘琮禁不住傅巽等人的忽悠，决定投降曹操。

当年秋，曹操大军到达新野时，刘琮既不部署抵抗，也不向对方提出谈判要求，却安排父亲原来手下的文臣、东汉末年名儒宋忠和蔡瑁出城向曹操送达投降书，并用吴王过去颁发的符节来迎接曹操入城纳降。

对来得这么突然、这么容易的大好事，曹军的将领们大都持怀疑态度，认为刘琮是诈降。只有一个人认为刘琮不是诈降而是真降，这个人就是曹操的大将、谋士娄圭。

娄圭，字子伯，荆州南阳郡人，与曹操是老相识。娄圭青年时期就有壮志，他经常叹息说："男儿居世，会当得数万兵千匹骑着后耳！"后来娄圭因藏匿亡命徒而被捕关押，在即将处死时，他成功越狱，"捕者追之急"，娄圭"乃变衣服如助捕者，吏不能觉，遂以得免"。初平（公元 190 年—193 年）年间，"会天下义兵起"，娄圭"亦合众与刘表相依"。刘表派他迎接北方流亡避难的客人，欲将他们迎至荆州。当时，扶风人、基层亭长王忠为躲避三辅地区战乱，"随辈南向武关"。王忠不愿去荆州，便率众逆击娄圭，而后聚众千余人投奔了曹操。娄圭感到回去之后无法向刘表交差，所以也投靠了曹操。曹操任用娄圭为大将，但"不使典兵，常在坐席言议"。建安十三年（208 年），娄圭随曹操南征，当时刘琮投降，以符节迎接曹操，而"诸将皆疑诈"。曹操询问娄圭有什么看法，娄圭说："天下扰攘，各贪王命以自重，今以节来，是必至诚。"曹操说："大善。"于是率领大军意气风发地开赴襄阳。

当时，刘备驻军樊城（今湖北襄樊市），而"刘琮乞降，不敢告备。备亦不知，久之乃觉"，于是刘备就派遣亲信去询问刘琮究竟是怎么回事。刘琮这才命令属官宋忠到樊城向刘备通报情况。"是时，曹公在宛，备乃大惊骇"，他冲着宋忠发脾气，说："卿诸人作事如此，不早相语，今祸至方告我，不亦太剧乎！"刘备拔出刀来，指着宋忠的鼻子怒吼："今断卿头，不足以解忿，亦耻大丈夫临别复杀卿辈！"说完就把宋忠撵走了。而后刘备召集部将研究下一步对策。有人劝说刘备直接攻打刘琮，夺下荆州，据城抵抗曹操。刘备说：刘表临死时，把刘琮托付给我，请我代为照顾。我不能违背信义，只图一己之私。否则，死后有什么脸面去见刘表呢！于是，刘备率领部下撤离，经过襄阳时，诸葛亮建议刘备攻打刘琮，占据荆州，但刘备因和刘琮同宗，不忍相夺。刘备在城外停下马来呼喊刘琮，刘琮害怕，不敢露面。刘琮的左右亲信和荆州人士，有许多跟随刘备离去。刘备到刘表的墓前祭奠后挥泪而去，目的地是江陵（今湖北荆州市），刘表生前把军需仓库设在此。这里地处长江中游，江汉平原西部，南临长江，北依汉水，西控巴蜀，南通湘粤，古有"七省通衢"之称。

曹操率军入襄阳，荆州牧、成武侯刘琮率领文官武将和百姓向曹操投降。曹操以朝廷的名义任命刘琮为青州刺史，封列侯；任命南阳人韩嵩为大鸿胪、章陵人邓羲为侍中、零陵郡人刘先为尚书令、襄阳中庐人蒯越为光禄大夫。蒯越等十五人都封了侯。曹操又令韩嵩"使条品州人优劣，皆擢而用之"。

此时，原荆州牧刘表的属吏、后为刘琮的属将王威，对失去荆州心里很不是滋味，他并不甘心向曹操投降，认为目前荆州还有挽回的机会。于是，王威向刘琮建言说：目前曹操已接受您的投降，刘备也已经离开，曹操必然会放松戒备，轻行单进。请您让我带领几千名骑兵埋伏在曹操必经的险要之路，曹军经过时突然向他们发起袭击，定可活捉曹操。只要捉住曹操，就可以威震天下，坐而虎步，中原地区虽广，可传檄而定，"非徒收一胜之功，保守今日而已"。这样的机会非常难得，千万不要错过！无胆无识的刘琮拒绝采纳王威的建议，错失了唯一一次极有可能翻盘的机遇。

很快，曹操也发现了自己战术上的疏漏，担心刘琮投降后继续留下，则极有可能反攻倒算、起事复辟，于是曹操命令下属立即监督刘琮离开荆州迁往青州（后来操任又将刘琮改任为谏议大夫，给了个有名无实的闲职）。刘琮离开了荆州，再也没有机会回来收复失地了。刘琮的属将谁也不愿意跟随刘琮远离故土，只有忠义之士王威追随刘琮而去。随后曹操派遣禁兵追杀刘琮等人，王威在乱军中殉主。一位德、武、谋兼备，极具发展潜力的准军事家，在窝窝囊囊的主子刘琮手下窝窝囊囊地死了。

荆州文臣武将当中还有一位迟迟不愿向曹操投降的人，此人名叫文聘。

文聘，字仲业，南阳宛城人。他原为荆州牧刘表手下的大将，因忠诚可靠，刘表生前让他挑最重的担子——镇守荆北，以抵御北方曹操等军阀的进攻。刘琮在向曹操投降之前，曾经通知文聘到襄阳来一起降曹。文聘说：作为大将却不能保全荆州土地，我感到耻辱，现在只能等待定罪而已！曹操受降工作基本结束之后，文聘发现大势已去，无力回天，这才去找曹操投降。曹操问他：你怎么来得这么晚？文聘回答说："先日不能辅弼刘荆州以奉国家，荆州虽没，常愿据守汉川，保全土境，生不负于孤弱，死无愧于地下，而计不得已，以至于此。实怀悲惭，无颜早见耳。"说罢，泪流不止。曹操为之怆然，叫着他的表字，亲切地说："仲业，卿真忠臣也。"于是对文聘厚礼以待，任命他为江夏太守，还赐予他关内侯的爵位，另调拨给他一支北方的部队，以守好新归属于曹操的江夏郡北部的那片土地。此前，孙权打败江夏太守黄祖，夺得了半个江夏，并任命周瑜为江夏太守，控制江夏郡的东部；现在曹操又任命文聘为江夏太守，控制了江夏郡的北部。

　　不管包括王威、文聘等在内的荆州大地上的广大吏民是否心甘情愿，自从荆州牧刘琮举手降曹的那一刻起，也就自然而然地归属了曹操。凡是容易得来的东西，失去也不难。刘琮没有经过任何奋斗和付出，就从已故父亲刘表手里继承了荆州牧的官位和荆州这片广阔而富饶的土地，他根本没有刘表得官之难的亲身体验，也没有得地之劳的切身感受，所以，当刘琮受到外界恐吓和威胁时，他就毫不心疼地将一切举手送人。刘表、刘琮父子的行为教育和启示我们，作为从政为官者，在为子孙后代究竟留下点什么的问题上一定要做个明白人。如果儿孙后代有德有才，他们会靠自己的拼搏和努力，在为国家和社会作出贡献的同时，也会过好自己的小日子；如果儿孙后代像刘琮那样窝囊，你给他留下的家业越大，对儿孙后代所造成的危害也就越大。（据《三国志·魏书·二李臧文吕许典二庞阎列传》，裴松之注《三国志·魏书·崔毛徐何邢鲍司马传》,《资治通鉴》第六五卷）

（四）"长坂坡之战"，曹操击败刘备

曹操拿下荆州之后，害怕刘备抢占江陵，因为他知道"江陵有军实"，贮有大量军用物资。于是，曹操"乃释辎重，轻军到襄阳"。在这里，他听说刘备已经过去，便率领五千名精锐骑兵"急追之"。

刘备在刘表墓前祭拜后离去，一路上追随他的士人和百姓很多，当刘备率军到达当阳县（今湖北宜昌当阳市）时，跟随他的人数已达十万之众，还有辎重车数千辆。由于人多车多，每天只能行走十多里路。为了及早赶到江陵，保卫刘表生前设在那里的军需仓库，刘备命令关羽另率几百艘战船从水路向江陵进发，自己带领步兵和百姓从陆地上行走，并约定在江陵会师。有人劝谏刘备说："宜速行保江陵，今虽拥大众，被甲者少，若曹公兵至，何以拒之？"刘备说："夫济大事必以人为本，今人归吾，吾何忍弃去！"

曹操率领"虎豹骑"，死命打马，一昼夜跑了三百多里，终于在当阳县的长坂坡追上了刘备，当即与刘备率领的军队鏖战，虎豹骑士们越战越勇，很快就把刘备的队伍打散。

刘备看到曹军的骑兵精锐横冲直撞，左杀右砍，再也顾不上说那些"济大事必以人为本"之类的漂亮话了，甚至连老婆孩子也

顾不上解救，立即与诸葛亮、张飞、赵云等数十人马跃檀溪，仓皇逃命。刘备命令张飞断后，张飞立即召集散卒二十骑拒后，飞水断桥，瞋目横矛，大喊说："身是张益德也，可来共决死！"张飞大声一呼，将曹军虎豹骑兵的眼球吸引过来，成功牵制了曹军对刘备团队的尾追，"操兵无敢近者"。于是，刘备等人抓住机会挥鞭策马拼命逃亡。张飞也在曹军被震住、正在愣神的一刹那，一溜烟似的飞奔而逃。张飞在长坂桥大声呼喊留下一条宝贵的启示，那就是在军事或政治斗争中，越是处于极端劣势情况下，越不能示弱。

刘备等在奔逃期间又与赵云走散了。有人对刘备说："赵云已北走。"刘备闻此大怒，以手戟擿（投掷）之说："子龙不弃我走也。"原来赵云发现刘备的老婆孩子没有逃脱出来后，立即单枪匹马转身杀回曹军。过了一会儿，赵云怀里抱着刘婵，保护着甘夫人，平安回到刘备身边。虽然刘备遗失了两个女儿，但总算把甘夫人和刘婵救了出来，并得以相聚。

此战，曹操不但捕获了刘备的两个女儿，而且还获得了大量的百姓以及辎重，收编了被击溃的刘备军队，同时还捕获了徐庶的母亲。徐庶为了母亲的安全，向刘备告辞，他指着自己的心口说："本欲与将军共图王霸之业者，以此方寸之地也。今已失老母，方寸乱矣，无益于事，请从此别。"对徐庶的离去，刘备没有阻拦。

刘备等人迅速抄近路奔赴汉津（今湖北荆门市汉水津渡）。

"长坂坡之战"刘备败得很惨，但万幸的是，刘备的"司令部"没有损伤。刘备审时度势，放弃了继续向江陵进军的计划，转而前往刘琦控制的西半个江夏郡，江夏太守刘琦率领一万余名士兵前来迎接。在刘琦的帮助下，刘备等暂时栖身于夏口，以避曹操军锋。后来，刘备上表朝廷，举荐刘琦为荆州刺史，但刘琦没多久就去世了。

曹操将刘备打败之后，立即率领虎豹骑士进攻南郡江陵，驻守江陵的刘备守军不战而降。曹操大军顺利占领江陵，又获得了大量兵马和军需物资，南郡和江陵被曹操所控制。（据《三国志·蜀书·先主传》《三国志·魏书·武帝纪》，《资治通鉴》第六五卷）

四、孙刘结盟打赢赤壁之战

《诗经·小雅·伐木》说："伐木丁丁，鸟鸣嘤嘤。出自幽谷，迁于乔木。嘤其鸣矣，求其友声。相彼鸟矣，犹求友声。矧伊人矣，不求友生？神之听之，终和且平。"其大意是说，森林是鸟儿的家园。鸟儿听到咚咚作响的伐木声，知道有人破坏它们的家园了，于是它们嘤嘤地鸣叫起来，并且飞到高山大树顶上，继续鸣叫不止。那么，鸟儿们为什么要鸣叫呢？它们就是要唤醒同伴们紧密团结起来，对破坏它们繁衍生息的家园的行为进行集体声讨、谴责，并呼吁"神仙"对破坏大自然的行为进行制止。《伐木》言简意赅，内涵丰富，寓意深刻，理论性、教育性、启发性都很强。

在东吴阵营，有一位名叫鲁肃的儒将，是最早倡导建立孙刘联盟的发起人。建安十三年（公元208年），鲁肃听到刘表病逝的消息后，就向孙权建议说：荆州是我们的西邻，"水流顺北，外带江汉，内阻山陵，有金城之固，沃野万里，士民殷富，若据而有之，此帝王之资也"。他说，刘备尽管投奔了刘表，但刘表嫉妒他的才能，对他处处设防。现在刘表刚死，他的两个儿子互不服气，明争暗斗，军队将领也因此搞成两派。如果刘备与刘表的两个儿子能够团结合作，我们就应该与他们和平相处，结盟友好；如果刘备与他们离心离德，我们就应该另作图谋。所以，我想请您派我去参加刘表的丧礼，向他的两个儿子表示哀悼，看望并慰问他们军中的重要将领，同时劝说刘备，让他安抚刘表的部众，一心一意共同抗曹，刘备"必喜而从命"。如果这件事办得好，"天下可定也"。如果不快点儿去荆州，恐怕曹操就要抢占先机了。孙权赞成鲁肃所作的分析和提出的建议，当即决定派遣他作为东吴政权的代表赴荆州吊唁刘表。

（一）孙刘结盟，共抗曹操

"节物风光不相待，桑田碧海须臾改。"鲁肃路过夏口时，听说曹操大军已向荆州进发，于是他日夜兼程赶路。当他走到南郡时，听说刘琮已经投降了曹操，刘备也正欲南撤渡江。于是，鲁肃当机立断去找刘备，并在当阳长坂坡见到了他。当时，刘备刚刚被曹操打垮，失败情绪还没有调整过来，但他强打精神，在诸葛亮的陪同之下接见了鲁肃。鲁肃向刘备"宣腾权旨"，还与他"论天下事势"，又"致殷勤之意"，问备说：刘豫州今欲何至？刘备回答说：我与苍梧太守吴巨有旧，打算投奔到他那里。苍梧郡属于交州，治所在广信县（今广西梧州市），郡太守吴巨为原荆州牧刘表所任命，与刘备交好。

鲁肃对刘备说：讨虏将军孙权智慧仁义，非常敬重和优待贤能之士，江南的英雄豪杰都归附于他，如今已占有六个郡的土地，兵精粮多，足以成就一番事业。我认为最好是派遣心腹之人到江东去与孙将军见面沟通，商议共建大业之事。吴巨只是凡夫而已，偏在远郡，行将为人所并，您怎么能委身于他呢？鲁肃的话与诸葛亮在隆中首次见到刘备时提出的意见一致，所以刘备愉快地答应与孙权合作，诸葛亮也表示赞同和支持。鲁肃又对诸葛亮说：我是你哥哥诸葛瑾的朋友。

诸葛瑾，字子瑜，诸葛亮的兄长，因躲避战乱去了江东，当时正值孙策去世。孙权的姐夫、曲阿人弘咨见诸葛瑾非同一般，便将他推荐给孙权，不久诸葛瑾被任命为长史。由于诸葛瑾与鲁肃关系不错，诸葛亮与鲁肃相谈甚欢。通过这次会谈，"备用肃计"，放弃了投奔吴巨的念头，率领残兵败将进驻鄂县的樊口（今湖北鄂州市樊港）。

当时，曹操率军已从江陵出发，将要顺长江东下，对孙权形成强大的威慑。诸葛亮对刘备说："事急矣，请奉命求救于孙将军。"刘备同意。于是诸葛亮作为刘备的谈判代表，随同鲁肃一起去了柴桑（今江西九江市西南），拜会正在此地的孙权，与他商议联合抗曹事宜。

建安十三年（公元 208 年）十月，诸葛亮见到了孙权。他对孙权说：当今天下大乱，将军在江东起兵，刘备在汉南集结部众，共同与曹操争夺天下。诸葛亮一开口就把孙权拉入同一战壕，意思明确，言简意赅，直奔主题，拉近了距离。这是第一层意思。诸葛亮继续说：如今，曹操已经消灭了北方的强敌，接着又亲率大军南下拿下了荆州，威震四海。在强大的曹军面前，英雄无用武之地，所以刘备逃到刘琦所控制的江夏郡夏口，希望将军您量力而行，做出利多弊少的安排。诸葛亮的第二层意思直接把曹操吃掉北方霸主袁氏集团和收降荆州牧刘琮这一现实端了出来，并说在强敌曹操面前，作为英雄刘备，仅靠单边力量难以"用武"、难以御敌，所以他迫不得已逃到了夏口。然后，让孙权掂量掂量自己的实力，以自己单方面的力量能不能打败曹操，否则，就会像袁氏集团和刘琮那样被曹操吃掉。这层意思容易令人恐惧，发人深思，使孙权不得不跟着诸葛亮的思路走，引导他去琢磨统一战线问题。接下来第三层意思，诸葛亮用二分法给孙权两个选择，他说：如果将军以江东的人马与占据中原的曹操相抗衡，那么就不如尽早与曹操断绝关系；如果不能，那么为什么不早点解除武装，向曹操俯首称臣呢？孙权反问：假如像你说的那样，为什么刘备不投降曹操呢？诸葛亮借机抬高刘备的身价，他回答说：在古代，田横作为齐国的壮士还坚守义节、不肯屈辱投降，何况刘备这位皇家后裔呢？

诸葛亮用历史事件来回答孙权的反问，可见，他的智慧和计谋都源自对历史文化的深入学习和研究。田横系秦朝末年一支农民起义军的首领。他本为齐国贵族，在陈胜、吴广领导的反秦起义的影响下，与两位胞兄在齐地组织发动了农民武装起义，并在那里占山为王。后来刘邦统一了全国，田横兄弟不肯向刘邦俯首称臣，便率领部众乘船逃亡到海岛上。刘邦派遣将领率领大军招抚，由于田横的起义军实力弱小，被迫随着刘邦的官军回来。在走到距离洛阳城还有三十里的偃师首阳山时，田横自杀。安葬完田横之后，他的两个门客在田横墓旁挖了个洞，然后在洞里自杀。刘邦听说田横手下还有五百人在海岛上，又派使者召他们进京。这五百部众听到田横已死，也都在岛上自杀了。

诸葛亮这句话隐含的意思就是，谁在这个时候向曹操投降，谁就连农民起义军将士的志节都不如，一句话堵死了孙权向曹操俯首称臣的路子。诸葛亮还吹嘘刘备、忽悠孙权说：刘备的英雄才略举世无双，士大夫们对刘备的仰慕如同流水归向大海。如果大事不成，那就是天意，怎么能心甘情愿地居于曹操之下呢？诸葛亮干脆挑明了孙权现在的心理，并对其进行刺激："今将军外托服从之名，而内怀犹豫之计，事急而不断，祸至无日矣！"

孙权被诸葛亮这番话激怒了，他坚定地说：我决不会把东吴全部土地和十万精兵拱手奉送给曹操，而老老实实向他俯首称臣。我的主意已定，除了刘豫州没有其他人能和我一起抵挡曹操。孙权其实对刘备的实力非常担心，他询问诸葛亮：最近刘备与曹操交战失利，他目前还有多少兵能打仗？诸葛亮回答说，刘备的军队虽然在长坂坡失败了，但现在陆陆续续回来的战士和关羽的水军加起来有一万名精兵，刘琦集结江夏郡的武装力量也不下一万人。接着，诸葛亮分析了曹军的劣势，他说：曹操的军队远道而来，已很疲惫。他们追赶刘备时轻骑兵一天要奔驰三百多里，这正是所谓"强弩之末，势不能穿鲁缟"。所以《兵法》以此为禁忌，"必蹶上将军"。而且北方之人大都是旱鸭子，他们不善水战。另外，荆州老百姓虽然表面上归附了曹操，但并不是心悦诚服。现在，如果将军能命令猛将统帅数万大军，与刘备齐心协力共同抵抗曹操，一定能够将他打败。曹军失败之后必然退回北方,这样,荆州与东吴的势力就会逐步做强做大,可以形成三足鼎立的局面。成败的关键在于两军能不能走上联合之路!孙权听完诸葛亮的分析后觉得颇有道理,进一步坚定了他联刘抗曹的决心和意志。

诸葛亮在隆中与刘备讨论天下大势时就曾向刘备提出了"联吴抗曹"这一重要的战略建议。通过诸葛亮与孙权的共同努力,联合抗曹的统一战线终于结成了。这在强敌压境的危急形势下,对孙刘双方来说无疑都是一件天大的好事。

(二)赤壁之战一把火将曹操的残兵败将送回北方

曹操已离开江陵,在开赴长江、即将顺江东下的路中给孙权写信,对其进行恐吓。信中说:最近,我奉皇上之命,讨伐负罪的叛逆,军旗南指,荆州牧刘琮已举手投降。今治大军八十万众,方与孙将军在吴地一道打猎。曹操这封恐吓信意思很明显,就是希望孙权也能像刘琮一样,举起手来乖乖投降,把东吴的土地和军队拱手相让。

孙权接到曹操来信之后,便让属将和谋士阅览,并召集他们开会商议对策。部属们大都惊恐不安,多数人主张降曹,其中站出来公开发表意见的是老谋士、长史张昭。张昭谈了降曹的三点理由:一是曹操凶狠贪婪,他挟天子而令诸侯,动不动就以天子的名义发号施令,征讨四方。如果吴军抵抗,就显得名不正言不顺。二是吴军抗曹的优势条件是依靠长江天险。如今曹操已占据荆州,刘表生前所训练的数万名水军,包括数以千计的艨艟战船,都落到曹操手里。曹操利用这些战船和水军沿江而下，再加上步兵从陆上奔袭，曹军将水路并进向东吴发起攻击。那么，长江天险就由双方共享，不再是吴军单方的优势了。三是吴军与曹军相比，实力悬殊巨大。据此，张昭以为，"大计不如迎之"，向曹操投降。张昭作为东吴集团的资深谋士，过去先后给孙策、孙权出了很多好主意，他的意见具有一定影响力，所以在座的将领和谋士几乎全都赞成张昭的意见。主战派只有鲁肃和周瑜，然而周瑜当时奉命驻守鄱阳（今江西上饶市鄱阳县东北古县渡镇），并不在场。因此，鲁肃怕说出自己的意见而引来群攻，没敢发言。此时，孙权起身入厕，鲁肃追到房檐下。孙权知道鲁肃的意思，他紧紧拉住鲁肃的手说："卿欲何言？"鲁肃说：刚才，我观察大家的议论，发现他们只想误导将军，不足以与他们商议大事。像我鲁肃这样身份的人可以降曹，但将军却不可以。因为我投降曹操，还能做个下曹、从事，有牛车可乘，有吏卒相随，以后与士大夫们结交，逐步高升，最后也能当个州、郡一级的官员。如果将军迎降曹操，那么曹操能把您摆在什么位置？因此，伏望将军早点儿定下大计，不要采信他们的意见。孙权叹息说："此诸人持议，甚失孤望；今卿廓开大计，正与孤同，此天以卿赐我也。"

鲁肃劝孙权赶紧通知周瑜，让他迅速从鄱阳赶回来，孙权点头同意。

周瑜回来后，孙权再次召集将领和谋士们开会商议。周瑜发言：曹操虽说名义上是汉朝的丞相，而实际上是窃取汉朝的奸贼。将军以神武雄才，兼仗父兄打下的基业，割据江东，管辖的地方数千里，精兵足够使用，将士甘愿效力，理应顺势而为，带领大家为汉朝除奸灭贼。更何况曹操是劳师远征，自来送死，怎么可以去迎降呢？请让我为将军筹计一下。周瑜扫视一圈之后，接着分析说：曹操用兵有如下劣势：一是北方地区尚未完全平定，目前韩遂、马超驻军函谷关以西虎视眈眈，曹操在这边打仗，那边韩遂、马超极有可能趁机抄他的后路、端他的老窝，这是曹操的后患。二是曹操舍弃马鞍，改用舰船，与生长在水乡的江东人来决一胜负，这是曹操以他们的劣势来对我们的优势。三是现在正是寒冷的冬季，曹操战马缺乏草料，后勤保障难以为继。四是驱使中原地区的士兵来到江湖地区作战，他们水土不服，容易引发疾病而折损战斗力。周瑜最后说："此数者用兵之患也，而操皆冒行之，将军禽操，宜在今日！"孙权说："老贼欲废汉自立久矣，徒忌二袁、吕布、刘表与孤耳；今数雄已灭，惟孤尚存。孤与老贼势不两立，君言当击，甚与孤合，此天以君授孤也。"说完，孙权就势拔出身上的佩刀，向面前的办公奏案猛砍一刀，他大声对参会的人说："诸将吏敢复有言当迎操者，与此案同！"遂罢会，大家都离开了会场。

会后，周瑜对曹操来信内容和曹军的军事实力情况又作了深入分析，理出一些头绪后，于当天晚上就向孙权作了汇报。周瑜对孙权说：大家只看到曹操信中所讲的有水陆大军八十万人就害怕了，没有认真分析其中的虚实，就盲目提出迎降曹操，这是极不慎重的。现在咱们据实计算一下，曹操所率领的中原军队不过十五六万人，"且军已久疲"，新接手的刘琮的部队至多有七八万人，但"尚怀狐疑"。尽管曹操"众数虽多"，但他"以疲病之卒御狐疑之众"来战，没有什么可怕的。最后，周瑜向孙权提出：只要您给我调拨五万精兵，就足以把曹军制服，希望将军不要有顾虑。孙权拍着周瑜的后背，叫着他的表字，亲切地说：公瑾啊，你话说到这里，非常符合我的心意。张昭、秦松等人，各顾自己的老婆孩子，他们都怀有私心，真让我感到失望；唯有你和鲁肃与我的看法相同，"此天以卿二人赞孤也"。但五万精兵我一时难以凑齐，已选三万人，船、粮和武器装备等都已备齐。你与鲁肃、程普率军先行，"孤当续发人众，多载资粮，为卿从援。卿能办之者诚决，邂逅不如意，便还就孤，孤当与孟德决之"。

孙权又分别任命周瑜、程普为右、左督，也就是正副都督，或曰元帅、副帅。按照毛泽东同志的说法，程普四十多岁，周瑜二十多岁，程普虽是老将，但不如周瑜能干。大敌当前谁人挂帅？还是后起之秀周瑜挂了大都督的帅印。与此同时，孙权还派鲁肃担任赞军校尉，协助周瑜谋划作战策略。

在孙权对迎战曹军作出了战略部署的同时，刘备也在观察、盼望和等待孙权对联合抗曹的实际行动。刘备率领军队驻扎在樊口（在今湖北鄂州市西北五里樊港入江处），每天派出巡逻兵在江边观察孙权的军队是否开来。当周瑜率船队浩浩荡荡开来之后，刘备迅速派人前去慰劳周瑜的船队。周瑜对刘备派来慰问的人说：我有军事任务在身，不能委派别人代理。如果刘备能屈尊前来会面，实在符合我的愿望。于是，刘备只带一艘船去见周瑜。两人寒暄几句之后，刘备说：联合抵抗曹操，实在是明智之举，不知贵军来了多少战士？周瑜回答说：三万人。刘备说：可惜，太少了。周瑜说：这已经足够用了，刘豫州看我如何破曹！刘备欲招呼鲁肃等人过来一同参与谈话。周瑜告诉他说：军纪严肃，如果将军要见鲁肃，可以另外去拜访他。刘备既惭愧，又对孙权军队纪律严明表示钦佩。

诸葛亮也搭乘鲁肃的军船回来了，他与刘备一起回到军营。建安十三年（公元208年）秋末冬初，周瑜率领的吴军船队在赤壁①的江面上与曹军相遇，两军在水面上打了起来。当时曹军正在发生流行性疾病，再加上老水军与新收降的荆州水军磨合不够，其战斗力受到严重影响，初战就被周瑜水军打败，曹军只好退至长江北岸，而将战船停靠到北岸的乌林（今邬林矶）以近；周瑜等驻军在长江南岸，将战船停泊在南岸赤壁（今赤壁市西北赤壁矶）一侧。两军隔江对峙。由于北方士卒不习惯坐船，曹操决定将舰船首尾连接起来，铁索连舟，战舰并联，人马于船上如履平地。此时，周瑜手下的将领、时任丹阳都尉黄盖非常注意观察和研究对岸曹军的军事部署和行动，在掌握敌情动态的基础上，他向吴方总指挥周瑜提出建议说："今寇众我寡，难与持久。然观操军船舰，首尾相接，可烧而走也。"周瑜同意黄盖提出的火攻之计。于是黄盖事先派人给曹军送信，谎称自己打算率领部分水军投降，然后在十艘艨艟战船，装上干荻和枯柴，"灌油其中，裹以帷幕"，上插旌旗，预备好走舸，系在船尾。"时东南风急，盖以十舰最著前，中江举帆，余船以次俱进"。此时，曹操军中官兵都走出营垒观看，他们指着江面上黄盖的船队说，你们快看呀，黄盖来投降了！当黄盖距离曹军二里远时，将十艘船同时点火，"火烈风猛，船往如箭，烧尽北船，

---

① 一说在今湖北咸宁市代管的赤壁市西北赤壁山，北对荆州市代管的洪湖市龙口乡乌林矶；一说在今湖北武汉市江夏区西赤矶山，与纱帽山隔江相对。

延及岸上营落"。顷刻间，浓烟烈火遮天蔽日，曹军士卒烧死和淹死者不计其数。在这次战役中，黄盖不幸被流矢所中，堕入水中，士兵将他从寒冷的江水中救出时，居然认不出他就是黄盖，于是就将他安置在侧面一张床上。黄盖大声呼叫韩当。韩当来到他面前，流着眼泪为他解开衣服，并精心安排照料，才保住性命。后来黄盖被提拔为武锋中郎将。

周瑜等率领轻装精锐部队紧跟在后面发起进攻，鼓声震天，喊杀之声如雷贯耳，曹军毫无还手之力，大败。曹操收拾残兵败将迅速后撤，从华容道（今湖北荆州市代管监利市城西南十二公里）步行北归，"遇泥泞，道不通，天又大风，悉使羸兵负草填之，骑乃得过。羸兵为人马所蹈藉，陷泥中，死者甚众"。

周瑜、刘备分别从水陆两路同时并进追击曹军，一直追到了南郡。此时曹军将士又饿又累，兼有疫病，"死者大半"。曹操没有想到自己的二十多万（号称八十万）大军，对付周瑜、程普、鲁肃三万、刘备一万多人的联盟军，竟然遭受如此惨败。正如明朝官员、精通历史的文学家吴宽在《题赤壁图》一诗中所言："征西当年下江浒，八十万军尽貔虎。眼中见惯刘琮徒，吴蜀区区何足数。舳舻相衔千里连，气吞孙刘欲冲天。岂知策士已旁笑，笑彼远来非万全。""平生亲手注《孙子》，未信水军能火攻。谁云此行才足耻，更闻裹疮归淯水。""空余赤壁付游人，赢得坡仙作词赋。"在南郡，曹操留下自己的从弟、征南将军曹仁，横野将军徐晃镇守南郡治所江陵，折冲将军乐进镇守荆州治所襄阳，自己率领残兵败将返回北方。